GWASG DWYFOR

Argraffiad cyntaf: Ebrill 1993

Cyhoeddwyd ac argraffwyd gan Wasg Dwyfor,
Pen-y-groes, Caernarfon, Gwynedd.

Cedwir pob hawl. Ni ellir atgynhyrchu unrhyw ran o'r cyhoeddiad hwn na'i gadw mewn cyfundrefn adferadwy na'i drosglwyddo mewn unrhyw ddull na thrwy unrhyw gyfrwng electronig, mecanyddol, ffotogopïo, recordio, nac fel arall, heb ganiatâd ymlaen llaw gan y cyhoeddwyr.

*Cyflwynedig i
Daniel Rhys a Hannah Elen
fy ŵyrion*

Rhestr o lyfrau eraill yr awdur

Beirdd y Bore (Llyfrfa'r Annibynwyr, Abertawe, 1945)
Cerddi Dafydd Owen (Gwasg y Brython, Lerpwl, 1947) (CDO)
Dwy ddrama Nadolig, gyda Muriel Mair Evans (Gwasg John Penry, Llanelli, pumdegau cynnar) (DDdN)
Ymarferiadau ar Gân, i ysgolion, gyda Muriel Mair Evans (Gwasg Gee, 1958)
Arwyr Pell Erwau (Livingstone Press, Llundain, 1958)
Elfed a'i Waith (Gwasg John Penry, Abertawe, 1963) (EAW)
Baledi Dafydd Owen (Llyfrau'r Dryw, Llandybïe, 1965) (BDO)
Adrodd ac Adroddiadau (Gwasg John Penry, Abertawe, 1966) (AAA)
Llyfr Siân a Gareth (Gwasg Tŷ ar y Graig, tua 1967) (LlSAG)
Rhaglen i'r Eglwys (Gwasg John Penry, 1968) (RhIE)
I gofio Emlyn Aman (Llyfrau'r Dryw, 1970) (IGEA)
Dal Pridd y Dail Pren (Gwasg y Dryw, 1972) (DPDP)
Ffrinc a Ffronc a'u Ffrindiau (Cyhoeddiadau Modern Cymreig, Lerpwl, 1972)
A'r bore a fu (Cyhoeddiadau Modern Cymreig, Lerpwl, 1972) (ABAF)
Sôn am Sbri! (Gwasg Gee, 1976)
Ys-gwni (Gwasg Tŷ ar y Graig, 1976) (Y)
Crist Croes, (Gwasg John Penry, 1977) (CC)
Cynan (Welsh Arts Council, 1979)
Cerddi Lôn Goch (Cyhoeddiadau Barddas, 1983) (CLG)
O dŷ i Dŷ (Canolfan Genedlaethol Addysg Grefyddol, Bangor, 1985) (OdID)
I Fyd y Faled (Gwasg Gee, 1986)
Amal Gymal ac Emyn (Cyfres 'O ddydd i ddydd', Cyngor Eglwysi Cymru, 1987)
Dimbech a Cherddi Eraill (Cyhoeddiadau Barddas, 1989) (DAChE)

Llyfrynnau

Llawlyfr Dathlu Capel Ebeneser, Fforddlas, ger Dinbych (Gwasg Gee, 1984)
Y Faled a'r Fro (Cymdeithas Emrys ap Iwan, Abergele, 1992)

Rhagair

AR BWY y caf dadogi'r cyfrifoldeb am luniad y llyfr hwn? Ar rai fel D. Tecwyn Lloyd a W.R. Nicholas, y naill ffrind am ddilyn fy hynt draethodol o ddydd fy ngwobr eisteddfodol sylweddol gyntaf gan fy nghymell i groniclo peth o hanes gweddill y daith, a'r llall am ei anogaeth yntau ar lythyr: 'Byddwn bawb yn edrych ymlaen at ei ddarllen. Cefaist gyfle i edrych drwy lawer o ffenestri yn ystod dy yrfa, a bydd yn fraint cael edrych dros d'ysgwydd fel petai'.

Gobeithio na swniaf yn ymhongar wrth hawlio mai bardd Cristnogol wyf a gred iddo dderbyn cenhadaeth ddeublyg, sef pregethu a llenydda ar gefndir y bywyd cyfoes. Mae bywyd a chelfyddyd yn rhy gyfoethog ac ystyrlon i'w gosod ar gefndir llai na'r tragwyddol, a gallaf ddweud, fel Waldo, na bu brwydr erioed yn fy hanes innau rhwng celfyddyd a chrefydd. Nid yw mawrhau Duw a defnyddio'i rodd yn cyfyngu'r canu i salmau ac emynau, nac yn atal bardd rhag canu'n llawen a synhwyrus.

Caf gyfle i bregethu ar y Sul, ond gan fy mod yn cyflwyno yr un genadwri yn sylfaenol wrth geisio cyfleu harddwch celfyddyd fel bardd, gorau oll os huda'r dyfynnu helaeth o'r adolygiadau ar fy ngwaith, a geir ar y tudalennau hyn, ddarllenwyr newydd. Meddai Dorothy Bradford, yr arlunydd adnabyddus o Formby: 'Creativity is not a personal possession. Your work does not really belong to you. So, although it sounds vain, you must struggle to get it looked at, and respectably presented'.

Sylweddolaf y bydd ambell un wedi syrffedu ar y trafod o'm gwaith, ond cedwais at orchymyn Llyfr y Diarhebion, 'Canmoled arall dydi, ac nid dy enau dy hun'. Beirniadaeth wrthrychol a geir yma, ac nid hunanoldeb yw'r cymhelliad: am imi dderbyn dawn i'w rhannu, llawenhawn petai'r cyfan yn denu rhywrai o'r newydd at y cynnyrch.

Y mae angen cof da i ddweud celwydd, yn ôl yr hen air, a wyneb y diafol i gelu'r gwir. Er fy mod yn frith o feiau, y gwir a geir yma, y gwir fel y gwelais ac y gwelaf fi ef. Ni newidiwyd hyd yn oed yr enwau, er i ddoethineb alw am gelu ambell un.

Fe welir, wrth gwrs, mai'r plentyn ei hun sydd yn traethu ym mhennod '1919-1930 (Plentyndod)'.

Diolch i bawb a ymatebodd i'm llythyrau, i'r noddwyr, ac i Wasg Dwyfor am waith graenus, fel arfer. Diolch hefyd i'r Parchedig Kenneth M. Lintern am ganiatâd i ddefnyddio'i asesiad buddugol o'm gwaith, a Mr Dewi Jones am y llun o Eisteddfod Môn (t. 109). I Gareth yntau am dynnu nifer o'r lluniau.

Dafydd Owen

Cefndir

(i) Bro

'GWNEWCH o'n ddigon mawr i deulu o ddeg' oedd gorchymyn direidus fy nhad i'w adeiladydd oedd yn codi 'Bodawel', y tyddyn ar fin y lôn yn ardal Y Rhiw, rhyw filltir o groesffordd Y Bylchau ym Mro Hiraethog. Ni wn beth ddaeth drosto i ddweud hynny, ond ychydig flynyddoedd yn ôl, dathlwyd canmlwyddiant ysgol fach Rhydgaled gerllaw, lle bu'r chwech hynaf o'r wyth plentyn yn ddisgyblion!

Er na hoffwn fyw ym mherfeddion y wlad, am mai'r natur ddynol sy'n ddiddorol imi, yn fwy felly hyd yn oed na'r natur o'n cylch, byddaf wrth fy modd yn y wlad. Gall rhai pethau fy nwyn yn ôl, dim ond am eiliadau ar y tro, mae'n wir, i'm plentyndod, pethau fel yr olwg gyntaf eto, pan af yn ôl, ar yr ystafell garreg honno sydd â dau ddarn agored, llydan, yn ei waliau yn iard yr Ysgol Fach (gynt) yn Fron-goch, encilfa mewn clawdd gardd, neu aroglau cyntaf capel ar fore Sul; y cip cyntaf wedyn ar dyrfa Lilipwtaidd mewn stribed cartŵn yn y papur. Hirhoedledd, hefyd, sydd i'r wefr a brofais pan gefais fwrw Sul ar fferm Cornwal Bach ger Llansannan un haf pan oeddwn tua saith oed. Mae'n debyg fod a wnelo llawer peth â'r hyfrydwch a brofais, nid y lleiaf y teimlad o glyfrwch o allu bod yn annibynnol am y tro cyntaf, heb rieni na brawd na chwaer yn agos. Treuliais wythnos o gyfaredd pur ar aelwyd fy nghyfnither, Cit Plas Isa, a'i gŵr tawel John Hughes. Un rhes felen o ddyddiau chwarae gydag Arthur yn y cae bach uwchben y buarth, o lusgo'n sgwrslyd ein dau ar draws y waun i'r siop bob peth yn nhyddyn Bont Bach, a phrysuro tipyn wrth ddod yn ôl rhag i'r nos ein dal. Croesi

Bodawel, Y Rhiw, Bylchau, lle ganwyd ni.

Y teulu gynt: yn y cefn, Catherine (Cit), Hannah Ellen, Janet Mary a William Thomas; rhes flaen, Sarah Jane, Harriet Mennah, Dad, Mam, minnau a John Morris.

wedyn i gapel Nantwnen y Sul. Sgwrsio'n hwyr ein pedwar, a chael ambell i jochiad o laeth enwyn oer o'r briws. Syrthio i gysgu fel twrch yn y man yn y llofft fawr hyfryd o ddiarth a lletoer, i gyfeiliant llais y gwas yn y gwely gyferbyn yn sôn am ambell gamp a gyflawnodd. Cwmni ddydd a nos, a dychwelyd ddydd Mercher, diwrnod marchnad, i gartref gorlawn o groeso, a chrio droeon cyn amser gwely o hiraeth am Cornwal bach ac arafwch tawel y wlad.

Credaf mai dyna un rheswm am ein hapusrwydd ninnau fel teulu o bedwar ar hyd y blynyddoedd, imi briodi merch sydd, fel finnau, yn caru'r bywyd hwnnw sy'n ddigon tawel a phwyllog i fod ag amser ganddo i anadlu. Ildiais ers cantoedd bod ei gwybodaeth gyffredinol yn llawer mwy na'm un i (a chael cadarnhad o hynny uwchben y croeseiriau yr ydym ein dau mor hoff ohonynt), a chaf achos i synnu yn barhaus at led canfas ei diddordebau. Fe gadwodd y plant ni hefyd yn gyfoes, os oedd angen hynny – er ein bod yn mynnu'r hawl i alw'u rhaglen deledu yn 'Top of the pips'! Cadwant ni'n effro i'r cyfnewidiadau pwyslais a ffasiwn y mae'n rhaid dysgu eu cydnabod. Dau gartrefol ydym, heb fawr o daro am deithiau pell, na chenfigen at y rhai a hoffa grwydro'r byd. Wedi bod i ffwrdd am ddiwrnod, bydd yn hwyr glas gan Doris a minnau ddod adref o bobman. Dim ond cael darllen am y gwledydd pell, mae'n ddau ohonom yn ddigon bodlon.

Mae'n siŵr imi golli llawer am na thrwythwyd fi yn niwylliant doe a heddiw Bro Hiraethog fel brodor. Sut bynnag am hynny, yn 7 Lôn Goch – coch y tywod o'r chwarel gerllaw, meddir – 7 Grove Road wedi hynny, y cefais fy hun cyn bod yn ddwyflwydd oed. Prynodd fy rhieni res o bedwar tŷ bychan gerllaw Ysgol Fron-goch, a chan fod fy nhad yn gallu troi'i law at fwy nag un grefft, gwnaed dau o'r tai yn un gweddol helaeth inni fel teulu, a gosod y ddau arall.

O reidrwydd, caf sôn llawer am fy rhieni, Jane Ellen Williams, un o blant teulu mawr Bylchau Isaf, a William Owen, Brynrhedyn yn yr un fro. Cystal imi yma ein cyflwyno ni fel teulu cyfan. Saer coed, fel fy nhad, oedd John

Morris, y plentyn hynaf, yn caru diwylliant Cymru, ei chapel a'i chelfyddyd, ac yn canu mewn corau lleol; Sarah Jane yn dal a heini o gorff, ac yn graff ac ymroddgar ym mhob dim; Cit yn hawddgar ac yn aml ei doniau cyhoeddus; Janet Mary y debycaf ohonom i Mam, yn fedrus ei dwylo a thu hwnt o ffeind; William Thomas yn ysgolor diwyd erioed; Hannah Ellen â'i llond o eisteddfota, a phenderfyniad cryf yn ei nodweddu; minnau yn freuddwydiwr creadigol, a Harriet Mennah sgwrslyd a hael yn gyflym ei meddwl, ac fel Sal, Meri a Hannah yn fawr ei pharch fel gweinyddes drwyddedig.

Wrth ddod i'r dref, cefais ddod i'r afael â hanner arall y diwylliant o leiaf: dyffryn ffrwythlon Clwyd a Bro Hiraethog ynghyd, yn ôl yr arbenigwr llên, Griffith John Williams, oedd canolfan y Dadeni Dysg yng Nghymru, y darn gwlad 'a wnaeth fwyaf i ddiogelu'r Hen Ganu a rhyddiaith a barddoniaeth yr Oesoedd Canol, a hynny mewn cyfnod go argyfyngus'. Yno, pan gollwyd nawdd teuluoedd llys-addolgar y Tuduriaid i gelfyddyd frodorol, y cafwyd hefyd yr ymdrechion eisteddfodol i geisio cau peth ar y bwlch a adawyd.

Cafodd 'Frank y Berllan' ('Daniel' colofnau'r *Faner*) hwyl dda enbyd arni wrth wasgu hanes yr hen Sir Ddinbych, gorllewin a dwyrain, i ddwy o'r cyfrolau 'Crwydro'r Siroedd'. Er hynny, gwyddai ef yn well na neb y gellid llenwi dwy gyfrol a rhagor yn rhwydd â dim ond hanes Dinbych a'r cyffiniau: y castell o'r drydedd ganrif ar ddeg, a welodd gymaint brwydro yn ystod y Rhyfeloedd Cartref, Abaty'r Brodyr Gwynion yn dyddio o'r bedwaredd ganrif ar ddeg, Achos yr Annibynwyr dros dri chant oed, ac yn y blaen, heb sôn am enwogion fel Salsbriaid Llewenni, Miltwniaid Galch Hill, Hwmffre Llwyd yr hynafiaethydd, H.M. Stanley, Hugh Holland, cyfaill Shakespeare, a'r gŵr hwnnw a ymladdodd yn daer dros gael ei le i'r Gymraeg yn y llysoedd, Artemus Jones. A dyna gongl o'r frithwe yn unig! Er na sylweddolem hynny yn blant, trigai disgynyddion teuluoedd o'r Oesoedd

Canol yn ein plith – Clough, Dryhurst, Heaton, Hookes a Knowles, er enghraifft.

"Dwi'n gwybod yr hoffech imi sôn am draddodiad "Siôn y Bodie" yn lladd y bych gwyllt hwnnw, fel nad oedd "dimbych" mwyach!' meddai'r direidus Ifor Williams wrthyf, un o'r pnawniau egluro enwau lleoedd hynny ym Mangor, cyn esbonio i'r dosbarth mai ystyr yr enw yw 'caer fryniog (din) fechan'. Bu'r dref yn gaer o gyfnod y Rhufeiniaid. Nodwyd hi yn y Ddeddf Uno yn 1536 fel y dref sirol, er mai Rhuthun oedd y dref weinyddol. Bu'n dref y crefftau, lledr yn arbennig; diflannodd yr elfen honno gan mwyaf wedi'r Chwyldro Diwydiannol, er bod dau gyfrwywr ac ambell grydd yno yn nyddiau fy machgendod. Daeth yn dref farchnad ganolog y dyffryn, ac ar ddydd Mercher, deuai pobl y wlad ('pobol y topie') i lawr i'r farchnad honno. Deil y stondinau yn rhes ar hyd canol y sgwâr, ond darfu am werthiant cyhoeddus y menyn a'r wyau dan y bylciau.

Tref fach eithaf Seisnigaidd ei naws, at ei gilydd, oedd Dinbych fy nyddiau ysgol, er bod y wlad o'i chwmpas yn Gymreigaidd hollol. Ceid ynddi ddau bapur wythnosol, sef y *Denbighshire Free Press* Anglicanaidd a Thorïaidd a'r *North Wales Times* radicalaidd o Wasg Gee. 'Roedd mynd ar y capeli Cymraeg a Saesneg, a llaweroedd o deuluoedd y dref yn siarad Cymraeg yn gyson, ond derbynnid Seisnigrwydd ysgolion a llys barn a hysbysebion siopau fel y drefn naturiol. Yn Saesneg yr addysgid ni ym mhob pwnc ond un yr iaith yn yr Ysgol Ramadeg, ac ni siaradai unrhyw athro yno Gymraeg â ni. Yn Saesneg yr hysbysid ni am hanes y dref ei hun, y cynhelid cymdeithas y 'Lit and Deb', a'r 'Field Club' a'i ymweliadau â mannau o ddiddordeb, ac yn Saesneg y cyhoeddid hanes llwyddiant cyn-ddisgyblion wedi'r gwasanaethau boreol yn yr un iaith. Ni soniwyd wrthym am ymgyrch *Y Gwyddoniadur*, ac ar wahân i ambell weinidog neu hanesydd wrth ei swydd, nid llawer o'r dref, mi dybiaf, a wyddai fanylion sarhau Emrys ap Iwan, fu'n gysylltiedig â Gwasg Gee, yn ei frwydr dros hawliau'r iaith, neu hanes

Thomas Jones yn symud ei wasg o Ruthun a chael y Thomas Gee cyntaf i weithio iddo. Mae'n wir y caem ein hatgoffa bob gaeaf, drwy gyfrwng papurau deng munud y plant pedair ar ddeg i bymtheg oed yng Nghymdeithas y Bobl Ifainc yn y capeli, o brif ffeithiau hanes cewri'r cylch, rhai fel Twm o'r Nant, Edward Jones Maes-y-plwm, dau brifardd y dref yn ystod y ganrif, Clwydfardd a Chaledfryn, y cerddor John Parry (Bardd Alaw), H.M. Stanley, y diwinydd Edward Williams o Rotherham a Bodfari, Thomas Gee a T. Gwynn Jones. Gellid ymresymu yn deg, o bosibl, nad oedd llawer o ddiben ein hysbysu fel plant o'r croeso a roddid i feirdd fel Dafydd ab Edmwnd yn nhai uchelwyr y dyffryn, a pherthynas Gruffydd Robert (Milan) a Richard Parry 'y Beibl' â'r dyffryn.

Y gŵr a'n cyflwynodd i fudiad Urdd Gobaith Cymru oedd Tom Williams, un y cadwai ei rieni siop groser fechan gyferbyn ag ochr Capel Mawr. Ni chlywais fod iddo bwyllgor i'w gynorthwyo, ond gofalai ein bod yn ymaelodi yn y mudiad, a threfnai weithgarwch ar ein cyfer: trefnai inni ymweld â chartrefi enwogion lleol a llecynnau hanesyddol o fewn cyrraedd, bob yn ail â chynnal mabolgampau a chystadlaethau llenyddol. Cofiaf i Hywel ab Iorwerth o Gyffylliog, un o'r bechgyn a letyai yn y dref ar hyd yr wythnos, a minnau gael copïau o gylchgrawn yr Urdd am rai misoedd, am ddod yn gydradd gyntaf am lunio traethawd. Tebyg ei fod yn gynrychiolydd swyddogol yr Urdd yn y fro, ond gallaf dystio i 'Williams yr Urdd' weithio'n gydwybodol ac effeithiol ar ran yr iaith a ninnau.

Daeth hwb i Gymreigrwydd y dref pan ddaeth Morris Williams a Kate Roberts yn berchnogion Gwasg Gee, lle gweithiwn ar y pryd yn hogyn syth o'r ysgol. Buan y daeth y capeli, y cymdeithasau a'r cynghorau yn ymwybodol o'u hymgyrch daer dros yr iaith, ac fel Haydn Williams â'i Ysgolion Cymraeg yn y sir nesaf atom wedi hynny, llwyddodd y ddau i greu llawer gelyn. Yn y man, daeth Gwilym R. Jones, Bryan Jones, Percy Ogwen Jones a Mathonwy Huws ac eraill i atgyfnerthu'r ymdrech, rhai yn olyniaeth Ap Elfyn ddechrau'r ganrif a Gweirydd ap Rhys a'i deulu cyn hynny. Pan ddaeth y Brifwyl ddi-goroni a di-gadeirio i'r dref ar drothwy'r Ail Ryfel Byd, Morris Williams oedd yr Ysgrifennydd brwd, a'i briod yn gynhyrchydd perfformiad cofiadwy o anterliwt Twm o'r Nant, *Tri Chryfion Byd.*

Heddiw, mae yn y dref hon lle bu Samuel Johnson a Samuel Coleridge yn eu tro, frodorion a 'phobl dwad' sydd yn Gymry diwyd a dawnus, a phrawf o'u sêl yw Ysgol Gymraeg Twm o'r Nant y bu Kate Roberts yn ysgrifennydd i'w rheolwyr am flynyddoedd, yr ysgol feithrin yn Bodawen, y Theatr Gymraeg, y Llyfrgell, yr Amgueddfa a'r Oriel, y Ganolfan Iaith boblogaidd ar gyfer dysgwyr, amrywiol gorau fel cynt, a'r papur bro *Y Bigwn*, y cydnabuwyd ei safon eisoes yn gyhoeddus drwy gyfrwng gwobrau.

(ii) Cyfnod

Yn ddistaw bach, bu'n gred gennyf ers blynyddoedd lawer mai plentyndod yw'r cyfnod mwyaf naturiol a didwyll a brofwn, am mai plentyn sy'n byw agosaf at y pridd, ac at natur ei hun. Cysur oedd darllen, felly, eiriau Laurie Lee yn y clasur *Cider with Rosie*: 'It is on the surface of the ground, where most life lives, that the child has his natural being ... Sometimes I can't help wondering whether three feet two inches wouldn't be the ideal height for mankind'.

Pan oeddwn yn mynd at fy ngwaith cyfieithu yn Yr Wyddgrug un bore, lai nag ugain mlynedd yn ôl, ac yn mynd heibio Calcot Arms ar y bws, y gwesty hwnnw uwchlaw Treffynnon, gwelwn y drofa fach honno sy'n arwain at gapel Penpyllau yn wledig o felyn gan haul tanbaid Mai, ac fe'm trawodd am y tro cyntaf pa fodd yr awn ninnau ati i brysuro cwtogiad cyfaredd plentyndod wrth geisio gwthio ffrâm am bawb a phopeth.

Gwreiddyn y drwg yw ofn. Ymddengys mai i'r fan yna y daw'r seiciatryddion hefyd yn eu hesboniad – ofn rhag i neb na dim fynd groes-graen inni neu fod mewn sefyllfa i'n trin a'n trafod yn ôl eu mympwy eu hunain, ofn bod wrth dennyn neb, ofn mynd yn destun sbort, ofn cael ein gweld yn ddiffygiol, ac ati. Mae'n bur debyg mai dyna pam y rhown gymaint pwys ar y ddelwedd *(image)* ohonom a wêl eraill, sef ym mha fath o ffrâm y'n gwelir. Aeth y cymêr yn brin, meddir, mewn cymdeithas, ac un o nodweddion y cymêr yw ei bod hi neu ef mor enbyd o anodd ei fframio.

Ofn hefyd yw rhan o'r rheswm am yr amharodrwydd i edmygu'n ddiwenwyn blant athrylith, neu'r parodrwydd, ar y llaw arall, i'w hanner-addoli yn ffals, am eu bod mewn sefyllfa i wneud mwy o niwed inni na neb, a hynny, os dymunant, yn gyhoeddus. Dwbwl wfft i'r ofn a'r cyfan, serch hynny, unwaith y bodlonwn ein hunain ein bod yn gwybod hyd a lled pawb a phopeth. Gallwn eu 'hongian', wedyn, bob un yn ei ffrâm ar wal ein dyddiau, a chadw llygad arnynt. Wedi'r cyfan, 'does dim rhaid hoffi llai, er addoli llai, ar y sawl a gafwyd i garchar y ffrâm. Y peth pwysig yw mesur a phwyso yn gall, a chadw'n hunain a phawb a phopeth o fewn terfynau. Mae'r plentyn, ar y llaw arall, yn rhydd o'r angen am wneud hynny, am nad oes derfynau i'w fyd; enghraifft yw o safon mesur W.H. Davies a'i ryddid – 'Na farner bywyd oddi wrth nifer ein hanadliadau ond oddi wrth nifer y troeon y bu'n rhaid inni ddal ein hanadl'.

Buaswn wedi gallu syllu i fyny tua Phenpyllau, er enghraifft, ar fore heulog pan oeddwn yn blentyn gan yfed yr harddwch a welwn fel cath yn yfed llefrith, heb hyd yn oed ystyried na sylweddoli fy mod yn ei fwynhau. Plentyn a fyddwn ynghanol fy mywyd a'm byd, heb angen gosod gwastrodaeth ar neb na threfn ar ddim: y byd o'm cwmpas yn ei le, neu'n dod i'w le yn ei amser ac yn ei ffordd ei hun, er y byddai'n rhaid derbyn y pytiau o ofn a braw hefyd yn eu tro, pethau fel y ci cyfarthwyllt hwnnw hwnt i'r glwyd, yr ofnau cymharol ddiniwed a ildiodd i'n twf corff a meddwl. Oherwydd ymddiriedaeth pobl ynom, a chariad eraill atom, cawn ein hunain yn y canol yn aml heddiw eto ac yn dderbynwyr sylw caredig. Nid yn y canol y mae'r gwahaniaeth ond yn y sawl sydd yno. Oherwydd yr ofnau meddylegol y mae cymaint ohonom ni'n hunain ynddynt, rhaid inni bellach gael pawb a phopeth o fewn ein golwg, a thaflu ffrâm, mewn ffordd o siarad, tros y daith ar ei hyd, fel na cheir y nesaf peth i ddim o fraw yn aros. Y drwg wedyn yw na fydd dim syndod na chyfaredd ar ôl chwaith. Nid syllu i fyny'r drofa i gyfeiriad Penpyllau yn ddisgwylgar y byddwn ond syllu'n ddeallus, gan gofio bod Penpyllau yn gallu bod yn dwll o le ar dywydd gwlyb, cofio hefyd mor eger y gall y gwynt fod ar y rhostir agored, a bod Yr Wyddgrug, tu draw i'r croesi, yn bleser y blysig ar bnawn Mercher, ac yn anial agored oherwydd y siopau cau drannoeth. Nid hyd yn oed â gwybodaeth bur ychwaith bob amser y ffurfiwn y ffrâm, ond yn hytrach â'n penderfyniad, doed a ddelo, i fod yn feistri corn ar bob sefyllfa a gwyd. Sicrhawyd buddugoliaeth arall a fframiwyd llun arall: i fyny â fo ar y wal inni gael cadw llygad arno!

Arhosodd y cof am ddwy o deithiau plentyndod gyda mi am fwy na thrigain mlynedd, o'r adeg pan oedd Hoosoniaid yn fferm Y Graig ac afon Cae Fron yn fan chwarae. Soniais ein bod yn deulu mawr, a phan briododd John Morris, fy mrawd hynaf, yn bur ifanc, anfonwyd y tri lleiaf ohonom am dro y bore braf hwnnw, ac ychydig geiniogau yr un gennym i'w gwario. 'Roedd hi'n tresio bwrw ben bore ond mi gododd yn braf yn sydyn. Wedi galw yn y siop fferins yng ngwaelod y dref, aethom dow-dow hyd Ffordd Rhuthun, heibio'r ysbyty, gan roi'n byd plant yn ei le rhyngom â'n gilydd. Wedi mynd heibio i'r tai crand pedwar cant a hanner o bunnau yr un ac yna rhes ddel Ysgubor Wen, ymhen hir a rhawg cael ein hunain wrth gapel Y Brwcws, yna troi i gyfeiriad y felin. Oedi yn hir fu ein hanes ar lan y ffrwd, a hacddai'r fferins arafwch i'w mwynhau yn llawn. O'r diwedd, dod yn ôl wrth ein pwysau, wedi gwneud cylch o'r siwrne; tawelwch o'n cwmpas y bore ar ei hyd, a heddwch hapus oddi mewn, a ninnau heb achos i amau nad oedd pawb a gwrddem, y rhai a gymerai sylw ohonom a'r gweddill, yn ffrindiau inni, ac am hynny, y milltiroedd yn cyfrif fel dim.

I'r un cyfeiriad yr awn ar yr ail daith. Bu farw Marsden Davies yr hynaf, gŵr a fu'n rheolwr ysgol Love Lane ('Lyf Lôn') am lawer blwyddyn. Brith gof sydd gennyf amdano, ond cafodd rhywun y syniad rhyfedd o gerdded holl blant yr ysgol, ugeiniau lawer ohonom, yn un llinyn hir, bob cam i'r Eglwys Wen – i lawr Lyf Lôn, ar hyd Stryd y Dyffryn ac yna Ffordd Rhuthun, cyn troi am y fynwent. Wedi'r gwasanaeth, chwalu, a phawb yn ei heglu hi am adref. Mwynhawyd newydd-deb y peth, mae'n wir, ond y drwg oedd yr amodau a osodwyd inni: 'roedd rhaid cadw digon pell oddi wrth y cwpwl o'n blaen i beidio sathru ar eu sodlau, cymryd gofal o'n dillad dydd Sul, peidio â siarad yn uchel wrth orymdeithio, gofalu edrych yn syth o'n blaen, a bod cyn ddistawed â llygod yn y fynwent yn ystod y gwasanaeth (a hwnnw'n un hir!). Rhwng popeth, taith a wasgwyd rhwng rheolau oedd hi, a rhwng blinder coesau a'r cyfan, un na allai hyd yn oed yr hin braf ei hachub. Taith wedi'i fframio'n barod inni oedd hi, ac felly ddim hanner mor bleserus â thaith bore priodas John Morris.

Fel saer coed, byddai fy nhad yn mynd i weithio i dai am ddyddiau ar y tro, ac yn cysgu ar ffermydd pan fyddai'n codi sied wair. Gweithiai un tro mewn tŷ helaeth ar ffordd y Fron, o fewn cyrraedd y drofa i'r Wyddgrug a'r Rhyl. Gweithiai mewn math o hofel droliau yn llygad yr haul, a'r sglodion aroglus yn melysu'r oriau iddo. Anfonwyd fi â the iddo, a chefais hanner paned o'r fflasg a brechdan. Aros amdano wedyn, a'r sgwrs rhyngom yn fwy agos a phersonol o reidrwydd nag ar yr aelwyd, lle byddai nifer ohonom yn rhannu'r sylw. Dod adref ein dau yn y man, a minnau'n teimlo imi fod ymhell, yn rhannu bywyd pobol ddiarth ac ardal newydd y diwrnod hwnnw, ac yn gallu rhannu'r croeso'n ôl a roddid i dad blinedig heb deimlo un math o ffug na rhagrith. Heddiw, sylweddolaf fod y tŷ hwnnw yn agos i waelod y dref ac felly nid ymhell iawn o'm cartref; sylweddolaf hefyd nad oes dim arbennig yn y prysgwydd yng nghefn y tŷ, er iddynt ymddangos i'm dychymyg i bryd hynny fel coedwig ryfeddol ei phosibiliadau. Pan af yno erbyn hyn, gwn ei hyd a'i led, fel nad y lle sydd o'm cwmpas i bellach ond y fi o gwmpas y lle. Mae'r tŷ i gyd yn fy ffrâm, a'i gyfaredd, am hynny, i gyd yn y gorffennol.

Oes angen y fframau ynteu? Daw'r ateb byddarol: 'Debyg iawn wir! Dyna sy'n profi cynnydd. "Ond pan euthum yn ŵr" ac yn y blaen'. Ond gresyn caniatáu i'r fframio droi'n arferiad, a rhoi iddo'r gallu, o bosibl, i lunio'n tynged.

Cylch yw plentyndod, cylch diogel heb ddibyn ar ei gyfyl, a'r gwahanol a'r annisgwyl ynddo nid yn fraw ond yn fonws. Fel y bore Awst hwnnw y cafodd Mennah a minnau fynd hefo Roberta, Tŷ'r Ysgol a'i mam, i mewn i ddwy ysgol Frongoch, a neidio a phrancio faint a fynnem, a'r ddwy iard a'r ystafelloedd yn hollol wahanol, yn wag am y mis cyfan, a'r athrawon a'r plant i gyd ymhell yn rhywle, wedi chwalu i bob cyfeiriad.

Wrth gwrs, mae modd cael codwm yng nghylch plentyndod hefyd, ond y mae yno freichiau cariadus i'n gwarchod fel nad oes dim galw am y gorofal hwnnw a ddaw i le plentyndod wedi iddo gilio.

Mor ffodus ydym, y mwyafrif ohonom, nad ni sy'n gorfod adnabod a chadw'r terfynau rhwng llencyndod a phlentyndod: mae hi mor bwysig nad oes ormod o'r plentyn ar ôl yn y dyn, nac o'r hogan fach nerfus honno yn y ferch ifanc. (Yr un pryd, nid yr un peth yw hyn yn hollol â dweud fod angen dipyn o gyth ynom i fynd trwy'r byd yma.)

Yr unig beth tristach na cholli plentyndod oll – y dychymyg a'r ymddiried greddfol a'r cyfan – wrth dyfu, yw colli dim ohono wrth fethu tyfu. Nid oes neb ychwaith yn chwenychu, chwaethach deisyfu, ail blentyndod gorfodol, gan nad yw'r cyflwr hwnnw o fod yn amddifad o'r awdurdod aeddfedrwydd a'r pleser plentyn yn ddim ond ffurf arall ar gaethiwed, ond braf cael bod mor rhydd o'r fframau â phlentyn bach neu sant mawr. Rhyddid ac ymollwng – dyna eiriau pwysicaf plentyndod, a'r rhyddid hwnnw yn un diniwed lân ac nid diniwed feddal, yn un a ganiatâ i blentyn fod yn benderfynol heb fod yn ystyfnig.

Er na allaf ddychmygu am neb heddiw yn hapusach ynghanol ei deulu na mi fy hun, weithiau ar ganol haf, pan fydd y ffordd fawr yn llwch, daw math o sylweddoliad sydyn o hyd imi, math o amgyffred o'r atyniad hwnnw sydd i'r sipsiwn mewn gorwel ac i blentyn mewn rhyddid. Teimlad y byddai'n braf gallu gollwng popeth, nid i fynd i weld y byd ond i grwydro'n ddiamcan. Nid chwaith er mwyn cael gwared o neb na dim, ond er mwyn ceisio ailbrofi ychwaneg o ryddid y plentyndod gynt, a bod yn gwbl fi fy hun, heb i feddyliau droi'n fyfyrdod. Cysgu yn rhywle yn ddidrefniant, a bod â dim ond digon o arian i gadw rhag llwgu. Crwydro yn gyfaill i bawb ac yn perthyn i neb. Mynd yn ôl yr awydd a chysgu yn ôl y blino, a dim cloc yn bod. Ymollwng, yn ôl cyngor y pregethwr a'r meddylegydd. Gollwng gafael ar bopeth a bod yn llipa hollol. Nid trefnu'r diwrnod ond derbyn a ddwg yn ddiolchgar. Gadael i bopeth fynd â'i ben iddo, gollwng gafael yn y fframau bob un, a bod yn blentyn yn y canol eto, yn dalp derbyngar ond parod yn ôl y galw. Cefais fy hun yn ôl yn y cyflwr hwnnw droeon yn ystod f'oes, nid o ewyllys cof ond yn annisgwyl, ddiarwybod. Nid myfi sydd yn ailafael mewn plentyndod, ond fy mhlentyndod, diolch byth, a wrthododd ollwng ei afael yn llwyr ynof fi.

1919-1930
(Plentyndod)

*M*AE HI'N FORE Sadwrn ac yn fore cyntaf y flwyddyn newydd, y flwyddyn y bydda i yn ddeg oed ym mis Mai ac yn mynd i'r dosbarth sgolarship. Rydwi wedi edrych ymlaen at gael mynd i'r Cownti Sgŵl byth ar ôl y noson honno pan gafodd Wil, ac Emrys ein cefnder, fynd i'r parlwr i wneud eu gwaith cartre am y tro cynta. Roedd Mam wedi gwneud tân braf a gosod lamp fawr yn olau ar ganol y bwrdd crwn o'i flaen, a dyna lle roedd Emrys (oedd yn aros hefo ni trwy'r wythnos, a mynd yn ôl i Prion bob nos Wener) a Wil yn dechrau ar lyfr sgrifennu newydd sbon bob un o'r ysgol, ac yn copïo i mewn iddo farddoniaeth rhyw Wyn Williams am y môr; finne'n gorfod mynd oddi yno er mwyn iddyn nhw gael llonydd, ac yn penderfynu y dôi noson felly yn fy hannes inne yn y man.

Llynedd, mi fues o gwmpas y siope yn hel c'lennig fel plant erill y dre. Roedd gan Mr Peters, siop Lôn Postos, tad Merfyn a David, lawer iawn yn sbâr o'r sbectole hynny oedd yn canmol 'O X O', y tair llythyren yn un darn o bapur stiff o wahanol liwie, gwaelod yr 'X' yn mynd dros y trwyn, a choese papur caled wedyn o'r ddwy 'O' i fynd tros y clustie, a dyna be gafodd pob un ohonon ni. Lle bynnag roeddan ni'n mynd y bore hwnnw, rocdd y sbectole anferth yma yn dod i'n cyfarfod ni o bell. Mae'n siwr eu bod nhw wedi dychryn llawer o hen bobol.

Rydwi'n dal i glywed canu Parti'r Glyn yn fy nghlustie y bore yma. Dim rhyfedd, achos roedd hi'n 'Watchnight' yn y capel neithiwr tan ddeuddeg o'r gloch. Mi fues i'n syllu'n hir pnawn ddoe ar rai o'r ŵyn cynta, cyn cofio am y cyngerdd a'r swper a brysio adre i wneud yn siwr fy mod i'n barod. Swper mawr ydio, a'r meincie a'r byrdde wedi'u gosod i lawr y festri hir, ddwy res ohonyn nhw. Roeddan ni'n dechre hwylio i fynd yno toc ar ôl chwech, a phawb yn newid i'w dillad gore. Mae'r swper o saith tan ddeg, ac os bydd rhywun ddim yno, mae o'n sâl mae'n rhaid. Pob math o gig a chacenne a bara brith a jelis. Wedyn, am ddeg o'r gloch mae nhw'n clirio'r cwbwl, ac yn rhoi'r meincie'n ôl ar draws y festri, a'r lle yn llawn, a phawb yn eistedd i wrando Parti'r Glyn o ymyl Llanrhaead yn canu ac yn adrodd. Mae Dad yn eu nabod i gyd, Tom Davies yr Injian sydd yn eu harwain, Pitar Ifans Dyffryn Maelor a'r lleill. Wedi dod yn ôl am encôr, dyna Hugh Huws, Bryn Mulan, yn adrodd â golwg drist iawn arno:

> There stood a cow
> On yonder hill,
> And if it hasn't gone,
> It's there still.

Sôn am chwerthin! Un peth mae nhw'n gorfod ei ganu ddwywaith bob tro ydi 'O, mor bêr yn y man'. Hanner nos, mi ddwedodd Mr Davies y gweinidog weddi, ac aeth pawb i'r sgwâr ar eu ffordd adre, i glywed pobol yn canu emyne. Roedd clyche'r Eglwys yn canu hefyd, a'r ddwy hwter, un y Seilam a'r Rêlwe, i'w clywed yn glir, a phawb yn dweud 'Blwyddyn Newydd Dda' wrth ei gilydd. Wrth fynd adre, roedda ni'n gallu edrych i fyny ar y sêr a dechre cyfrif. Nid fel ar noson Band of Hope, pan fues i'n dod adre fy hun weithie yn y gaea, ac ofn mynd heibio'r ddwy ysgol wag heb sôn am y pen llwybr sy'n arwain at un arall wedyn. Dyna lle byddwn i'n starfio am hydion yng ngheg Lôn Postos yn disgwyl am sŵn traed rhywun yn mynd i lawr yr un ffordd â fi.

Rydwi wedi penderfynu newid llawer o bethe am ei bod hi'n flwyddyn newydd, ond heb ddweud wrth neb beth ydyn nhw, wedyn mi fydd pawb yn synnu gweld y newid yna i. Un peth ydwi wedi'i benderfynu ydi nad ydwi ddim am gwyno cymaint pan fydda i'n gorfod mynd i'r capel mor amal, ac rydwi newydd gofio y bydd Cyfarfodydd Gweddi Dechrau'r Flwyddyn yn y festri fach o nos Lun tan nos Wener yr wythnos nesa. Tri yn gweddïo bob nos, a Mr W.A. Evans yn darllen pennod Ffydd eto ar ei hyd.

Er ei bod hi'n fore Calan, tydw ddim yn mynd i hel c'lennig heddiw, ond mynd hefo Wil fy mrawd – mae o bum mlynedd yn hŷn na fi – i werthu cacenne siop Mrs Evans, Confectioner, yn Lyf Lôn a thai'r Castell. Yn siop Mrs Howell Evans mae'r gnecwerth ore i'w chael – llond dwy law o daffis Bobbie Dazzler neu glamp o lwmp o bwdin bara. Un tro, roedd ganddi fynydd bach o frechdane ciwcymbar yn sbâr ar ôl gwneud bwyd i rywun, ac am eu bod nhw'n ffrindie dyna hi'n eu rhoi nhw i Mam ar ein cyfer ni. Ond mi fytes i ormod ohonyn nhw a mynd yn sâl fel ci, a fedres i beth edrych ar giwcymbar wedyn.

Am eu bod nhw'n dod i gapel Lôn Swan, mae'n siwr, mi ofynnodd Mr Evans 'Confectioner' i Wil wnâi o alw yn y siop ar nos Fawrth i fynd â pharsel mawr o ddillad budron yn y drol fach i dŷ yn Ysgubor Wen, a galw am y parsel dillad glân bob nos Iau. Felly rydwi'n cael mynd i'r drol fach wrth y siop ar ben Stryd y Dyffryn a Wil yn fflio mynd i lawr yr allt ac ar hyd Ffordd Rhuthun. Un o'r pethe gore ddigwyddodd imi erioed ydi cael mynd bob nos Fawrth a nos Iau ar sbîd yn y drol fach ddwy olwyn.

Gwthio trol fach bedair olwyn y byddwn ni ar fore Sadwrn, un â thair silff hir ynddi yn llawn o gacenne siocled a chrêm ac mae pob un wedi'i gwerthu cyn inni ddod yn ôl. Ar ôl cael cinio, rydan ni ein dau yn cerdded yr holl ffordd i gae'r Seilam i weld Denbigh United yn chware, yn erbyn Rhyl heddiw. Mi fydd y rhai rydan ni wedi'u gweld yn cerdded yn rhes hir yn y caeau hefo'u gofalwyr i gyd yno, y rhai sy'n codi'u dyrne arnon ni weithie bob yn ail â chodi stympie sigarets, fel bydd tramps yn ei wneud. Yr unig rai erill rydan ni'n eu gweld yn cerdded yn rhes fel hyn, hefo'u hathrawes, ydi genethod Ysgol Howells, yn ddistaw mewn iwnifform lwydole. Ein ffefryn ni yn y tîm ffwtbol ydi Bob Evans fu'n chware i Bolton Wanderers a llawer gwaith i un o dimau Cymru fel cefnwr de. Chwaraewyr da erill ydi Arthur Lewis, ynte hefyd wedi cael capie Cymru, E.E. Davies a Joe Bartley a'r lleill. Bum mlynedd yn ôl, mi ddaru nhw ennill dwy gwpan, un Amatur Gogledd Cymru ac yna un Cymru gyfan.

Peth da ar gae'r Seilam ydi fod yna reilie rhyngon ni a'r chware. Dros ddwy flynedd yn ôl, aeth y ddau ohonon ni un gyda'r nos i Gae'r Graig i weld Denbigh Thursdays, hefo Bobbie Gough Roberts a Sam Vaughan Williams yn chware iddyn nhw, yn erbyn tim y rêlwe, a doedd yna ddim rheilie yno. Roeddwn i'n sefyll ar y lein ac yn pwyso ar bolyn y gôl. Yn sydyn, dyna'r bêl ata i, ac heb wybod mod i'n gwneud hynny, mi rois fy nhroed allan a'i chicio, ac i mewn â hi rhwng y ddau bolyn! Y peth nesa ydwi'n ei gofio ydi gweld lle'n mynd yn dywyll hefo pobol a chwaraewyr a'r reffari a phawb o nghwmpas i, pawb eisiau gwybod ai y fi sgoriodd! Roeddwn i wedi dychryn am fy mywyd, a does neb eto yn siwr pwy enillodd y gêm honno. Ond mi wn i nad es i ddim i weld gêm pêl-droed am fisoedd ar ôl hynny, rhag ofn i'r un peth ddigwydd yr ail waith.

Rydan ni'n cael mynd i'r pictiwrs heno i weld Harold Lloyd yn hongian wrth fraich cloc ymhell bell uwchben stryd brysur mewn tref fawr. Cyn dechrau mynd i gae'r Seilam, ar bnawn Sadwrn y bydden ni'n mynd i'r pictiwrs, nid bob pnawn Sadwrn wrth gwrs. Mae gan y lle ffilmie yma ei hogle da ei hun, ac yn y tywyllwch cynnes mi fydde pawb yn gweiddi ar ucha'i lais pan ddôi Tom Mix a'i geffyl ar garlam i'r golwg ar y sgrîn. Byddem yn ei adael mewn perygl ar y diwedd bob tro, yn cael ei wthio dros glogwyn neu ddarn o graig yn dechre syrthio arno. Ond byddai yn ei ôl hefo ni erbyn y sadwrn wedyn, wedi disgyn yn lwcus iawn i das wair neu rywbeth felly. Dwi ddim yn gwybod am neb a gafodd gymaint o lwc â Tom Mix.

Wedi dod allan heno, a galw yn siop Myddeltons am y *Boys' Magazine*, am ddwy geiniog yr un rydan ni'n cael eistedd yn y siop tships i fwyta platied bob un o sglodion tatws a sgolops. Wedyn paned yn y tŷ, ac i fyny'n syth bin i'r llofft. Bydd y genethod wedi mynd i'w llofft nhw ers meitin. Rhwng gwely Wil a fi a'r wal, mae yna ddigon o le i un sefyll tra bydd y llall yn cicio'r bêl papur brown ato, ac mi fydd y ddau ohonon ni yn mynd i'r gôl bob yn ail. Yna i mewn i'r gwely dan y dillad trwm, ac yng ngole'r gannwyll, Wil yn mwynhau darllen y *Boys' Magazine* newydd a finne un yr wythnos ddwetha y bydd o wedi'i guddio imi ers wythnos.

'Wyt ti'n cofio d'adnod?'

'Ydw. "Mab synhwyrol yw yr hwn a gasgl amser haf, ond mab gwaradwyddus yw yr hwn a gwsg amser cynhaeaf".'

Cysgu wedyn yn hapus, fel bob nos Sadwrn, yn llofft y Greyfriars Removes yng nghwmni Bob Cherry a Frank Nugent a Hurree Singh – wedi rhybuddio Billy Bunter i beidio â chwyrnu'n rhy uchel!

§

Mam ydi'r un rydan ni'n gallu mynd ati i ddweud popeth, er ein bod ni'n holi llawer ar Dad hefyd. Mi fydd Mam yn dweud y drefn wrthon ni ac yn bygwth tynnu'r wialen fedw i lawr o dan y silff ben tân yn amal, ond hi ydi'n ffrind penna ni. Er yr hoffwn petai hi'n peidio â rhoi asiffeta inni, ac yn anghofio am wlanen goch a phwltis a phethe felly.

Rydan ni bawb yn y capel bron bob nos Sul, os mai bod yn y capel ydi mynd trwy'r to! Mae yna ddeg o lampe yn y capel, deg o beli gwydr yn ole a phob un yn fwy na'r bêl ar gae'r Seilam ar bnawn Sadwrn. Dim ond imi beidio gwrando ar y pregethwr a dal i syllu ar y lamp uwchben, mae hi'n troi yn dwll crwn yn nho'r capel, ac ystafell felen tu ôl iddo yr un hyd â tho'r capel i gyd. Mi fydda i'n mynd i eistedd yno i ddarllen weithie, dro arall yn edrych i lawr trwy'r twll ar ben gwyn Williams Bric-a-brac, mwstash John Roberts y Sadler yn symud yn ôl a blaen, neu wyneb blewog Y Parch. Bennett Jones, pregethwr hen sy'n gweiddi nes colli'i wynt, ac wedi bedyddio bardd enwog laddwyd yn y rhyfel. Yna'n ara deg mae'r twll yn dechrau cau eto, a lamp sydd yno, a'r pregethwr yn dal wrthi o hyd.

Am ei bod hi'n cael poen weithie hefo'r galon, a bod Beacon's Hill yn serth i'w dringo i'r capel – mae yna ddynes mewn tŷ yno aeth i'w gwely am fod ei chariad wedi'i gadael pan oedd hi'n ferch ifanc, a ddaeth hi byth i lawr y grisie wedyn, tŷ yn ymyl yr un lle daru dyn ladd ei hun drwy dorri'i wddw â chyllell – mae Mam yn troi i mewn i gapel bach Bodawen ar nos Sul weithie, capel Gwilym Lloyd. Ond weithie bydd yn aros adre ac un ohonon ni yn cael aros yn gwmni iddi. Mae o'n drêt, am nad ydan ni ddim yn cael chware gan Dad na mynd am dro rhwng yr oedfaon ar y Sul, dim ond mynd i'r capel deirgwaith a newid ein dillad gore bob tro wedi dod adre, a darllen ein Testamenti du a llyfre gawson ni am gasglu at y Genhadaeth Dramor, llyfre am rai fel Mary Slessor a David Livingstone. Mae pob un ohonon ni'n edrych ymlaen at gael bod adre hefo Mam ar nos Sul. Wedi inni ddarllen am ychydig bob yn ail adnod, rydan ni'n ei holi ac yn clywed ei hanes hi'n blentyn yn y wlad neu'n hanes ni'n fabis.

Un noson mi ddwedodd wrtha i dan wenu fod pob un ohonon ni'n fwddrwg weithie, a bod Dad a hithe wedi cael llawer o fraw hefo ni heb fod eisie. Un tro, mi syrthiodd turn mawr trwm ar Hannah yn Bodawel pan oedd hi'n fechan, a phawb yn meddwl ei bod hi'n mynd i farw. Noson arall, pan oedd Dad wedi mynd hefo Hannah a Wil i eisteddfod Saron, mi ddaru Mennah syrthio i gysgu, ac mi droth y gannwyll a dechrau rhoi'r gwely ar dân. Ond mi glywodd Mam yr hogle llosgi, ac wedi'i thynnu hi allan a diffodd y tân, dyna hi'n curo'r wal a dyna Isaac Dafis drws nesa yno ar unwaith i'w helpu i fynd â'r matras allan i'r cefn.

Ar nos Sul, bydd Mam cyn bo hir yn cael hep o flaen y tân, (os bydd hi'n dywydd tân), o achos mae hi'n siwr o fod yn blino yn gofalu amdanon ni i gyd bob dydd. Rydan ni'n ei helpu wrth droi'n mangl pan fydd ganddi wrthbane trwm i'w rhoi trwodd, ac yn cario bycedeidie o ddŵr bob dydd o'r tap yng ngwaelod y buarth, ond y hi sy'n gwneud y bwyd, trwsio'n dillad ni (sane yn enwedig!), blacledio a glanhau'r brasus a phopeth. Dyna pam y bydda i mor falch, pan fydda i'n mynd hefo hi i siop Owens and Davies yng ngwaelod y dre i helpu i gario'r neges adre, fod Mr Davies mor garedig yn galw am 'gadair i Mrs Owen' ac yn holi am ein hanes ni fel teulu a phethe felly.

Tra bydd Mam yn cael hep ar nos Sul, os bydd hi'n ha mi fydda i'n mynd i'r drws i weld oes yna rywun arall heb fod yn y capel. Ac am fod yna gymaint mwy yn y capel nag sydd o gwmpas ar y Sul, mi fydda i'n teimlo'n ffrindie mawr am yr wythnos hefo unrhyw un a wela i ar y stryd yn amser capel ar nos Sul.

§

Dydi Dad ddim yn hoffi pictiwrs, cyngerdd ar nos Sul na Saesneg ar y radio. Mae o hefyd yn gwylltio'n gas yn erbyn chware o bob math; felly, allen ni ddim mynd i lawer lle heb gymorth Mam. 'Diogi' a 'segura' ydi enw Dad ar bob chware, am ei fod o'n gweithio mor galed ei hun i'n cadw ni, meddai Mam. Mae o wrth ei fodd yn y siop weithio fawr yn y cefn pan fydd o adre, ac yn gweithio o fore dydd Llun yn gynnar tan nos Sadwrn. Er bod Mam ac ynte yn meddwl y byd o'i gilydd, mae o'n dweud weithie mewn hwyl mai'r diwrnod cletaf yn y flwyddyn iddo fo ydi diwrnod trip Ysgol Sul, yn mynd hefo Mam o gwmpas y siope!

Dad, medde Mr Denson, y ffarmwr o Alefowlia, ydi'r dyn cryfa yn Ninbych, wedi iddo ymladd â'r tarw gwyllt hwnnw oedd wedi dianc o ladd-dy Pirs Davies. Dod o'i waith yr oedd o, wedi bod yn gweithio yn iard goed Dafydd Llwyd yng ngwaelod ein stryd ni, ac yn ei law roedd ganddo ddarn o dderw yn barod i gerfio draig arno i'w gosod yn gefn i gadair eisteddfod. Mae John Morris hefyd wedi ennill yn amal am gerfio ar dderw, ac am wneud malwr bara ceirch a phethe felly. Wedi dyrnu'r tarw â'r pren nes ei fod o'n llonydd, mi orweddodd Dad ar ei gyrn nes doth y bobol oedd wedi dianc mewn dychryn yn ôl hefo'r rhaffe.

Dro arall, mi lithrodd ebill y carn tro i mewn trwy ran dew ei goes pan droth camog olwyn oedd o'n ei thyllu yn y siop weithio. Rhag rhoi braw i Mam, mi droth y carn y ffordd arall, a fuo fo ddim chwiffied yn cael yr ebill allan, cyn mynd i'r tŷ a gadel i Mam yrru am Doctor Davies. Pan ddaeth o, roedd o'n rhegi Dad am beidio'i alw ar unwaith, iddo gael mynd â fo i'r Infffyrmari i gael yr ebill allan. Y drwg hefo Dad ydi ei fod o'n meddwl ein bod ninne'n gry hefyd, ac mae breichie Wil a finne'n barod i ddisgyn i ffwrdd weithie wrth droi'r maen llifio pan fydd Dad yn gwasgu'r cynion arno i gael min gwell arnyn nhw, neu wrth groes-dorri â'r lli draws pan fydd Dad wedi taflu coeden. Mae John Morris wedi arfer, ac yn ein plagio ni, 'Gwna rywbeth am dy fwyd, 'rwyt ti'n cael dy iechyd am ddim!' Un peth mae Dad yn ei gael ydi cramp yn ei goese yn y nos, ac mae rhywun wedi dweud wrtho mai peth da ar gyfer clyme gwythi ydi cadw bagied bach o gyrc yn y gwely.

Diwrnod Dad ydi hi wedi bod heddiw! Roeddan nhw'n gwerthu siop Hubert Roberts ar y sgwâr, ac mi brynodd Dad gwpwrdd bach derw yn rhad, er mwyn cael ei ochre i gerfio arnyn nhw. Wedi'i gael o adre, mi welwyd fod yna tua deugain o focsus bach marblis tu mewn iddo, a hanner cant o farblis ym mhob un. Tu mewn i'r cwpwrdd hefyd, roedd yna ddeunaw rhifyn swllt a thair yr un o *Children's Encyclopaedia* Arthur Mee, pob un yn llawn o straeon a barddoniaeth i blant o bob oed, a hanes pob gwlad, a lluniau. Roedd cael y rhanne Seiclopîdia fel cael tocyn bob dydd i wledd sydd i bara am byth! Mae nhw'n 'werth y byd i gyd yn grwn' fel bydd hen bobol yn ei ddweud wrth fabis bach!

Tu cefn i gader freichie Mam, yn y gornel, mae yna gwpwrdd pren mawr a llydan, a phum silff ynddo; mae gan bob un ohonon ni'n pedwar silff i ddal ein llyfre a beth bynnag rydan ni eisie ei gadw. Mi fydda i'n eistedd ar lawr tu ôl i gader Mam yn amal ar gyda'r nos yn y gaea yn darllen llyfre fel *Straeon y Pentan* Daniel Owen a *Nedw* gan E. Tegla Davies. Saesneg ydi'n llyfre ni yn yr ysgol. Rydan ni rwan yn darllen *Chamber's Fluent Reader, Book III*. Mae yna lawer o farddoniaeth ynddo, ac un stori werth chweil am fachgen caredig yn helpu gŵr a gwraig hen, 'Robert's Ride'. Rwan, deunaw rhifyn o'r Seiclopîdia ar ben hynny!

Mae heno, felly, dipyn gwahanol i ddwy noson yn ôl. Echdoe, bu Dad yn mesur Gwyddel oedd wedi marw, yn un o dai Factory Place sydd yn is na wyneb y ffordd. Yn lle mynd at ei waith i iard goed Dafydd Llwyd, roedd o'n mynd yno i ddewis coed ar gyfer yr arch. Wedi i John Morris eu cario nhw adre hefo fo, mi fu'r ddau wrthi'n plaenio am y gore, ac wedyn yn rhoi'r pyg poeth yn yr hollte sy'n gwneud i'r ddwy ochr blygu. Gyda'r nos, roedd yr arch yn barod, a Dad a Mam yn ei staenio'n ofalus wedi'i gosod ar bapure newydd ar y bwrdd yn y tŷ, nes ei bod hi'n sgleinio fel gwydr. Tydi arch ddim yn codi ofn arnon ni fel ar rai plant, am ein bod ni wedi eistedd yn darllen ac yn sgwrsio yn ymyl arch mor amal ar yr aelwyd. Bore ddoe, wedi mynd â'r arch i gartre'r Gwyddel, roedd rhaid i Dad yfed cwrw hefo'r teulu. Am nad ydio byth yn yfed cwrw na smocio, pan ddechreuodd o ddringo llawr cobls yr iard i ddod i'r stryd yn ôl, roedd o'n teimlo'i ben yn ysgafn, a'r llawr yn codi'n rhyfedd i gyfarfod ei draed.

Noson wahanol iawn ydi hi heno i'r noson honno, a Mam yn fflamio ers meitin am ei bod hi wedi sathru tair neu beder o'r marblis yn barod yn llwch coch dan ei thraed, ond rydw i'n rhydd o'r bai. Bydd digon o amser rywbryd eto i chware marblis, ond fedra i ddim aros i gael darllen chwaneg ar y Seiclopîdia.

§

Mae'r gwanwyn wedi cychwyn i'w daith o achos mae blode'r menyn a'r briallu melyn meddal yn dechre dod i'r coed a'r gerddi i gadw cwmni i'r eirlysie a'r llygaid y dydd: y fronfraith a'r ehedydd hefyd yn canu. Ond melyn ydi'r lliw heddiw, melyn cennin Pedr, ac mae nhw'n llond buarth yr ysgol am ei bod hi'n Ddydd Gŵyl Dewi. Mae'r Free Press yn dweud bod dynes o'r dre wedi'i dal yn dwyn cannoedd o gennin o ardd Plas Newydd yn Trefnant er mwyn cael eu gwerthu. (Mae rhai o'r plant yn yr ysgol yn dweud bod yna ddyn a dynes yn Stryd Henllan yn byw hefo'i gilydd a nhwthe heb briodi, ond dwn i ddim ydi hynny'n wir.)

Ryda ni fel teulu wedi cystadlu llawer mewn eisteddfode ar ganu ac adrodd, pawb ond John Morris a Sarah Jane, y ddau hynaf ohonon ni. Er ei fod o'n canu mewn core, unwaith yn unig y bu John Morris yn cystadlu ar ei ben ei hun, pan oedd o tua phump oed, ac mi 'nillodd am ganu 'Iesu tirion, gwêl yn awr'. Roedd o'n crynu fel deilen, medde fo, ac yn methu cael ei lais allan, ond mi ddwedodd y beirniad mai y fo oedd yr unig un oedd wedi canu 'Paid â'm gwrthod, Iesu da' yn ddigon tawel. Ryda ni weithie, Wil a Hannah a Menna a fi, yn cynnal eisteddfod wedi mynd i'n gwlâu, y drws yn agored rhwng y ddwy lofft, a'r un fydd yn beirniadu yn rhoi marcie.

Pan oeddwn i'n llai, a Dad a Mam yn paratoi i fynd i eisteddfod y Cownti Sgŵl yn y Memorial Hall, mi dorrodd carrai esgid Dad wrth iddo'i thynnu, a bu rhaid imi bicied i siop Bric-a-brac i nôl pâr arall. Am imi fynd a dwad mor gyflym, mi ges fynd hefo nhw i'r eisteddfod. Pan ddaethon ni at y drws, roeddan nhw newydd ddechre, a'r peth cynta glywson ni oedd llais clir Wil yn llond y lle yn canu 'I blas Gogerddan', a rwan fedra i ddim ei chael hi allan o'm meddwl o gwbwl. Mae Wil wedi ennill llawer, yn enwedig am ganu, a mae o'n fwy gofalus na fi wrth wneud popeth.

Hwyrach nad ydwi ddim yn cymryd digon o drafferth am fy mod i'n cael cymaint o flas.

Mynd i ddweud roeddwn i ein bod ni wedi cystadlu cymaint yn Nyffryn Clwyd ac i fyny am Lansannan fel ein bod ni'n ennill yn amal yn eisteddfode'r ysgol. Tyda ni ddim yn rhai da am redeg fel roedd Robert Elwyn Roberts a'i frawd John Meirion yn y 'sportsday' yr aeth Wil â fi i'w weld y llynedd. Y drwg sut bynnag ydi mai ni sy'n cael ein dewis i ddysgu adroddiad newydd ar gyfer pethe fel y Cyngerdd Gŵyl Dewi. Y tro hwn, 'Cyfarch y Wennol' oedd y farddoniaeth, gan Eifion Wyn, a phob un o'r pedwar pennill yn dechrau â 'Wennol hoyw, a'r adain loyw', fel ei bod hi'n anodd peidio â chymysgu. Ac mae gen i ofn ei anghofio am ei fod o braidd yn hir. Mi fu bron imi fethu â dod heddiw am fy mod i wedi cael annwyd ar y frest, ond mi ferwodd Mam ddail robin cynnar oedd hi wedi'u hel, mewn llefrith, ac mi ddôth hynny â'r fflem allan i gyd.

§

Mae Mr Sam Roberts y cigydd wedi marw. Roedd o'n ddiacon yn Lôn Swan, a nos Sul nesa mi fydd Madame Louis Grocutt, sydd wedi canu erstalwm ar draws y byd, yn sefyll ar flaen y galeri wrth yr organ yn canu 'Rest in the Lord' mewn llais dwfn fel dyn, a Mrs Sam Jones yn trin yr organ yn araf. Mi allwn i wrando trwy'r dydd arnyn nhw, ac mae'r capel yn ddistaw ac yn braf run pryd, a finne'n meddwl am Mr Sam Roberts a Catrin chwaer Mam, fu farw'n ifanc, a'r lleill, yn hapus i gyd hefo'i gilydd a hefo Duw am byth, mor hapus fel na fydde nhw ddim eisie dod yn ôl hyd yn oed.

Mae Mam yn dal i sathru marblis, a finne'n dal i gael blas ar y seiclopîdia.

§

Nos Wener, mi aeth Hannah a finne, ac nid am y tro cynta chwaith, hefo bil i ffarm fawr bron i ddwy filltir i ffwrdd. Roedd Dad wedi bod yn gweithio yno wythnose'n ôl a heb gael ei dalu byth; mae John Morris yn dweud nad ydi Dad ddim yn codi hanner digon am ei waith. Wedi inni gyrraedd, ar ôl cerdded y ffordd drol at y fferm a hithe'n bwrw, meddai'r wraig, 'O, diolch. Mi alwith Mr Jones; tydio ddim adre rwan', a chau'r drws. Pan dyfa i, tydwi ddim am fod yn ffarmwr beth bynnag, na saer gwlad chwaith.

§

Dyma Ebrill wedi dwad â'i gynffonne ŵyn bach yn y cloddie a'i las meddal. Mae'r awyr yn gymyle gwlân, y ffarmwr yn aredig hefo'r ceffyle gwedd, a chwmwl o frain yn sgrechian ar ei ôl. Roedd Syr yn dweud yn yr ysgol mai parc ceirw mawr oedd y Crest erstalwm, ond heddiw mae clyche'r gog dan y coed fel mwg glas, a chae ar ôl cae yn ole gan friallu Mair. Mis ardderchog ydi Ebrill. Mi glywodd Sarah Jane y gog hefyd, ac roedd ganddi hi arian i'w troi drosodd yn ei phoced fel y dylid gwneud, mi ŵyr pawb, pan fydd y gog yn canu, i gael lwc dda.

Dydd Gwener y Groglith ar ei hyd roedd hi'n Steddfod Lôn Swan yn Neuadd y Dre, er nad ydi Mr Davies y gweinidog ddim yn ei hoffi ar y diwrnod hwnnw. Roedd yno ragbrofion yn y ddwy festri yn y bore. Yr un rydw i'n ei ofni bob blwyddyn ydi David Pugh, Rhydeidion Fawr. Mae ganddo fo lais cry ac mae o'n actio pob peth yn dda, ac yn 'rêl stêjwr' medde Dad. Bydd Dad yn mynd â ni i gael fferins yn siop fechan bach Mrs Myddleton ar y gornel yr ochor arall i ddrws y neuadd, cyn mynd i mewn yn y pnawn. Rydwi wedi cael dau neu dri o dunie mawr, gwag, rhai 'Red Seal' i Mam o siop Mrs Myddleton, tunie hefo llunie blode arnyn nhw. Mae nhw i'w cael bob bore Llun cynta'r mis, amser cinio, i'r rhai cynta ddaw amdanyn nhw.

Mi ges gydradd gynta hefo David Pugh y tro hwn, am ei fod o wedi gweiddi'r nodyn uchel a finne wedi troi i lais geneth. Ail ydwi iddo fo fel rheol, ond doeddwn i ddim yn synnu tro yma, o achos ar y ffordd i'r rhagbrawf mi weles ddwy frân yn hedfan uwchben y tai. Pentre Broughton a enillodd y Côr Plant y tro yma, a chôr Mr Powell o'n capel ni, a Wil a Hannah yn canu ynddo, yn ail. Mae'r ddau gôr ac un Tanygrisie, fel y tri pharti cân actol hefyd, yn curo ei gilydd bob yn ail.

Y diwrnod wedi'r steddfod, roedd Glyn drws nesa a finne'n chware cardie – taflu cardie sigarets ar ei gilydd ar garreg y drws, a'r un sy'n taflu cerdyn ar draws un arall yn cael codi pob un sydd wedi'i daflu. Dim ond hefo'r hen gardie y byddwn ni'n chware. nid hefo'r set newydd o gricedwyr rydan ni'n eu casglu rwan. Roeddwn i wedi cael yr holl set ond un, George Duckworth, ac wedi cael llawer ohonyn nhw wrth swopio dyblars. (Tydi Glyn na fi rioed wedi smocio. Mi fasen ni wedi hoffi trio ond doedd yna ddim un ar gael am nad ydi'n tade ni ddim yn smocio chwaith.) Wedi chware tua chwarter awr, mi ddaru ni roi'r gore iddi am ei bod hi'n ddiwrnod mor braf, a mynd ar dro ar hyd Cae Fron, wedyn ar hyd y llwybr cul gydag ochr y cae nesa, croesi'r hen rêlwe chwarel ac ymlaen nes disgyn i ffordd Y Green, a dod yn ôl heibio capel Y Fron. Mi fuon ni'n cicio pêl yn erbyn wal y stesion, ac yna mynd i eistedd yn y stesion ei hun. A be welwn i odanai, rhwng y rheiliau trên, ond paced sigarets newydd sbon, yn stiff ac yn lân fel yn y siop! Rhaid bod rhywun wedi'i wagu i'w gês sigarets ei hun a'i daflu. Wrth gwrs, allwn i ddim meddwl am ei adel o fan honno, a cherdyn George Duckworth tu mewn iddo hwyrach. Allwn i byth cysgu'r noson honno wedi gwneud hynny! I lawr â fi ar naid, a'i agor, ond doedd dim cerdyn ynddo chwaith. Ond yn sydyn, dyma lais fel taran yn gweiddi, 'Cer o'na'r diawl bach hurt!' ac mi es! Argoledig, roeddwn i wedi cael braw, ac yn mynd, fel bydd Mam yn dweud, 'fel gafr ar dranne'!

Mae hi'n adeg chwipio'r topyn sgwrs ar y stryd eto a rhedeg am y ras hefo'r cylch haearn i dro'r Graig ac yn ôl. A rydan ni'n synnu'r plant erill y tro hwn wrth chware marblis – diolch i Dad!

Un arall o'n harwyr ni, fel Bob Evans, ydi Ifor Roberts, Llewenni. Bob bore dydd Llun y Pasg, mi fydd o a saith neu wyth o ddynion erill yn sefyll o flaen Neuadd y Sir ar ben dre, ac yna rhedeg milltiroedd i gae Sioe Caerwys, ac Ifor Roberts yn ennill bron bob tro.

§

Mae nhw yn eu hole i gyd, y wenolied a'r gloynnod byw sydd â'u lliwie'n harddach na lliwie cymysg yr olew ar y ffordd wedi glaw: pawb a phopeth yn barod am yr ha melyn. Mae yna flode porffor y lelog a blode gwynion y drain yn hongian dros walie, a hogle da lle bynnag yr awn ni.

Roeddwn i wedi gwylltio'n gaclwm yn yr ysgol y bore cynta o Fai, er hynny, am fod un o'r bechgyn hyna sy'n galw'i hun yn Jack Dempsey yn mynd o gwmpas yn pinsio pawb ar yr iard, ac yn canu 'First of May, pinching day!' Ond roeddwn i'n teimlo'n well pan ddarllenodd yr athro inni farddoniaeth am fis Mai, o waith Eifion Wyn eto: 'Gyda'i firi, gyda'i flodau, / Gyda dydd fy ngeni innau'.

Rydwi wedi darllen llawer ar y Seiclopîdia, ond dim ond tri darn o farddoniaeth ydwi wedi'i weld ynddo hyd yn hyn am fis Mai, ac mae rhywun yn marw mewn dau ohonyn nhw – Jemmy Grove oedd yn caru 'Barbara Allen', a'r eneth honno yn 'May Queen' gan Alfred Lord Tennyson. Y llall ydi 'Planting the Apple Tree' o waith William Cullent Bryant o America:

> What plant we in this apple tree?
> Sweets for a hundred flowery springs
> To load the May wind's restless wings
> When from the orchard row he pours
> Its fragrance through our open doors.

> What plant we in this apple tree?
> Fruits that shall swell in sunny June
> And redden in the August noon,
> And drop when gentle airs come by
> That fan the blue September sky.

Does neb erioed wedi plannu coeden fale yn ein gardd ni, ond mi ddaru Glyn drws nesa a finne, tua dwy flynedd yn ôl, roi llun ohonon ni hefo'n gilydd mewn tun Oxo a'i gladdu o'n isel yn y pridd, tu mewn i wrych gwaelod yr ardd, ar ymyl y plot lle mae tatws a phys wedi'u plannu gan Dad. Rydan ni'n mynd i ddod yn ôl hefo'n gilydd pan fyddwn ni'n hen, yn hanner cant, i'w weld o eto.

Dau ddiwrnod pwysig ym mis Mai ydi dydd fy mhenblwydd a 'May Day'. Mi fydd Dad a Mam yn gofalu ein bod ni'n cael pen-blwydd da bob tro, Hannah yn Awst, Wil yn Gorffennaf, Menna ym Mehefin a finne ym mis Mai. Mi ges gardie tro hwn a pharti a chacen pen-blwydd fechan, llyfr *Hanes a Chân* D.J. Williams o Landderfel a chardigan newydd gan Mam, ac mi wnâth Dad sgwter newydd sbon imi. Oni bai fod Liwsi Tŷ Pella wedi dod i dalu'r rhent, a nghuro fi hefo'r 'Snakes and Ladders', mi fydde wedi bod yn ddiwrnod perffeth.

Mae Mam yn mynd â ni i gyd, bob blwyddyn, i'r May Day ar ddechrau'r mis, fel bydd hi'n mynd â ni hefyd i'r Rhyl am ddiwrnod cyn i'r ysgol ailagor wedi gwyliau'r ha. Y diwrnod hwnnw ym Mai mae'r bobol sydd wedi chwilio am ddillad gwahanol i'w gwisgo – ambell un wedi'i wisgo fel Charlie Chaplin, a'r llall fel Long John Silver, hefo patsh dros ei lygad a deryn ar ei ysgwydd – yn cael gwobrwyon yn y bore ac yn cerdded yn y carnifal yn y pnawn, o Bwll y Grawys, dros y sgwâr, ac i lawr Stryd y Dyffryn i'r cae sioe yng ngwaelod y dre, a channoedd o bobol ar y ddau balmant o boptu yn gwylio, a sgrechian weithie, a'r dyrfa fwya ar ben y dre, ar y sgwâr. Yn y prosesiwn, mi fydd fanie Mellards a Robert Owen, hefo llieinie a rubane lliw drostyn nhw, yn cludo'r Frenhines Fai a'i ffrindie, nhwthe hefyd mewn ffrogie gwynion, hir, a'r bechgyn mewn cryse gwynion a thei bô yn edrych yn rhyfedd o lân a thaclus. Ar y blaen daw'r dynion mewn dillad melyn sglein a hetie tal, yn canu cyrn, a Spow y 'town crier' yn canu'i gloch, ac Idwal o'r castell yn cogio dwyn hi oddi arno. Y ddau geffyl mawr, cryf, ydwi'n eu hoffi, eu tsheini a'u medale'n sglein i gyd, eu carne'n wyn o lân a rubane lliw yn eu mwng a'u cynffon, a nhwthe'n cymryd dim sylw o neb na dim.

Yn y cae ar ben y daith, tu draw i'r Inffyrmari, mae polion wedi'u gosod i ddal y baneri o bob lliw sydd ar draws yma ac acw, ac un polyn uchel, gwyn, y Polyn Mai, a'r bechgyn ifinc a'r merched ifinc yn dawnsio o'i gwmpas gan blethu'r rubane amdano yr un pryd. Mae dyn yr hufen iâ yn chwys bob blwyddyn, am fod ciw hir yn disgwyl. Ac am noweithie wedyn, mi fydd genethod pob stryd yn anghofio'r hop-scotsh ar y palmant ac yn bethyg llieinie a siole lês eu mame a phethe felly i chware Brenhines Mai eu hunen.

§

Mae'r gwanwyn yn hymian canu a digonedd o rosod ym mhobman. Mae'r tymor criced wedi dechre, a dyna pam y cawson ni fore mor ddifyr heddiw, er ei bod hi'n pistyllio glawio tu allan, yn chware criced ar bapur. Rydan ni'n rhoi holl lythrenne'r wyddor yn un rhes i lawr y dudalen, ac yn rhoi gwerth i bob llythyren, fel hyn: a – 6, b – 1, c – lbw, d – 4, e – ct., ac yn y blaen hyd at z. Wedyn mae Glyn ac Ednyfed Tŷ Pella yn ysgrifennu enwe'r rhai mae nhw wedi pigo i'w time – Iddon, Ames, Sutcliffe a'r lleill (a ni'n hunen, wrth gwrs). Mae Menna yn darllen paragraffe'r papur newydd bob yn llythyren, finne'n dweud beth ydi gwerth pob llythyren, a'r ddau gapten yn rhoi hynny i lawr wrth enw'r cricedwr, a phawb yn gweiddi pan fyddan nhw allan am 'duck'! Mi adawes i Ednyfed gael bod yn gapten y tro yma er mai yn tŷ ni roedd y gêm, am ei fod o wedi rhoi'r cerdyn Duckworth imi i ddarfod y set am ddarn o'r stripyn bacalitshiad, un brynes i hefo'r geiniog roth Antie Harriet Ochor-y-cefn imi yn y farchnad ddoe, ac roedd gen i ddigon o'r bacalitshiad ar ôl wedyn, ac am fod yr haul wedi dod allan yn boeth ar ôl y glaw, mi ddringodd Wil a fi ar ben y siop weithio i ddarllen a chnoi am hydion. Roedd ein cege ni fel pobol yr adnod honno ddysges i rywdro, 'a'u wynebe fel parddu', ond roeddwn i'n falch na phrynais i ddim lemon celi, gan na fedres i rioed wneud lemonêd hefo hwnnw, er trio ngore.

Heno, aeth Hannah, Menna, Wil a finne i Goed y Crest, a dod â llond ein haffle o glyche'r gog i Mam. Dwn i ddim lle caiff hi le iddyn nhw, ond roedd hi'n chwerthin yn hapus wrth ein gweld ni'n dwad dan ein beichie heibio tro'r ysgol fach.

Yfory mae hi'n ddiwrnod Sioe Flode Dimbech. Dyma'r adeg ar y flwyddyn pan fyddwn ni'n dallt pam fod garddwyr yn dod allan hefo rhaw a bwced pan fydd rhes o geffyle sionc wedi mynd heibio. Bob blwyddyn, mi fydd tad Glyn yn helpu i osod y stondine a phethe felly. Mae yno adar a blode o bob lliw a llun, cŵn bach a mawr ac ambell ruban lydan ar bwt o gynffon. Alle neb ddisgrifio'r rhosod, mae nhw mor hardd, ac mae yno nionod sy'n llawer mwy na phen neb. Mae Glyn yn gallu mynd â ni'n dau i'r cae am ddim. Mae o'n mynd at y giât ac yn gofyn, 'Ga i fynd hefo neges i nhad?' Wedi i'r dyn holi pwy ydi'i dad, a chael gwybod ei fod o'n un o'r rhai sy'n helpu, mae o'n dweud, 'Wel, ffwr chi te, a chofiwch ddwad yn ôl ffordd yma'. Ond unwaith rydan ni i mewn, rydan ni'n gofalu cadw'n ddigon pell o'r giât honno wedyn. Sioe werth chweil ydi un Dimbech.

§

Mae Wil yn siwr o fod y bachgen mwyaf hapus yn y byd heno, o achos mae o a Cit wedi cael ail am ddeuawd a Cit y cynta am unawd yn steddfod fawr Pentrefoelas lle mae nhw'n rhoi canpunt i'r côr gore a watch aur i'r arweinydd, a lle mae tri neu bedwar o feirniaid canu. Ond mae yna beth arall wedi digwydd hefyd i wneud Wil yn hapus. Mae'n teulu ni wedi mynd yn fwy am fod Wil wedi cael cwningen fach ddu, Swti; mae hi mewn bocs pren llydan a hir yn y cefn, yn gorwedd ar y gwellt tu ôl i'r gwifre. Rydan ni i gyd wedi dotio ati, y clustie hir a'r gynffon bwt, heb sôn am ei chôt ffwr. Mi fyddwn ni wedi'i thagu hi os na chymerwn ni ofol, medde Dad, am ein bod ni i gyd yn ei hanwesu ac yn hel dail tafol a dail dant y llew iddi. Mor wahanol ydi hi i'r llygod mawr yn y Seiclopîdia yn bwyta Esgob Rheims yn fyw am iddo fod mor greulon wrth y bobol!

(Rhag ofn imi'i anghofio hi – 'Llewyrched felly eich goleuni gerbron dynion fel y gwelont eich gweithredoedd da chwi, ac y gogoneddont eich tad, yr hwn sydd yn y nefoedd'. Mae Glyn wedi bod yn trio fy mherswadio i ddweud 'fel y gwelont eich gweithredoedd, da chwi', ond tydio ddim wedi llwyddo. Gobeithio na wneith pregethwr fory eto ddim dweud yr hen 'Ladies first' gwirion yna, a dechre ym mhen arall y rhes.)

Heno, mi gawson ni datws newydd mewn llaeth enwyn, a dwi'n siwr mod i wedi bwyta gormod, roedd o mor dda. Cystal â phwdin reis Mam yn oer, neu'r nionyn mawr hwnnw fydd hi'n ei roi yn llygad y tân ambell noson yn y gaea. Ond mae yna un peth yn dda am y salad yn yr ha hefyd, neu'r brôn y bydd Mam yn ei wneud o ben dafad – does yna ddim dweud y drefn am fod y bwyd yn oeri wrth ddisgwyl amdanon ni!

Druan o blant de Cymru, lle mae streicie wedi bod yn y pylle glo a'r dynion heb gyflog – potes a bara mae nhw'n ei gael i ginio yn amal, a gwaeth na'r cwbwl, ei gael o yn yr ysgol!

§

Mae hi'n ddiwrnod trip yr Ysgol Sul i Southport fory ac mae pob peth yn gweithio o'n plaid ni ar hyn o bryd. Aeth rhywbeth o'i le ar y peiriant sy'n rhoi gwres yn yr ysgol, ac felly roedd yr ysgol wedi cau heddiw, ac mi gawson ni gêm griced hir ar y ffordd. Marcio'r tair wiced hefo calch ar waelod y polyn lamp sydd o flaen y tŷ lle mae Ednyfed, darn o bren o siop weithio Dad a phêl galed wedi'i gwneud o bapur brown wedi'i wasgu'n dynn a llinyn wedi'i dynnu'n dynn amdani, a dyna ni'n barod, a phob cricedwr yn rhedeg i'r tŷ yn ei dro i nôl brechdan gaws neu jam, a dod â hi allan i'w bwyta. Rydw i'n lwcus yn cael brechdan fawr a menyn yn dew arni, am fod Mam yn pobi torthe mawr yn nau hanner y tun cig. Ychydig iawn o geir sydd yn dod heibio, am mai dim ond y bobol gyfoethog sydd â modur. Yr unig drafferth ydan ni'n ei gael wrth chware yn y stryd ydi pan fydd y bêl wedi cael ei tharo'n andros o galed ac wedi mynd tros y wal i ardd y Cownti Sgŵl yr ochor arall i'r ffordd. Rhaid dringo'r wal wedyn, a cherdded yma ac acw i chwilio amdani ynghanol y drain a'r chwyn. Weithie, mi fydd yr hen ofalwr yno ar y pryd – mae o a'i wraig a'i ferch yn tynnu'u pensiwn – ac mi fydd mor flin wrthon ni â phetae yno'r blode hardda. Dwi'n siwr fod ganddo fo lond cwpwrdd erbyn hyn o'n peli papur ni!

Feder neb ddisgrifio trip yr Ysgol Sul yn iawn. Mi fu pawb ohonon ni'r plant yn y capel heno yn cael arian i gael te yfory, a rwan rydan ni wedi cael bath i gyd, ac wedi mynd i'r gwely yn gynnar. Rhag ofn inni fethu cysgu yn meddwl am yfory, mi fodlonodd Wil i roi'r ddau obennydd i lawr ochor y gwely yn erbyn y wal, fel ein bod ni'n cysgu ar draws y gwely, a hynny yn gwneud y lle yn hollol wahanol. Ac mae hi am fod yn braf fory, o achos roedd yr awyr yn goch heno.

Mae'r trip yn dechre ar ddiwedd yr Ysgol Sul rhyw dair wythnos ymlaen llaw. 'Lle cawn ni fynd leni?' medde'r Arolygwr, 'os ydan ni am fynd o gwbwl.' A rhywun hen yn ateb yn syth, 'Beth am bicnic a thipyn o rasus a phethe felly i'r plant?' Y plant i gyd yn griddfan, ac un ohonon ni'n dwcud dan ei wynt, 'Dwi'n cynnig Llunden!' Y plant yn chwerthin a'r bobol yn edrych yn ddu arnon ni. Wedi llawer o bleidleisio, dim ond y Rhyl a Southport ar ôl, a Southport a enillodd tro yma.

Ar ôl codi ben bore a gwagio'r cadw-mi-gei, a chael tipyn chwaneg o arian gan Dad a Mam, mi fyddwn yn brysio i fod ym Mhwll y Grawys cyn naw. Mi fydd fan honno yn llawn o goitshus y trip – peder i'n capel ni, chwech i Gapel Mawr sydd hefyd yn mynd i Southport. (I'r Rhyl mae Seion a Phendre a Salem a'r Bedyddwyr i gyd yn mynd tro yma.) Yr hwyl wedyn ydi pan fydd un o'n bysie ni yn chwyrlïo heibio un arall, yn enwedig os mai un o rai Capel Mawr fydd hi! Mae hi'n braf mynd i'r Rhyl hefo'r trên, ddiwrnod y Gymanfa Ganu, cael tystysgrif a gwobr wedi'r Arholiad Ysgrythurol, a the yn y festri cyn mynd i lawr at y môr ac yna i gyfarfod yr hwyr. Ond dydio ddim byd tebyg i'r trip Ysgol Sul. Diwrnod lemonêd a hufen iâ, a'r gwylanod yn disgyn yn gwmwl pan daflwn ni friwsion amser cinio. Chware criced ar y tywod a'r tywod yn goglais ein traed yn gynnes, cerdded yn y môr, a dod yn ôl at Mam bob hyn a hyn am frechdan gig, neu sgon a digonedd o fenyn ffarm rhyngddi. Dim rhaid inni ofalu trwy'r dydd am ein dillad gore, fel ar ddiwrnod y Gymanfa. Wedi bod ar y beicie, sefyll i weld 'Punch and Judy' eto, a gweld yr 'Ysbrydion' yn y Marine Lake, cael organ geg yn Woolworths, yna dechre meddwl am droi'n ôl, gan gefigennu wrth y plant sy'n byw yn Southport trwy'r flwyddyn. Mi fydd rhaid disgwyl yn hir am rywrai, a gweld un o'r plant yn taflyd i fyny, wedi bwyta gormod o bethe gwahanol cyn mynd ar y rowndabowts. Wrth i'r goitsh gychwyn, syllu'n hiraethus trwy'r ffenestr gefn ar y bobol a'r plant yn dal i neidio yn y môr draw ymhell. Wedi dangos i'n gilydd y pethe a brynwyd, dechre canu pethe digri ac emyne a chaneuon yr ysgol ar draws ei gilydd, a'r gweiddi'n uwch na sŵn braf band y dre ar y sgwâr nos Sadyrne'r ha, ac mor bleserus â phan fyddwn ni'n rhes yn tynnu ffyn ar hyd rheilie'r tai wrth redeg adre o'r ysgol. Dim ond un peth arall ar ôl – galw am tships rhag i'w diwrnod bendigedig ddod i ben yn rhy fuan. A gorffen drwy fystyn yr hanes ychydig yn yr Ysgol Sul drannoeth – 'Aethon ni am dro yn y pnawn, ac mi welson ni ddyn â golwg fel peirat arno fo. Roedd ganddo fo gadach budur dros ei lygad dde, ac roedd o'n rhedeg ei fysedd dros fin cyllell hir, fain. Ac mi ddechreuodd ddod ar ein hole ni, yn do, Robert David…'

§

Digri ydi pobol sy'n dilyn almanac! Mae nhw'n sôn, cyn diwedd Mehefin, am y dydd hiraf – 'rydan ni'n dechre mynd yn ôl i'r gaea'n barod'! Ond yr hyn mae plant yn ei ddweud bob mis Gorffennaf ydi, 'Mi gân' nhw weld ydi'r gaea'n dod, a'r ysgol ddim wedi cau am y gwylie eto!' Mae'r wlad yn dal yn wyrdd, ond ei fod o'n wyrdd gwannach nag un y gwanwyn. Mae meddwl am y mis gwylie'n fendigedig! Er i Mam ddweud, 'Be andros ydwi'n mynd i'w wneud hefo chi dan fy nhraed i yn gwneud dryge am fis cyfa!', mi wyddon ni nad ydi hi ddim yn ei feddwl o, a does dim peryg iddi anghofio'r diwrnod hwnnw yn Y Rhyl eto cyn ei ddiwedd.

Er bod yr ysgol ar fin cau, mae'r capel ar agor, a dim gwylie inni o ddysgu adnod. 'Be sy arnat ti!' medde Dad. 'Dysgu penode fydden ni'n blant, nid pwt o adnod!' Felly, rhaid imi fynd drosti hi eto, rhag ofn. 'Ofn yr Arglwydd, hynny yw doethineb, a chilio oddi wrth ddrwg sydd ddeall.'

Rhaid bod Mr a Mrs Morris, Rhosfryn, ar waelod ein stryd ni, yn bobol ariannog dros ben, o achos mae nhw'n mynd ymhell ofnadwy ar eu gwylie, am ddeg diwrnod i Paris, medde Mrs Williams, Tŷ Pella, wrth Mam.

§

Mae o yma – mis Awst! Mwyar ar y cloddie, yr adar yn falch o'r coed criafol, gwres weithie yn crynu o flaen ein llygid, a phawb yn teimlo'n ddiog. A mis heb un wers o gwbwl!

Mi osododd Mam glamp o dent i fyny i Menna a ninne yn y cefn bore heddiw, un â'i chefn at y tŷ: mi osododd bropie lein ddillad a phethe felly â'u gwaelod yn y pridd, a hen gynfase drostyn nhw. Wedi nôl dwy fainc o siop weithio Dad a rhoi styllod ar eu traws i wneud bwrdd, dyna Mam yn ôl â the inni i gyd a bisgedi sinsir. Wrth edrych allan o'r agoriad i'r caeau draw dan haul, roeddan ni'n cogio ein bod ni i ffwrdd ymhell yn rhywle, ac yn gwrando am anifeilied gwylltion yn rhuo. Roedd y cadeirie a'r gramoffôn a'r dyn yn chwerthin ar y record i gyd yn hollol wahanol i fel byddan nhw yn y tŷ.

Roed Menna eisie chware siop wedyn, ond mae Hannah a fi wedi mynd yn rhy hen i beth felly rwan, ac mi ddwedson wrthi yr aen ni â hi i Gae Fron y pnawn. Mae yna lawer o blant yn mynd yno i sefyll yn y dŵr cynnes, i redeg cychod papur neu godi wal gerrig fechan i wneud llyn bach newydd. Yng Nghae Fron, yn ymyl y lle y byddwn ni'n neidio i lawr yn glir dros y gwrych i ochor arall y dŵr, mae yna dwnnel yn mynd dan y ddaear, a rhaid camu'n ofalus iawn o un garreg lysnafog i'r llall a mynd trwy hwnnw cyn dod adre.

§

Tydan ni ddim yn gweld llawer ar Wil y tro hwn. Mi alwodd Proffeswr Gratton o Lerpwl yn siop Myddletons ar y sgwâr un diwrnod, a dweud ei fod o eisie dysgu siarad Cymraeg yn dda, a gofyn i Mr Hughes oedd o'n gwybod am rywun fydde'n rhydd am fis i'w ddysgu, a fynte'n talu iddo. Mi soniodd Mr Hughes wrtho am ein teulu ni ac am Wil. Mae o'n aros ar fferm Colomendy, ac mae Wil hefo fo bron bob dydd yn mynd yma ac acw, i'r farchnad bnawn Mercher, i Lansannan lle mae rhai o'n teulu ni'n ffarmio, i'r Rhyl, i Gaer, i'r syrcas ac i'r capel ar y Sul, a'r ddau yn siarad Cymraeg o hyd. Mae o wedi bod hefo ni i de fwy nag unweth, ac yn y siop weithio yn holi Dad am ei waith. Un noson, mi aeth â'r pedwar ohono ni hefo fo i weld ffilm Ben Hur a Ramon Navarro yn actio ynddi. Roedd gen i ofn i rywbeth fynd o'i le hefo'r dysgu gan mai'r Gymraeg oedd y drydedd iaith ar ddeg iddo ddysgu ei siarad.

O ia, lle arall y buon nhw oedd ar ben walie'r castell, lle bues inne'n sefyll hefo llawer o bobol a phlant fore'r *eclipse* ar yr haul. Mi fedrwch weld Dyffryn Clwyd i gyd o ben y walie, fel y gallwch chi weld ein tŷ ni a'r ysgolion a'r Capel Mawr o ben y Graig, tu cefn i'r chwarel. Rydan ni'n dod heibio walie'r castell a thrwy'r coed weithie yn lle dod i lawr y ffordd o'r ysgol.

§

Mae plant y wlad yn lwcus pan fydd hi'n adeg cynhaea gwair. Cyn ei dorri, mae nhw'n cael ei weld o'n siglo fel tonne o flaen y gwynt, a'r haul yn chwythu cysgod a gole arno bob yn ail. Pan fydd o'n cael ei dorri a'i gario, mae nhw'n cael te ar y cae hefo'r dynion, ynghanol hogle da'r gwair, ac wedyn yn cael gorwedd ar ben y llwyth i fynd yn ôl i'r ffarm.

Mi fydd yn dymor dwyn fale cyn bo hir, ac mae yna lun yn y Seiclopîdia o beintiwr o'r enw John Constable yn ei ardd yn tynnu llun dau hogyn yn dwyn fale o'r pren yng ngardd drws nesa, heb iddyn nhw wybod o gwbwl ei fod o'n gallu eu gweld!

Rhaid bod pobol yn hoffi dod i'n tŷ ni. Mi fuo Antie Meri o'r Clwt, Y Bylche, sy'n gweithio yn nhŷ Mr Griffith Williams y twrne, yma nos Wener. Mae hi'n dod yn amal ar nos Wener, ac yn aros i swper. Mae Antie Janet hefyd, hanner chwaer Dad, yn dod weithie: un yn fechan ac yn sydyn ac yn siarad fel melin wynt ac yn ddifyr, a'r llall yn dawel iawn, iawn. Un arall y bydd Mam yn hoff o'i gweld ydi Mrs Roberts, Maesycoed, dynes bropor a hapus. Heddiw, a hithe'n ddydd Mercher, mi alwodd cefnder Dad, Dewyrth Cwm Llwm. Mae o wedi ennill dwy gader am farddoniaeth. Y tro cyntaf iddo ennill, medde Mam, roedd o wedi cnoi'i winedd bron i'r byw am ei fod o mor nerfus. Mae yna fardd arall yn gweithio yn siop groser Robert Owen. Rydwi yr un enw â fo, ond nid ar ei ôl o y cefais i f'enwi ond ar ôl Dewyrth Dafydd, brawd Mam, sy'n gweithio mewn siop groser fawr yn Lerpwl, ac yn dod aton ni am wythnos o wylie bob ha.

Mae yna bobol erill yn galw hefyd: Sioni Winwns ar ei feic, hefo rhaffe o nionod o dros y môr, dyn llawen yr hyrdi gyrdi a'r mwnci bach del ar ei ysgwydd, a'r dyn sy'n pedlo yn ei gadair ar y stryd i droi'r maen sy'n rhoi min ar y cyllyll.

Mor fuan mae'r flwyddyn yn mynd heibio! Dwi'n cofio mor hardd oedd blode'r gwyddfid ym Mehefin, yn binc a melyn i gyd, a heno roedd Dad yn dweud fod sŵn Hydref yn y gwynt yn barod. Sut bynnag, rydwi'n gryn ffefryn hefo'r bechgyn y mis yma am fod gen i ffwtbol newydd sbon, un gafodd Mam wrth gasglu peth wmbreth o gasus bach ciwbie Oxo. Rhywsut, dwi ddim yn meddwl y gwna i beldroediwr, er cymaint f'awydd.

Mi fu Wil a finne yn y cae ar Ffordd yr Ystrad ambell gyda'r nos yn gweld tîm Dimbech yn chware criced. Y tro diwetha roeddan ni yno, roedd tîm y dynion yn chware yn erbyn tîm y merched, a Jock Nott a Percy Freeman (mae nhw yn yr Opera hefyd) a'r lleill yn gorfod chware â llaw chwith. Un o chwaraewyr Dimbech ydi Y Parch. Morris Griffith, ac roedd o wedi gwneud sgôr uchel cyn i un o'r merched gofio mai llaw chwith y bydd o'n chware bob amser, ac mi fu rhaid iddo ddechre o'r dechre wedyn!

Mae Glyn a finne wedi bod am dro lawer iawn yn ystod y mis, trwy'r Lawnt i Johnson's Monument, heibio'r drych mawr hwnnw ar y gornel, a llefydd felly. Un dydd Iau, aeth Mam â Hannah a Menna a finne i Neuadd Ystrad i Garden Fete y capel, lle roedd Miss Margaret Williams mewn dillad tlws yn croesawu pawb i fwyta ar y lawntie a phrynu'r pethe oedd ar y stondine.

Rhaid na fuon ni ddim yn blant rhy ddrwg wedi'r cwbwl, o achos mi aeth Mam â ni am y diwrnod yn Y Rhyl fel arfer. Er ein bod ni'n llawer rhy hen i'r bwced a'r rhaw, rydan ni'n dal i fynd ar y mulod, a chacwn nei beidio, yn mwynhau cymaint ag erioed y pryd o fwyd ar y traeth. Hefyd, mi ddaethon ni â moron a phaced mawr o belets yn ôl hefo ni i Swti.

Mae'r mis bron ar ben, ac mi fydd rhaid aros wythnose am y gwylie nesa.

§

Mae pobol mewn ysgol yn gallu gwneud pethe gwahanol iawn hefo ffyn. Rhoi'r ffon rhwng ei ddannedd y bydd un o'n athrawon pan fydd o wedi gwylltio, a'i chnoi hi'n iawn. Mae mhen i ychydig bach yn gam o'r adeg ces i ngeni, a phan fydd rhai o'r plant erill wedi digio wrtha i, mae nhw'n dechre galw enwe, pethe fel 'Pen Cam', 'P.C.', neu weithie 'Plismon'! Mae gan yr athro sy'n cnoi'r ffon lasenw hefyd, ond o achos ei draed mae o wedi'i gael o.

Roeddwn i'n hwyr yn cyrredd yr ysgol fore heddiw, am fod Mam wedi gwneud imi sugno wy o'r plisgyn cyn mynd, peth da i roi leinin ar y stumog, medde hi. Wedyn brechdan a'r jam mwyar duon cartre wnaeth Mam arni i fynd â'r blas i ffwrdd. Biti na fase Mistar, sy'n flin bob amser, yn cnoi dipyn ar y ffon yn lle'n waldio ni hefo hi. Pan ddwedodd rhywun wrtho, ryw bedair blynedd yn ôl, fod Wil yn ail trwy'r sir yn y Sgolarship, y cwbwl ddwedodd o oedd, 'Second indeed! It's a first I want!' Mae nhw'n dweud ei fod o'n athro da iawn, ac y dylen ni feddwl y gore am bawb, ond mae'n anodd gwneud hynny pan fydd eich dwylo chi'n brifo'n drybeilig, a hithe ddim ond y bore cynta ar ôl y gwylie ha a phopeth.

Roeddan nhw'n canu 'Jesus loves me, this I know' pan ddaru ni gyrraedd yn hwyr, ac mi fu rhaid i mi a'r lleill sefyll y tu allan yn y coridor nes bod yr Asembli drosodd. Yn syth wedi'r 'Amen', dyna'r drws yn agor a'r titsiar sy'n cnoi'r ffon yn dweud 'Come in'. Dyna lle roedd Mistar yn practeisio â'r ffon am fod yna fis er pan fuo fo'n ein leinio ni ola. 'Put out your hand, boy!' medde fo, a'i wyneb cyn agosed ag y meder o ddod at wenu. Wedi imi gael andros o slashen ar y ddwy law hefo'r ffon hir, fain ('Jesus loves me' neu beidio), medde fo, 'That'll teach you not to be late on the first day of term!' A finne wedi rhedeg bob cam i fyny dwy allt ac ar draws y sgwâr a llusgo i fyny'r grisie cerrig wedyn i drio bod mewn pryd! Peth arall dwi ddim am fod ar ôl tyfu ydi Mistar ar ysgol, o achos roedd fy nwylo i'n brifo fwy o lawer na'r tro hwnnw pan syrthies i i ganol y dalon poethion.

§

Mis hoffus ydi mis Medi. Roeddan ni'n meddwl bod yr ha yn darfod am ei bod hi'n nosi'n gynt, ond mi gawson ni ha bach Mihangel ar ei ôl o wedi'r cwbwl. Mae'r cnau blasus yn glympie mawr yng Nghoed y Crest, ond fedra i ddim dod o hyd i goncar gwerth ei roi ar linyn o gwbwl. Mae nhw'n malu'n dipie ar unweth pan gân' nhw'u taro.

Dydd Sadwrn, mi fu Hannah a fi yn casglu mwyar duon trwy'r dydd ar fath o ochor mynydd yn ymyl Bodfari. Roeddan nhw'n hawdd eu hel o ganol y mieri pigog am eu bod nhw mor fawr. Gallem weld pobol yma ac acw hefo'u basgedi yn hel gymint fyth, a neb yn poeni beth oedd hi o'r gloch, er y gwyddem yn y man ei bod hi'n amser cymryd y brechdane cig a'r llefrith oeddan ni wedi'i ddod hefo ni. Am ei bod hi mor boeth, a ninne wedi bod wrthi mor brysur, fuo nhw rioed yn fwy blasus. Ar wahân i'r hogle da sydd arnyn nhw, mae llond basged wellt o fwyar yn sgleinio'n ddu yn dlws dros ben. Ar y ffordd adre yn y trên, mi ddaru ni werthu un o'r tair basgeded i ddyn am hanner coron.

Rydan ni'n dechre gwisgo dillad gaea eto, ac mae yna flode ffarwel ha yn y gerddi. Amser peryglus ydi amser toriad y dail ac amser disgyniad y dail, medde Antie Janet. Mae cerdded tros garped o ddail yn wahanol iawn i gerdded tros y tywod, ac yn drist rywsut am fod lliw'r dail fel lliw tân pan fydd o'n dechre darfod llosgi. Mae hi'n siwr o fod yn dawel iawn yn y coed heddiw o achos does dim angen smic o sŵn wrth newid lliw. Ond tydwi ddim yn mynd i gwyno tro yma am fod yr ha wedi darfod, o achos mae'r Seiclopîdia yn dweud bod y ddaear wedi rhoi bwyd a lliwie a phleser inni yn un sioe ar hyd yr ha, ac yn blino fel pawb, ac yn haeddu cael cysgu tipyn bellach.

Ysgwn i ydi'r wiwer lwyd honno a'r draenog welson ni adeg gwylie Awst wedi mynd i'w gwlâu bellach dros y gaea.

§

Mi fuon ni yn y Cyfarfodydd Diolchgarwch am y Cynhaeaf fel arfer, nos Fercher am saith yn Tower Hill wrth y castell, saith o'r gloch dydd Iau hefo'r Bedyddwyr yng ngwaelod Stryd Henllan, deg o'r gloch ym Mhendref y Wesleaid, dau yn Lôn Swan a chwech yn Capel Mawr. Cynulleidfa fawr ym mhob un, a thri o leiaf bob tro yn darllen a dweud gweddi, a phawb yn canu'r emyne. Mi fyddwn ni'n trio osgoi gorfod mynd bum gwaith, ond mae unrhyw beth yn well nag ysgol ar ganol tymor. Yn Tower Hill mae hi fwya clyd, y stôf yn boeth a'r walie'n chwysu. Wedyn, mae ambell un fel Mr Price Jones, Y Berllan, sy'n dod â llefrith inni bob dydd hefo'r fflôt a'r ferlen, yn crio wrth weddïo, a'r rhai sy'n gwrando yn dweud 'Ie, ie' a 'Diolch iddo' a phethe felly dros bob man. Mae rhai yn gweddïo'n hir iawn.

Diwrnod trist i ni fel teulu oedd yr un ar ôl Diolchgarwch, am fod Swti wedi marw yn y nos. Roeddan ni ein tri yn eistedd ar y mat o flaen y tân yn crio am y gore, a Wil hefo ni, ac yn sôn mor hawdd ei thrin oedd hi, ac fel y bydde hi'n rhedeg at y weiar i'n croesawu a chael anwes wedi inni ddod o'r ysgol. Mi ddaru Wil dorri twll dwfn yn y plot a'i rhoi hi yno mewn bocs cardbord, a digon o wlân o'i chwmpas hi. Yna rhoi'r pridd yn ôl, a rhoi cerrig bach gwynion i ddangos y lle. A tasc Mr Davies y gweinidog wedi digwydd galw, mi fasen ni wedi gofyn iddo ddweud gweddi hefyd.

§

Erbyn hyn, mae'r Gobeithlu nos Lun yn y festri fach cyn y Cwrdd Gweddi wedi dechre, Cymdeithas y Bobol Ifinc nos Fawrth, a 'Lodge of Good Templars' yn Bodawen ar nos Wener. A nos Iau, mae yna rywun yn dod hefo magic lantern i ddangos llunie'r Genhadeth, ac rydan ni i fod yno bob un. Mae'n gallu bod yn noson ardderchog i blant pan fydd y gole wedi'i ddiffodd, ac yn enwedig pan fydd y lamp yn dechre mygu a'r llunie'n darfod yn sydyn.

Mae yna beth newydd wedi dechre yn y Gobeithlu rwan – y Modiwletor, ac mae Maldwyn Jones, dyn ifanc sy'n gweithio yn Banc Barclays hefo Mr Gomer Jones o'n capel ni, yn dod i'n dysgu ni i ddarllen miwsig. Y drwg ydi nad oes dim amser ar ôl wedyn i gael cystadleuaeth am y gore ddarllen neu ateb cwestiyne, ac mae yna geiniog o wobr mewn cystadleuaeth felly.

Mae nhw'n dweud ein bod ni, plant Lôn Swan, yn mynd i ganu ac actio mewn sioe ddwy awr, *Idle Ben,* ha nesa. Mrs Davies, gwraig y gweinidog sydd am ein dysgu ni, a'r mame yn gwneud y gwisgoedd papur bob lliw, a Nesta a Wil i wneud y rhanne pwysica, a'r practeisio bob pnawn Sadwrn. Ffarwel Bob Evans a chae'r Seilam wedyn!

§

Mae darllen yn gallu tynnu pobol i drwbwl. Wrth ddarllen ar nosweithie'r gaea yn ymyl y tân, rydwi'n dod o hyd i eirie na fedra i ddim eu hanghofio nhw am fod sŵn da arnyn nhw, fel bydd hogle da ar rosod ym Mehefin, neu flas da ar frechdan hir o'r torthie tun cig crwn y bydd Mam yn eu pobi inni ac yn rhoi menyn ffarm arnyn nhw. Geirie fel 'Chimborazo', 'Cotopaxi' neu 'Llanfihangel Genau'r Glyn'. Am ryw reswm, roeddwn i wedi hoffi'r gair 'anghyfrifol', sŵn yr 'a'r 'i' a'r 'o' mae'n debyg. Felly, pan oedd Syr yn sôn yn y wers yn yr ysgol na fedre neb gyfri'r sêr, mi weles gyfle i ddweud y gair, a dyma fi'n dweud yn syth, 'Mae nhw'n anghyfrifol, syr' a'r plant i gyd yn edrych arna i, yn rhyfeddu mod i mor glyfar. Ond wedi i Syr ddweud beth oedd ei ystyr, chwerthin am fy mhen i ddaru bob un ohonyn nhw. Ac medde fynte, 'Peidiwch â dweud geirie nad ydach chi ddim yn eu dallt nhw, Dafydd.' Pethe peryglus ydi geirie.

§

Rydwi wedi dod o hyd i bethe newydd eto yn y Seiclopîdia. Ar yr hen ddresal dderw oedd yn perthyn i nain Mam, yr un sydd yn tŷ ni, mae yna res o blatie bach hefo llun ar bob un, ar hyd y silff ucha, uwchben y tair rhes o blatie willow pattern mawr. Ar bob un mae yna bennill Saesneg, am nad oes dim platie tebyg ar gael hefo penillion Cymraeg. Ac mae llun y platie i gyd yn y Seiclopîdia. 'Ride a Cock-horse to Banbury Cross' sydd ar f'un i, a 'Hey diddle diddle, the cat and the fiddle' ar un Menna. Mwy na hynny, mae llun y plât willow pattern yno hefyd, a'i hanes, ac amser te, roeddwn i'n gallu dweud hanes y ferch Koong-Shee a Chang yn croesi'r bont i'w tŷ eu hunen, er bod tad Koong Shee yn dod ar eu hole nhw hefo chwip fawr.

§

Nos Glangaea, roeddan ni wedi tynnu canol meipen allan, gwneud tylle i'r llygid a'r geg, a mynd â hi wedi iddi dwllu ar hyd y rhes a channwyll ynddi, a ninne mewn cotie tywyll, hir, ac wedi duo'n boche hefo parddu. Ddaru ni ddim dychryn neb chwaith ond cath Tŷ Pella, ond mi gawson ni ddigonedd o sbort.

Am ei bod hi'n nos Glangaea hefyd, er na ddaru ni ddim taflu cnau i'r tân i weld wrth y glec oedd yna lwc dda inni ai peidio, mi ddaru ni eistedd o flaen y tân a gofyn i Dad a Mam am stori ysbryd bob un. Wedi sôn am bobol erstalwm, eu bod nhw'n gallu gweld cannwyll gorff yn ole draw ar ganol cors dywyll, a hynny'n dangos bod rhywun o'r teulu i farw'n fuan, sôn am ysbryd Dyffryn Aled ardal Llansannan wnaeth Dad, dynes mewn gwyn i gyd yn dod allan o'r coed i gerdded hefo unrhyw un fydd yn mynd heibio ffordd honno yn hwyr y nos yn y gaea. Dydi hi'n dweud dim un gair, dim ond cerdded wrth eu hochor am filltir a mwy, ac wedyn diflannu i'r coed yn ei hôl, nid dros y wal ond trwyddi.

Ond roedd stori Mam yn codi mwy fyth o ofn arnon ni. Tydwi ddim yn cofio Taid, tad Mam, ond mi ges i chwip-din iawn gan Nain rhyw ddydd Mercher am fod yn niwsans i Mam pan oeddwn i tua phedair oed. Yn Nain roedd y mynd, meddai Dad, ond yn Taid roedd y mwynder. Tydwi ddim yn ei gofio, er i Dad a Mam a finne fynd i'w weld o a Nain ar ddydd Llun y Pasg, a cholli'r bws, a Dad yn fy rhoi ar ei ysgwydde ran hir o'r pum milltir siwrne. Weles i rioed mo'r taid a nain arall o gwbwl.

Wel dyma stori Mam. Un noson yn y gaea, pan oedd Mam yn hogan tua deg oed ac yn byw yn Bylche Isa, ffarm unig, roedd Nain wedi anfon Taid i'r seiat yn y Rhiw, lai na milltir i ffwrdd, am ei fod o'n ddiacon, er ei bod hi yn ei gwely ddim yn dda, a neb ond Mam a chwaer lai hefo hi nes dôi Taid yn ôl. Yn y pnawn, roedd Taid wedi bod yn y fynwent am fod Elin Evans yn cael ei chladdu, hen wraig oedd wedi addo gwau pâr o sane i Taid am ei fod o'n garedig wrthi, yn gofalu am goed tân iddi a phethe felly. Yn sydyn, yn y ffarm unig yma, dyna nhw'n clywed sŵn curo deirgwaith ar ddrws y ffrynt, yn ymyl gwaelod y grisie, ac i ffwrdd â Mam a'i chwaer Sarah i weld pwy oedd yno, ond doedd yno neb: edrych i'r dde a'r chwith yng ngole'r gannwyll, a gallu gweld neb. Dyna nhw yn eu hole i ddweud wrth Nain. 'Codi'n wynt mae hi, mae'n siwr,' medde hithe, 'a rhyw ddrws neu rwbeth yn clecian'. Ond yn y munud, dyna dair cnoc wedyn, ac er i'r ddwy fynd i lawr, yn ofnus iawn y tro yma – mi faswn inne wedi dychryn am fy mywyd hefyd – doedd neb yno y tro hwnnw chwaith. Ond pan ddaeth y curo deirgwaith y trydydd tro, a'r ddwy bron wedi fferu gan ofn, dyna Nain yn dweud ei bod hi'n gwybod pwy oedd yno, ac yn gofyn i Mam agor drws y llofft. Wedyn dyna hi'n dweud yn uchel o'r gwely, 'Mae popeth yn iawn, Elin Ifans: fydd John Williams ddim angen y sane, diolch yn fawr i chi run fath am feddwl'. A fu dim curo wedyn.

Roeddwn i'n falch fod Wil yn cysgu hefo fi noson honno.

§

Mi soniodd Syr wrthon ni sy'n Standard 4, y rhai fydd yn y dosbarth sgolarship y flwyddyn nesa, fod yna rai llefydd sydd ar y ffordd i lefydd erill o hyd. Os na fyddan nhw'n digwydd byw yno, mynd trwyddyn nhw i rywle mae pawb, ac nid aros yno. Mis felly ydi mis Tachwedd rywsut, ac mae o'n bell o bopeth hefyd – mae gwyliau'r ha mor bell yn ôl a'r Nadolig mor bell i ffwrdd.

Mae yna glystyre o aeron ar y celyn eleni, ac mae hi wedi dechre bwrw eira yn barod a ninne'n gorfod chwythu ar ein bysedd rhag iddyn nhw rewi'n gorn. Dwn i ddim beth fydde hanes y defed ym mhob cae heb eu cotie gwlân ar adeg fel hyn. Roedd Syr yn dweud mai peth da ydi cael eira am ei fod o'n puro'r awyr. 'Gaea glas, mynwent fras' medde fo, ac ystyr hynny ydi y bydd llawer o hen bobol a rhai sy'n wael yn marw yn y gwanwyn os na ddaw eira yn y gaea. Mi alwodd ar Huw David i ddarllen o flaen y dosbarth 'Yr Ôd' gan John Ceiriog Hughes, yn sôn am blu'r eira yn disgyn, ac yn troi a throi rhwng simneie fel angylion. Doedd o'n dweud dim am y robin yn rhynu wrth y drws cefn ben bore, a'r drudwy a'r titw glas yn chwilio am fwyd ym mhobman.

I aros nes daw'r Dolig yn nes, rydwi wedi bod yn darllen y farddoniaeth a'r storïe amdano sydd yn y Seiclopîdia, ac mae yna lawer ohonyn nhw.

§

Mi welodd Menna a fi anrhegion mewn dwy siop, pâr o slipars a gwlân cynnes tu mewn iddyn nhw i Mam, a châs meddal a sglein arno i'w roi am y llyfr emyne i Dad. Felly dyma ni'n penderfynu mynd allan i ganu carole gyda'r nos i wneud yn siwr fod digon o arian ganddon ni i'w prynu. Roedd Menna yn canu'r top a finne'r alto, a digon o ddewis ganddon ni o garole – y rhai arferol fel 'Roedd yn y wlad honno' ac 'I orwedd mewn preseb', ond rhai ychydig mwy diarth hefyd fel 'Ar gyfer heddiw'r bore' ac 'Ni aned neb erioed i'r byd, fel Iesu Grist'. Doedden ni ddim wedi penderfynu be ddigwydde wedi inni ddod i waelod y lôn, pa un ai mynd ymlaen wnaen ni neu fynd un noson eto. Ond erbyn dod yno, roeddan ni wedi cael croeso mawr gan bawb, wedi bod i mewn mewn dau dŷ (tŷ Dafydd Llwyd oedd un) yn cael cacen a lemonêd, wedi cael encôr ddwyweth, a mwy na digon o arian ganddon ni i brynu anrhegion Mam a Dad.

§

Mae hi heddiw yn ddiwrnod ar ôl Nadolig. Mi ddôth Santa i siop Densons ddechre'r mis, ac un arall wedyn (Mr Lloyd, Clwyd Avenue) i barti'r capel, a rhoi anrheg i bob plentyn ynghanol tsîars mawr. Mi gafodd pob un ohonon ni afal ac oren mawr hefyd o'r Gobeithlu a'r Lodge of Good Templars. Mae yna well hogle ar oren y Nadolig rywsut nag ar unrhyw un arall. Mi wnâth Mam gyfleth du, a hwnnw – wedi i Mam roi darn bach weithie mewn sosered o ddŵr oer i weld sut roedd o'n dod ymlaen – yn galed, galed, cyn toddi'n llond ceg blasus bob tro. Roedd yna bethe gwahanol yn ein sane hefyd, pysls bach haearn a phethe felly, a phan aethon ni i lawr y grisie roedd yno gêm taflu rings o bell tros fache oedd yn nhrwyne pum clown oedd â'u llun ar y pren ar y wal. Roedd Ednyfed Tŷ Pella wedi cael clamp o foto-beic tun, a sbring rhwng y ddau hanner sydd wedi'u bachu hefo'i gilydd, a dim ond ei weindio, mae o'n mynd o gwmpas am hydion.

Tydi Dad ddim yn hoff o rubane papur lliw a chracyrs a phethe felly, er nad ydio ddim yn rhwystro inni eu cael nhw chwaith, ond rhwng y fferins a'r ffowlyn, a'r plwm pwdin a'r chwe cheiniog gafodd Hannah tu mewn iddo, mi ddaru ni fwyta gormod tro yma eto, a chael hwyl a sbort tan amser gwely. Ac mi alwodd Antie Janet yn y pnawn ac aros i de. Mae diwrnod Dolig yn siwr o fod yr un hira yn y flwyddyn i rywun sydd yn byw ar ei phen ei hun.

Mae Dad wedi rhoi'r llyfr emyne yn y câs meddal sglein yn barod ar gyfer dydd Sul, a Mam yn dweud na fydd hi ddim yn golchi llestri byth eto am ei bod hi'n teimlo fel brenhines yn ei slipars newydd!

Mae yna ddigon o bethe ar ôl eto, er cystal diwrnod oedd hi ddoe. Rydan ni'n mynd i weld y cŵn hela ar y sgwâr y bore yma, a'r dynion a'r merched syth mewn cotie cochion yn cychwyn i'r wlad wedi i'r corn ganu. Edrych ymlaen wedyn at yr Wylnos, a Pharti'r Glyn yn canu 'O, mor bêr yn y man'. A phan ddaw'r flwyddyn newydd, mi fydd yn fore hel c'lennig, ac mi fydd y *Boy's Magazine* i edrych ymlaen ato, y reid yn y drol fach ar nos Fawrth a nos Iau, a phwy ŵyr – hwyrach na fydd yna ddim practis 'Idle Ben' *bob* pnawn Sadwrn, ac y cawn ni weld tipyn ar Bob Evans wedi'r cwbwl. Mae Mam a Dad yn dweud weithie, 'Mae yna rywbeth o hyd!' A hwrê – mae nhw'n iawn hefyd!

1930-1940

*Y*N DDEG OED, llwyddais yn arholiad y Sgolarship, a chael fy nerbyn i'r Ysgol Uwchradd, y 'Cownti Sgŵl'. Nid oeddwn yn weithiwr mor gydwybodol â Wil, ond llwyddwn i fod yn nhraean uachaf y dosbarth yno yn ddigon didrafferth. Mawr y cysur a gefais yn y man o honiad R.T. Jenkins pan soniai nad llwyddiant mawr fu cyfnod coleg rhai fel Betjeman a Housman – 'Yr hyn a wnawn wedi coleg sy'n bwysig'. Mwynhawn sŵn a gwefr cyffyrddiad y bêl ledr â sbring y bat helyg helaeth yn y rhwydi criced gyda'r nosau, a chasáu'r rygbi gwyllt ar yr iard. Cyn y dôi siawns i ddisgleirio y tipyn lleiaf, fodd bynnag, rhaid oedd aros am y cyfle adrodd a chanu a thraethawd yn yr eisteddfod. Nid oedd imi hyd yn oed addewid o'r ddawn honno a ddug fy mrawd, yn ei bwysau, i dîm criced Dinbych ac un y Brifysgol ym Mangor.

Er ein bod yn mynychu'r un capel, wedi newid ysgol y daeth John Oswald a minnau yn ffrindiau agos. Ar bnawniau yng ngwyliau'r haf, cerddem ein dau filltiroedd ar y tro o bentref i bentref o fewn cyrraedd y dref, a chyn bo hir, cael beic yr un. Yn fechgyn ifinc yn gweithio yn Rhuthun ymhen rhai blynyddoedd – John i ffyrm o gyfreithwyr a minnau yn swyddfa'r Cyngor Sir – byddem yn mynd ar y trên i'r theatr yng Nghaer ambell nos Sadwrn, i weld drama neu rai o'r diddanwyr mwyaf adnabyddus bryd hynny, rhai fel y Western Brothers; dyna gyfnod yr *In Town Tonight* ar y radio, sŵn y drafnidiaeth, yna'r cyfweliad(au), ac ar y diwedd y floedd ogoneddus, 'Carry on London!'

Aeth blynyddoedd y Cownti Sgŵl heibio'n ddidramgwydd.

Clerigwr oedd yr athro Cymraeg ac Ysgrythur, un a

fyddai'n agor pob gwers â sesiwn fer o gyfnewid cardiau sigarets â ni, er mwyn ceisio cwblhau ei set yntau. Nid i Stanley Jones, yr athro Hanes manwl, yr ocdd y diolch yn ddyledus na ddaethom i gasáu ei ferch, gan mor aml y dywedai, wedi inni fethu rhoi ateb, 'I'll ask Wendy tonight; she'll tell me', a hithau yn llawer iau na ni! 'Quelle Page?' oedd enw'r athro Ffrangeg, Leslie Harris, inni, gan mai dyna a ofynnai yn ddieithriad wrth agor drws yr ystafell fel corwynt.

Fy ffefryn o'u plith oedd Stan Rees, yr athro Saesneg, gŵr byr, bywiog, cymen ei ymddangosiad, yn llawn dychymyg a doniolwch (CLG). Cyfareddid fi'n llwyr gan ei ddawn i ddehongli gweithiau'r beirdd yn gredadwy a diddorol. Ymddengys imi bellach fy mod mewn cariad â llenyddiaeth erioed, ond Stan Rees a weinyddodd yn ein 'priodas', ac er imi orfod talu eithaf pris amdani mewn ysgol a choleg, ni bu i unrhyw briodas fwy dedwyddwch. Galwad diwrthdro'r môr ar ei blant yw galwad celfyddyd, ac nid rhyfedd i Wilfred Meynell ddweud am fardd yr 'Hound of Heaven', y bwriadwyd iddo fod yn feddyg fel ei dad, 'Literature had already marked him for her own, and it was his *Religio Medici* rather than his *Materia Medici* that he put under his pillow'.

Un pnawn swrth, yr oedd yr athro Saesneg ar ei uchelfannau yn dangos inni rinweddau cerdd Keats, 'Eve of St Agnes' – 'A casement high and triple-arch'd there was' ac yn y blaen – ac yn manteisio ar bob cyfle i ysgafnu'r wers yr un pryd. Wedi darllen am y ferch yn ymddiosg yn araf wrth ei gwely, a'r cariadlanc yn gwylio o'i ymguddfan gerllaw, meddai'r athro yn sydyn am y bachgen galluocaf yn ein plith, 'Look at Tony Askew: he's two pages ahead of us already!'

Rhyfedd mai tua'r un adeg hefyd yr eisteddwn ar un o'r meinciau y bu'n rhaid eu cludo i mewn i oedfa olaf yr Undeb yng nghapel Lôn Swan, yn dod i benderfyniad arall. Y Parchedig Ben Davies, Llandeilo, a gyflwynai bregeth olaf yr ŵyl ar destun o Ail Lyfr y Brenhinoedd, y gorchymyn dwyfol yng nghyfnod sychder, 'Gwna y dyffryn hwn yn llawn ffosydd'. 1932, blwyddyn dirwasgiad yn America, terfysgoedd yr anufudd-dod sifil yn India, llywodraeth glymblaid a'i thair miliwn di-waith ym Mhrydain, a'r sychder eneidiol ym mhobman. Y genadwri oedd yr angen am ddychwelyd at Dduw a pharatoi'r ffosydd i dderbyn llifogydd adnewyddol gras. Minnau fach yn addunedu ynof fy hun y byddai imi geisio pregethu, os cawn fyw, yr un gorchymyn a'r un addewid ddwyfol fy hunan. Dyna sut y rhaghysbyswyd fi, mewn gwers ysgol ac oedfa capel, o'r natur ddeublyg oedd i fod i'm gweinidogaeth. Ni chefais achos i amau'r genhadaeth ddeublyg hon, gan imi dderbyn llawer cynnyrch yn gwbl uniongyrchol. Pan oeddwn ar y bws un bore yn mynd at fy ngwaith yn Rhuthun, yn ugain oed, daeth 'pregeth y wlad bell' imi yn ei chrynswth; gwlad hawdd mynd iddi (miliynau o ffyrdd yn arwain yno, a chymeriadau diddorol arnynt), gwlad heb ddewis inni ynddi (gwlad Barabas, nid Crist, 'a'r Barabas hwnnw oedd leidr'), a gwlad ag un ffordd yn unig yn arwain allan ohoni (ffordd edifeirwch a gras). Bu'r bregeth honno bron â mynd yn 'hen ddarbi' gen i! Pan safwn chwarter awr yn Sychdyn un bore, yn disgwyl am fws i'r dref, daeth geiriau â thôn canig fach foesol imi, wrth synio ei bod hi'n bosibl 'tyfu'n llai':

> I rif y troseddwyr, cyson gynnydd a ddaw,
> Aeth cae y bêl-droed yn faes brwydro a braw:
> I'r ffordd Biwritanaidd, â gwawd, teflir baw, –
>   Beidio'n bod ni yn tyfu'n llai?
>   Tyfu'n llai, tyfu'n llai,
>   Beidio'n bod ni yn tyfu'n llai?
>   Y plant ym mhob tŷ
>   Yn tyfu yn gry,
>   Ninnau, druan, yn tyfu'n llai…

Byddai Stan Rees yn rhoi gwersi crefydd inni pan na fyddai'r ficer ar gael. Un tro, eglurodd inni'n fanwl mor naturiol a syml oedd yr eglurhad posibl ar yr holl wyrthiau yn yr Aifft, adeg rhyddhau'r Israeliaid. Es innau adre gantin garlam i oleuo tipyn ar fy nhad a mam. Fore Sul, aeth fy nhad at 'W.A.', oedd yn ddiacon, a dweud ei fod yn synnu deall mai dyna'r math o addysg ysgrythurol a roddid i blant yr ysgol. Byth wedyn, pan fyddai Stan Rees yn mynd ati i egluro rhyw ryfeddod o'r Beibl inni, 'roedd o â'i feddwl hefo fo ym mhob ystyr, a'i air terfynol fyddai, 'But don't go home and tell your father I told you!'

§

Ni chredaf ein bod fel plant yn eithriadol o uchelgeisiol, ond yr oedd pob un o'r wyth ohonom, yn ei ffordd, yn mwynhau ymateb i her. Enillodd Cit am draethawd i'r ysgolion pan oedd yn hogan yn Fron-goch, ac fe'i cyhoeddwyd yn y papur lleol, ac enillodd Wil a minnau gystadleuaeth debyg yn siop Bradleys, y dilladwyr, a'r papur *Vale of Clwyd Courier* pan oeddem yn bymtheg oed. Hannah wedyn yn ennill mil punnau'r *Daily Sketch* ym Mawrth 1965 am osod nodweddion Beryl Reid yn eu trefn briodol!

Yn weddol gynnar yn y tridegau, pan ddylwn fod yn gweithio'n fwy dygn yn yr ysgol, dechreuais gael blas ar lenydda eisteddfodol, traethodau gan amlaf (a'r darllen ar y Seiclopîdia yn fwy buddiol nag erioed!). Darllenwn yn helaeth, a chan y byddai pob traethawd o ddeg i ddeuddeg ffwlsgap o hyd, anaml y collwn. Byddwn wrthi fel 'tawn i'n lladd nadroedd, ac wrth fy modd, yn cystadlu yn agos ac ymhell, siroedd y Gogledd amlaf, ac yn adrodd mewn rhai eisteddfodau lleol. Lle bynnag y gwelwn enw ysgrifennydd eisteddfod, anfonwn am raglen. Pa un bynnag ai traethawd pob oed a fyddai, neu un i rai dan ddeunaw neu un ar hugain, coron neu chweugain fyddai'r wobr fel rheol, a phris tocyn wedi'i gadw ohoni am beidio â bod yn bresennol. Byddai'r traethodau ar bynciau fel 'Cynghrair y Cenhedloedd', 'Y Diwygiad Methodistaidd', 'Handel', 'Thomas Gee' ac 'Adar y Beibl' (dyled fawr i *Eiriadur Charles* y tro hwn!). Ar y Groglith a'r Nadolig, aml eu heisteddfodau, gallwn innau ddweud fel nai imi a gafodd ben-blwydd da, 'A very lucrative effort!'

Y dydd o'r blaen, trefnais i dreulio rhai oriau yn darllen hen rifynnau un o bapurau wythnosol Dinbych dros gyfnod o dri mis ar ddeg, o ddechrau Ebrill 1936 hyd ddiwedd Ebrill 1937, a chefais imi ennill yn yr eisteddfodau hyn, o fewn cyrraedd cartref mwy neu lai: (Ebrill) Lôn Swan, traethawd dan 18, a Menna yn ail; (Mai) Henllan, traethawd dan 25 a'r Arholiad Ysgrythurol; Cerrigydrudion, traethawd i bob oed; (Mehefin) Horeb, Llannefydd, prif draethawd, 'Crefydd Deuluaidd'; (Awst) Powys, yng Nghorwen, traethawd dan 21, 'Prif nodweddion Daniel Owen'; (Medi) Treuddyn, traethawd, ar Salm 15; (Rhagfyr) Bryneglwys, traethawd dan 21 a'r prif draethawd; Tremeirchion, telyneg 'Gof y Pentref' (fy menter gyntaf i fyd barddoniaeth gystadleuol); (Mawrth) Rhiw, Bylchau, ysgrif; Capel Y Fron, Dinbych, telyneg 'Heddwch'; (Ebrill) Henllan, traethawd dan 25, 'Tri Chymro Enwog'; Saron, cydradd gyntaf am draethawd, dan 21 oed, cân ysgafn; Llanrhaeadr Y.C., englyn. Meddid yn *Y Faner*, Mai 1938, 'Dal i gipio gwobrau mewn gwahanol eisteddfodau y mae Mr David Owen, Grove Road, Dinbych. Yn ystod y Pasg, enillodd wobrau cyntaf am draethodau yn Llanrhaeadr, Pwllheli a Dinas Mawddwy'. 'Does bosib nad oedd beirniadaethau rhai fel Tegla, 'J.H.' Y Brython, Idris Foster, Dewi Williams (Coleg Clwyd) a'u tebyg yn gymorth iaith ac arddull imi, pa faint bynnag y sylweddolwn i hynny ar y pryd, heb sôn am y wybodaeth a gesglid o amrywiol feysydd.

Enillais ddwy goron mewn arian (nid 'coron arian', er i honno ddod yn ei thro) am lunio 'Rhaglen ar gyfer eisteddfod flwyddyn nesaf'! Gan fod gennyf ddwsinau o raglenni wedi'u cadw, byddwn yn dewis pob dim a phawb ond y swyddogion a llywyddion y dydd – yr arweinydd, y beirniaid, y cyfeilyddion, testunau gwaith llaw, unawdau i'r piano, darnau adrodd a chanu a chorawl, a thestunau adran llên (a chael fy nhemtio i osod testunau yr enillais arnynt eisoes!). Pan welaf drwch yr 'hunan-ddewisiad' mewn ambell raglen fyth, a darnau mwsoglyd o hen i'r adroddwyr am nad yw'r pwyllgor yn darllen, byddaf yn cofio'n anedifeiriol am y rhaglenni pwyllgor-un-dyn hynny a luniwyd gan laslanc dwy ar bymtheg oed gynt.

Soniais am eisteddfodau Llanrhaeadr a Saron a gynhaliwyd yr un noson yn Ebrill, chwe wythnos cyn fy mod yn ddeunaw oed. Cerddodd fy nhad a minnau i Saron ar noson braf, taith tua phedair milltir. Gofynasai ffrind i Mam ddod gyda hi i Lanrhaeadr, a gofynnais innau iddi wrando ar feirniadaeth yr arweinydd, Robert Jones ddawnus o'r Traean, ar yr englyn, yr un cyntaf imi gystadlu ag ef erioed, 'Pont y Pentref':

> Man dadlau y llanciau llon – yn sŵn oer
>   Hen soniarus afon;
>   Atgyfyd hen atgofion
>   Yn gôr hy ar gyrrau hon.

Bryd hynny byddai'r cantorion a'r adroddwyr yn picied yn ôl a blaen rhwng y ddwy eisteddfod, gan gystadlu yn y naill a'r llall. Aeth pethau'n ddigon boddhaol yn Saron, ac enillais ar yr englyn yn Llanrhaeadr. Ond yr hyn a gofiai Mam gliriaf am yr eisteddfod honno oedd clywed yr arweinydd yn sibrwd wrth gyfaill iddo gerllaw iddi, tua hanner awr cyn y dyfarniad ar yr englyn – 'Newydd glywed o Saron 'mod i wedi cael cydradd gynta am y Gân Ysgafn, hefo'r Dafydd Owen 'na o Ddimbech'!

Yn ystod fy nghyfnod yn y Cownti Sgŵl hefyd y dechreuais ymddiddori mewn llythrennu, yn enwedig y gwahanol enghreifftiau o'r 'Old English' hwnnw a welwn yn penawdu newyddiaduron, y llythyren ddu Gothig. Cawsem wersi ysgol ar led a lleoliad pob llythyren o'r wyddor, yn fach ac yn brif. Treuliais oriau lawer yn llunio cyflwyniadau i gydnabod a chyfeillion ar gyfer tudalennau blaen llyfrau rhodd, Beibl yn aml. Galwodd ffotograffydd y dref, Ronald Thompson, fi i'w stiwdio yn Stryd y Dyffryn un pnawn, ac wedi sgwrs ddiddorol ar gelfyddyd caligraffeg, rhoi imi beth o'r defnyddiau mwyaf hwylus ar gyfer y gwaith, yn bapur addas a *'flat cut pen'* ac yn y blaen.

Sais a fyddai'n peintio'r wybodaeth angenrheidiol ar y platiau eirch i'm tad, ond nogiodd yn llwyr wedi iddo un tro beintio 'Fu fawr' yn lle 'Fu farw'! Byddai fy nhad wedyn y talu i mi am beintio'r plât â'r llythrennau addurnol hyn, ac y mae heddiw, felly, gryn dipyn o'm gwaith yn gorwedd yn naear yr Eglwys-wen yn Ninbych.

§

Buom yn hynod o ffodus yn ein hathrawon Ysgol Sul. Yn ddeuddeg oed, yr oeddwn yn nosbarth Mrs W.R. Roberts, Ceiri, yn y capel, ac yn arholiadau ysgrythurol Cymanfa Ganu Annibynwyr Dyffryn Clwyd y flwyddyn honno daeth tri ohonom o'r dosbarth yn gyntaf, ail a thrydydd, sef Thomas Henry, Trefor Burgess a minnau, yn y drefn hon, a Wil yn gyntaf a'n chwaer Janey Mary yn ail yn yr arholiad dan 21. Cafodd Tom, Trefor a minnau chwe cheiniog yr un gan ein hathrawes, a symudodd y ddau ymlaen i ddosbarth Mrs Edwin Roberts, at Wil a David Gwilym, brawd hynaf Tom a John, a'r lleill. Dilynais innau'r ddau yn y man.

Y dyddiau hyn, wrth weld Clybiau Ieuenctid yn cael nodded, a hynny'n haeddiannol, bydd fy meddwl yn troi'n ôl yn aml at y Clwb Ieuenctid answyddogol hwnnw a gyfarfyddai ddwywaith ar gyfartaledd bob wythnos yn y gaeaf, dros hanner canrif yn ôl, yn 6 Temple Bar Square yn Ninbych, un o'r rhes tai ar y chwith ar ben y llwybr cul hwnnw sy'n arwain o ganol y sgwâr i fyny am y castell. Cartref Mrs Edwin oedd, Mrs M.S. Roberts i roddi iddi ei henw llawn, nofelwraig i'r *Faner* ar brydiau; 'roedd wedi cael ail yn y Brifwyl rywdro ddechrau'r ganrif â'i nofel ddirwestol 'Adar Diarth' a gyhoeddwyd wedi hynny. Creu cymeriadau oedd ei dawn fel llenor, ac fe ddwedwn i mai dyna oedd ei dawn feunyddiol hi hefyd, cael pobl i adnabod eu hunain a magu hyder. Bu'n athrawes Ysgol Sul ar fwy nag un genhedlaeth o fechgyn ifainc, a pharatoai'n ofalus ar eu cyfer bob amser. Mae'n bur debyg ein bod yn siarad ar ein cyfer yn aml, ond meddai hi'r hiwmor a'r hamdden, y cywreinrwydd a'r cydymdeimlad i osod gwerth ar farn pawb. Cafodd ateb wrth ei bodd gan Noel un tro, wedi iddo fynd i rigol yn adrodd 'Chwi yw halen y ddaear...' am Suliau. Dyna Mrs Edwin yn cymryd arni snwffian, cyn gofyn 'Oes 'na beidio bod dipyn o ogle llwydni ar honne bellach, Noel?' Ac meddai yntau ar ei union, 'Finne wedi gobeithio bod yr halen yn ei chadw hi!'

Stwcyn byr oedd ei gŵr ac yn sobor am ganu, er nad oedd fawr o swyn yn ei lais. Ef oedd y codwr canu yng 'nghapel John Morris Jones' yn Tower Hill, capel oedd yn gangen o un Lôn Swan, fel capel Y Brwcws hefyd bryd hynny. 'Roedd Mrs Edwin ac yntau yn tynnu ymlaen cyn erioed gyfarfod â'i gilydd, fel nad oedd dim plant ar yr aelwyd. Gallent hwythau fentro honni, er hynny, fel Mr Chips, fod ganddynt dyrfa o blant, a'r rheini'n fechgyn bob un. Gan nad oedd Edwin, mae'n ymddangos, yn ddigon 'tebol i weithio, dim ond tuthio'n fân ac yn fuan o gwmpas y dref yn siopa, mae'n siwr nad oedd eu byd yn fras, ond ni bu dau mwy hapus erioed. Gwyddai ef mai eiddo hi oedd y gallu. Yn wir, yr oedd ef, ar ambell gyfrif, yn ddigon o ddeunydd nofel ynddo'i hun, ond gan mor fawr ei meddwl ohono, ni wawriodd hynny arni hi. 'Dêfi,' meddai Edwin wrthyf un tro, wedi iddi wella o salwch, ''roedd hi'n fraint imi gael tendio arni, *foot and mouth*'!

Gŵr di-lol a llym-gyfiawn oedd W.A. Evans y prifathro. Pan oedd Wil ar fin ymadael am Goleg Bangor, gwahoddwyd 'W.A.' i ddweud gair yn y Seiat nos Sul. Meddai yntau, 'Ar wahân i ddymuno pob llwyddiant iddo, a phob bendith ar ei yrfa, 'does gen i fawr i'w ddweud. 'Doedd o ddim ond un ynghanol cannoedd o fechgyn i mi, er ei fod o'n ddisgybl mor gydwybodol ac yn llwyddo mor rhwydd yn ei arholiadau. Nid y fi a ddylai siarad ond Mrs Roberts, ei athrawes Ysgol Sul'. Ac felly bu, a phawb ohonom yn eistedd i wrando ar Mrs Edwin yn siarad yn ddoeth ac yn dda, fel y byddai bob amser.

Fy nghyfnod Shakespeareaidd! (ar y dde)

Bob gwanwyn, byddai'r dosbarth yn trefnu noson o actio drama yn ysgoldy mawr y capel, 'at yr Achos'. Addasiad a fyddai'r ddrama yn arferol o un o nofelau Mrs Edwin, a gadewid digon o gyfle am hwyl. Er enghraifft, dau o'r bechgyn yn helpu i bacio i fynd ar wylie, ac yn taflu llestri (crac, wrth gwrs) at ei gilydd ar draws y llwyfan, gan ofalu methu dal ambell un er mwyn i'r gynulleidfa gael cyfle i sgrechian. Dro arall, paratoi i fynd ar wyliau ond yn syrthio i gysgu wrth y bwrdd, wedi gofalu bod y penelin yn beryglus o agos i'r portmanto hanner llawn ar ymyl y bwrdd, a'i fod, o'r diwedd, yn ei wthio drosodd o ddifri nes bod ei gynnwys amrywiol yn rybowndio o gylch y llwyfan a throsto. Byddem yn paratoi'r ddrama ar hyd y gaeaf, a byddai John a minnau wedi galw'n aml am gêm o filiards neu denis bwrdd yn y Liberal Club ar y ffordd yno. Ar wahân i fod yn yr operetta *Idle Ben*, a'r un y gofynnodd Aneurin Dryhurst Roberts imi ddod at blant Capel Mawr i ganu ynddi, nid oedd gennym fawr o brofiad o actio trefnus: yr oedd llond gwlad o frwdfrydedd, sut bynnag, ac ni cheisid mwy na hynny. Dyna lle byddem, ddwsin neu fwy ohonom yn llwyddo i gadw o fewn cyrraedd i'r tân am tua dwyawr bob tro, yr hwyl yn ddi-ben-draw a neb yn colli'i limpin pan fyddai un arall yn mynd â'r stori o'i geg. Cyfraniad arbennig gŵr y tŷ oedd ein hymarfer ni i ganu'r penillion a luniwyd gan ei briod i'w cyflwyno rhwng y golygfeydd, rhai am y fro a'i henwogion mor aml â dim. Dyma bennill a gofiaf, yn cael ei ganu ar dôn 'Y Mochyn Du':

> Dowch holl Gymry glân y bröydd
> Yma i ganu gyda'n gilydd
> Am hen dref sydd wedi'n swyno,
> A thref Dinbych ydyw honno.
>
> *(Cytgan)* Dyma'r orau o bob tref,
>   Dyma'r orau o bob tref;
>   Pwy a feiddiai wadu hynny,
>   Dyma'r orau o bob tref.

'Roedd hi'n mynd yn gampus, a ninnau heb angen na doctor na neb i'n sicrhau nad oedd rithyn o ddim o'i le ar sgyfaint neb ohonom!

Pan ddôi'r haf, byddai Mrs Edwin a'i gŵr wedi trefnu pnawn o bicnic i'r dosbarth yng nghae fferm ger Llandyrnog, a phwy bynnag oedd â chariad i'w dangos, 'wel dowch â hi ar bob cyfri'!

Er yr holl baratoi 'dramatig', ni chododd unrhyw Emlyn Williams na Meredith Edwards o'n plith, fel y gellid tybio, ond dichon fod gan y cyfan rywbeth i'w wneud â'r blas a gafodd Emyr Bartley a Wil a John Oswald a minnau yn ymuno ag athrawon y Cownti Sgŵl ac actorion fel Nesta Harris a Gracie Roberts a Llew Hawkins, dan gyfarwyddyd Stan Rees, yn cyflwyno golygfeydd o rai o ddramâu Shakespeare yn y Neuadd Goffa, a'r pleser a gawsom wrth lwyddo yn ein cyfweliadau i gael actio'r rhannau mân yn yr un cwmni â Huw Griffith, pan gyflwynodd Stefan Hock *Llywelyn ein Llyw Olaf* yn y Brifwyl yn y dref.

Cyfraniad Mrs Edwin, ac eraill tebyg iddi yn ei dydd, oedd ein hyfforddi, yn un peth, i fynegi ein meddyliau yn glir ac uniongyrchol. Bu hynny'n gymorth mawr i John Oswald pan aeth yn gyfreithiwr ac yn glerc trefi Rhuthun a Chaernarfon, ac i'r pedwar ohonom a aeth yn weinidogion yr Efengyl: pan fydd rhyw ddeuddeg gyda'i gilydd, a nifer yr un pryd â rhywbeth i'w ddweud, 'thâl hi ddim i ogor-droi. Dysgodd ni hefyd i fod yn gymdeithasol a goddefgar, ac i gredu'r gorau am ein gilydd. Byddai Mrs Edwin yn derbyn cymhorthdal at y gwaith heddiw. Ond dyna fo, mae'n fwy na thebyg mai prynu rhyw foethau i'w rhannu rhyngom ni y byddai â hwnnw wedyn!

§

Yr oedd O.M. Edwards, mewn hiraeth am Ab Owen, a Gwenallt a Waldo yn eu hiraeth hwythau, a Vernon Lewis yn ei frwydr â swyddogion iechyd, oll yn hollol gywir na ddylid tadogi esgeulustod na'r trychinebau a ddwg bobl a phlant oddi wrthym, ar Dduw.

'Doedd dim gobaith i Mam byth ddod dros farwolaeth Tom Bach; ef oedd yr ŵyr cyntaf ac fel cannwyll ei llygad. Byddai'n mwynhau sbort, ac yn plygu yn ei ganol wrth chwerthin, fel y gwelais Huw Bach yn ei wneud yn nyddiau'r Coleg.

Ben bore bach, gallem glywed sŵn y gadair siglo fawr o'n llofftydd, a Tom bach yn ei morio hi â'i 'O deuwch ac alolwn'. Ganol pnawn, byddai'n gofyn i Mam, 'Gawn ni de bach slei, Nain?' Yna rhedeg ar hyd y rhes i ddweud wrth bawb! Chwech oed oedd pan syrthiodd i lawr y grisiau yn y tŷ. Cofiaf ddod yn ôl i ginio o Swyddfa Gee, a chael y newydd syfrdanol fod Tom bach wedi marw yn yr Inffyrmari. Daeth Iorwerth a Margaret i lenwi llawer ar y bwlch llydan a adawyd ar yr aelwyd, ac aeth John a Maggie â blodau ar ei fedd yn yr Eglwys-wen bob Sul ymron am weddill eu hoes. Ceisiais fynegi ein hiraeth ar ei ôl (CDO). A gwn hyn, na dda gen i ddim clywed neb yn galw 'Sul y Blodau' Eifion Wyn ac 'Ynys y Plant' Elfed yn sentimental wedi marw Tom bach.

§

Cefais y canlyniadau a haeddwn yn unig yn arholiad y Senior, sef Cymraeg (iaith a llên bryd hynny), Saesneg (yr un modd), ysgrythur a Mathemateg. Gan fod Wil eisoes yng Ngholeg y Brifysgol ym Mangor, ni fynnai fy nhad fy mod innau hefyd yn aros yn yr ysgol am ddwy flynedd arall, er i Mam a'r prifathro geisio'n daer ganddo newid ei feddwl.

Cefais waith fel clerc yn Swyddfa Gee, oedd yn eiddo ar y pryd i Robert Owen, y Rhyddfrydwr oedd yn berchen ar siop groser ar y sgwâr, a'r gŵr y cafodd Tegla gweryl ag ef pan oedd yn weinidog yn Ninbych. Gan fy mod ar fin eistedd arholiad cant o eiriau'r funud mewn llaw-fer, cefais gyfle i gyplysu ychydig o waith gohebydd â'r clercio; newyddion y dref a'r pentrefi cyfagos yn unig a groniclwn, yn gyngherddau, priodasau, angladdau, ac yn y blaen, ac eisteddfodau, wrth gwrs. Yr oedd gweld fy ngwaith yn y *North Wales Times* bob wythnos yn gysur mawr imi yn yr oed hwnnw. Ac ymfalchïaf fyth 'fy mod yno', yn eisteddfod Tan-y-fron y noson y curodd Hugh Davies, Bryn Occyn, a John Price, Nantglyn, ddau a enillasai ar y ddeuawd yn y Genedlaethol!

Mwynheais gwmnïaeth y ddwy flynedd hynny hefyd. Yn ystafell y ddau ohebydd swyddogol yr oedd y gŵr a fu'n ohebydd yno o ddyddiau Thomas Gee, sef J.J. Evans ddawnus; aethai'n fyr ac i'w gwman bellach, ond yr oedd ei sgwrs a'i bryfocio mor ddiddorol ag erioed. Wrth gyfeirio at bregethwr cynorthwyol a alwai'n aml i hysbysebu yn y papur lle bu'n pregethu y Sul cynt, meddai 'J.J.' dan chwerthin, 'Dafydd bach, 'does 'na rai yn troi mewn cylch pitw – fel lwmp o faw mewn pot!' Dafydd Williams y rheolwr wedyn, yn tynnu'r wdbein bythol wlyb o'i wefusau am funud neu ddau i adrodd ei hanes yn galw yn nhŷ Thomas Gee, ac yntau yn ei wely yn wael, i holi llun pwy oedd i fynd ar dudalen olaf wag y gyfrol a argreffid ar rai o enwogion Cymru. Meddai yntau, 'Gadwch o tan y bore: mi fydda i wedi meddwl am rywun erbyn hynny'. Bu farw yn ystod y nos, a llun ohono ef ei hun a ddefnyddiwyd.

Un peth diddorol a ddigwyddodd wrth imi fynychu'r eisteddfodau i gael yr hanes i'r papur oedd darganfod bod imi lecyn dall, *'blind spot',* ynglŷn â cherddoriaeth offerynnol, gan eithrio'r darnau mwyaf adnabyddus, neu rai yn cynnwys alaw a ailadroddir. Y mae gennyf glust ddiogel, a gallaf roddi nodau sol-ffa unrhyw dôn wrth ei chlywed am y tro cyntaf, diolch i'r gwersi modiwletor yn y Gobeithlu gynt (er na hoffwn hwy bryd hynny). Er na fyddwn ymhlith y nifer blynyddol a gedwid ar ôl i'w cosbi, wedi ymweliad y Bangor Trio â'r ysgol, bu eu hymweliad yn ddi-elw i minnau. Yn y Coleg, ymhen blynyddoedd, euthum i'w cyngherddau am ddau dymor, yn y gobaith y gallwn ddal y blas, ond yn ofer. Yn yr eisteddfodau, wrth wrando ar rai fel Jesse Roberts yn canu'r 'Largo al factotum' a'r 'Erl King', Violet Jones yn canu'r 'Jewel Song' o *Ffawst* neu John Stoddart yn canu 'Your tiny hand is frozen', dysgais lawer aria, a byddwn yn canu rhannau ohonynt i mi fy hun yn aml. Byddai John Morris, fy mrawd, yn fy nghymell yn aml i ddynwared John Morris, Wrecsam, yn canu'r 'Credo', fel byddai Menna yn dynwared llais Clara Butt yn canu ar hen record gramoffon oedd gennym. Ond byddwn yn anesmwytho trwof pan gyhoeddai arweinydd fod pedwar cystadleuydd ar y brif unawd piano!

Gwerthodd Robert Owen Wasg Gee a'r Swyddfa, a daeth Morris Williams hoenus a Kate Roberts bwyllog yn berchnogion ac yn benaethiaid gweithgar arni, dau gynllungar tuag at eu byw. Cefais hwy yn fwy cyfiawn na chynnes, er i'r nofelreg ofyn i bedwar ohonom ddewis ein ffefryn o blith chwe theitl a luniodd ar ei nofel fuddugol, a chael ei phlesio tu hwnt pan ddewisodd pob un ohonom, yn gwbl ar wahân, 'Traed mewn cyffion'. Llwyddiant oedd y chwarter awr o doriad unarddeg o'r gloch a drefnodd Morris Williams inni, a chymorth i'w gyhoeddusrwydd fel pennaeth oedd iddo, cyn bo hir, ennill cadair Cerrigydrudion dan feirniadaeth Cynan. Byddai'n argraffu ei gerddi i'w hanfon i eisteddfodau.

Rhoddai'r ddau o'u gorau i bawb, a disgwylient orau pawb yn gyfnewid. Cawsom enghraifft o fedrusrwydd Morris Williams un bore pan ddigwyddodd weld colofn gali a gywirwyd, o waith un o'r leinoteipwyr, a sylwi ei bod yn frith o wallau. Cipiodd hi a mynd yn ôl yn wyllt at y troseddwr. Gan arthio arno 'Be' ma' peth fel hyn da!', rhoes hanner hergwd iddo oddi ar ei sedd o flaen y peiriant, a mynd ati i'w hargraffu ei hunan mewn chwiffied, a heb wall ar ei chyfyl.

Cefais fy mhenodi'n is-ohebydd yn y man, am fod 'J.J.' yn heneiddio. Fodd bynnag, daeth yn amlwg cyn bo hir nad oedd mewn un brys i ymddeol, a chan nad oedd angen tri ohonom ar y papur, cefais fy hun allan o waith ac ar y dôl. Ymhen rhai blynyddoedd, bûm yn gweithio drachefn yno un haf, rhwng cyfnod marw Bryan Jones a dyfodiad Mathonwy.

Er colli swydd, ni chefais gyfle hyd yn oed i wag swmera. Cynhelid arholiad gan Swyddfa'r Cyngor Sir yn Rhuthun am ddiwrnod, i ddewis nifer fach o glercod newydd bob hyn a hyn, a digwyddent gynnal un y dyddiau hynny. Daeth oddeutu deg ar hugain yno, a chefais un o'r swyddi, am gyflog o bunt yr wythnos i ddechrau. Os byddai'r tywydd yn caniatáu, byddwn yn seiclo'r daith saith milltir a hanner. Ar dywydd garw, awn ar y bws neu'r trên, a sylwais un noson fod J.C. Davies, y Cyfarwyddwr Addysg, a eisteddai gyferbyn â mi yn y trên, yn darllen ei Destament Groeg bob cam o'r daith.

Bûm yno chwe blynedd, gan gwrdd â chroestoriad teg o gymdeithas, rhai na ellid peidio â'u parchu, eraill yr oedd hi'n anodd iawn cymryd atynt. O blith y meistri, gwelwn lawer un cydwybodol, ac ambell un nad oedd yn gwneud gwerth ei halen. Ymhlith y clercod, yr oedd haen fonheddig, ac un arall yn cynnwys rhai a fyddai wedi darllen eu papur newydd yn trysiog cyn dod, ac yna a fyddai'n ffraeo benben, yn arwynebol a rheglyd, ar bwys eu dehongliad o'r newyddion, hynny wrth agor y llythyrau ar y cownter yn y swyddfa. Yn ychwanegol at hynny, yr oedd y criw bach swil ohonom ninnau'r 'Juniors', a Thecwyn hŷn a gollasai'i fraich yn y saethu hwnnw yn Graigfechan gerllaw, y mwyaf direidus ohonom oll. Nid oedd y staff, wrth gwrs, agos mor niferus bryd hynny, ond cynrychiolid pob dosbarth yno, yr hollalluog ymhongar, y gwybodus cwrtais a'r gwŷr a'r merched gor-swil. Cyfnewidfa deliffon hanner can cysylltwifr oedd yno, mewn blwch o ystafell ym mhen draw'r coridor cul, yn gyfrwng galwadau mewn ac allan pob adran, a byddwn yn dirprwyo i'w gweithredwr yn ystod ei awr ginio.

Deuai William Roberts, y Dirprwy Glerc Sirol, diflino a diamynedd â'r diog, ar ei sgawt trwy'r swyddfa wni byrfaint o weithiau y dydd, a byddai'n rhaid gwylio amdano am nad oedd digon o waith yn aml i gadw'r pedwar ohonom a ddaethai'n ddiweddar yn brysur. Os gwelai unrhyw un yn dal ei ddwylo, gwae hwnnw! Fe'i câi hi dros ei holl gorff! Y Clerc urddasol a mwyn oedd William Jones, cyfreithiwr a berchid gan bawb, ac un a lwyddai i gadw'r holl ddysglau yn wastad heb wneud cam â neb. Bu'n garedig iawn wrthyf fel newyddian yn ei Adran, a chefais ddyrchafiad graddfa yn weddol fuan. Ond bu'n achos profedigaeth fach imi hefyd! Daliwn i gystadlu ychydig ar adrodd: adrodd yn un o ddeg, er enghraifft, yn y mans yn Llanrhaeadr yn y rhagbrawf, 'Englynion Coffa Hedd Wyn', a'r ddau arall ohonom ar y llwyfan yn gorfod ildio i un o adroddwyr gorau Dyffryn Clwyd, sef David Price Williams, Bodfari. Un o'r troeon diwethaf y cystadleuais oedd yn eisteddfod Cerrigydrudion, pan enillodd Morris Williams y gadair, ym Mehefin 1937. Y darn oedd 'Merch yr Hafod Lom' o waith Thomas Jones, Cerrigellgwm. Sylwais nad oedd Cynan yn ysgrifennu gair wrth wrando arnaf yn y rhagbrawf, dim ond eistedd yn ôl a gwenu'n foddhaus. Ar y llwyfan yr oedd merch a ddaeth yn 'enillydd cenedlaethol' am adrodd yn fuan wedi hynny, merch arall o deulu o adroddwyr, a minnau. Pan oeddem ar fin esgyn i'r llwyfan, galwodd Caerwyn ar y llywydd – 'Y Bonwr William Jones, Rhuthun'! Bu bron imi fynd trwy'r llawr, gan fy mod wedi ei weld droeon y bore hwnnw! Galw arnom ninnau wedyn i adrodd, a minnau'n gyntaf. Y canlyniad fu imi anghofio'r geiriau ar ganol y darn, ac i'r wobr gyntaf a'r ail fynd i'r ddwy ferch. Minnau'n cysuro fy hun, mwy neu lai, â chronicliad rhywun yn y *Free Press* wythnosol: 'The adjudicator, Cynan, regretted that the memory of David Owen, Grove Road, Denbigh, had failed him, he having given such a good account of himself in the preliminary test'.

Un peth a gasawn yn Swyddfa Gee oedd darllen, ar bnawniau poeth, broflenni'r cofrestrau etholwyr, miloedd o ddim byd ond enwau: wrth symud i Ruthun, cawn wared o hynny, o leiaf. Ond ar fy ngwir, wedi cyrraedd yno, cefais fy hun ym mhen arall y broses, gan mai iddynt hwy yr argraffai Gwasg Gee! A dyna ddechrau ymlafnio trwyddynt o'r newydd.

I fyny'r grisiau, yn yr Adran Addysg, gweithiai Myfanwy Davies, y 'Jane Ann Jones' a gyhoeddodd ei *Straeon Hen Ferch*, a chan ein bod ein dau wedi ennill cystadleuaeth stori fer *Y Faner*, caem ambell egwyl o drafod pethau llenyddol. Daeth Edward Rees yn Gyfarwyddwr Addysg yn y man, awdur y cofiant i T. Rowland Hughes, ond nid oeddwn ddigon gwybyddus ag ef ar y pryd i gael sgyrsiau o'r fath.

Y gŵr a wnaeth fwyaf o argraff arnaf yn y Swyddfa Sir oedd Bill Holden, cyfreithiwr o Sais yn tynnu at ei ddeugain oed ac yn dioddef oddi wrth *disseminated schlerosis,* fel mai rhwng dau y deuai o'r modur i'w gadair am y diwrnod. Gan fy mod innau'n dod â chinio gyda mi, treuliem yr awr yng nghwmni'n gilydd. Oherwydd ei anallu corfforol, cafodd gyfle i borthi ei syched am ddarllen, ac ni chredaf imi erioed gyfarfod â neb oedd mor wybodus mewn cynifer o feysydd - o Anselm ac Addison hyd Zwingli a Zola, crwydrai i bwrpas hyd feysydd athroniaeth, diwinyddiaeth, gwyddoniaeth, hanes, y celfyddydau cain, ieithoedd ac yn y blaen. Nid oedd yn falch na thafotrydd a gallai fforddio bod yn dawel gan ei fod mor sicr o'i gynhysgaeth. Ef a ddaeth i'm meddwl pan welais lun wyneb tawel David Williams, Aberystwyth, a'r disgrifiad ohono gan T. Gwynn Jones yn *Cymeriadau* – 'praffter ardderchog ei feddwl' a'i 'ddiniweidrwydd llwyr'. Yr oedd yn awyddus hefyd i ddysgu mwy yn barhaus am Gymru a'i hiaith: bron na theimlwn, weithiau, fod ei fwrlwm gwybodaeth yn gyfnewid bwriadol, yn ei olwg ef, am yr hyn a glywai gennyf am ddiwylliant a hanes Cymru. Nid wyf heb deimlo pangau cydwybod ar brydiau am imi ddilyn barddoniaeth ar draul astudiaethau mwy perthnasol ar y pryd ym Mangor, a minnau wedi bod o fewn cyrraedd y fath fanteision. Ni bu blas astudio ieithoedd erioed yn eiddo imi (ar wahân i Gymraeg a Saesneg), na'r gallu mae'n bur debyg, ac ni cheisiais erioed ei feithrin. Ond ni chafodd unrhyw laslanc well cyfle cynnar ar addysg, oddi allan i wersi trefnus ysgol, nag a gefais i wrth draed Bill Holden bob awr ginio am rai blynyddoedd. Er mor fawr f'edmygedd o lawer athro prifysgol a darlithydd, ef oedd yr agosaf a gwrddais erioed i'r cyfuniad o wybodaeth seiclopîdaidd ac urddas tawel. Ymserchodd y ddau ohonom yn ein gilydd, er mor unochrog y cyfrannu gwybodaeth, ac adleisiai fy mhrofiad innau pan ysgrifennai ataf i'r Coleg i ddweud bod hiraeth mawr arno am y gwmnïaeth a'r seiadu. Ysgrifennodd lythyrau caredig a maith ataf, a minnau ato yntau, bob hyn a hyn ar hyd ei oes.

Ni chafodd ei gyflwr fennu dim ar ei ysbryd, nac atal dim ar ei natur dda a'i ddoniolwch, a bu hynny'n gymorth mawr i'w fam weddw. Un awr ginio, soniai wrthyf, gan chwerthin, amdano'i hun yn mynd, un gyda'r nos, rhwng dau gydweithiwr i dafarn. Ychydig nosweithiau yn ddiweddarach, eisteddai un arall o'r swyddfa yno, ac meddai'r gŵr tu ôl i'r bar wrtho, 'You take it easy now! The other night one of your fellow-workers came in here, and believe it or not, the bugger was so tight, two others had to hold him up, one each side!'

§

Yn y Seiat a'r Cwrdd Gweddi noson waith y sylweddolais mor anodd y gallai bywyd gweinidog fod, er y cynulleidfaoedd helaeth a ddeuai i oedfaon y Sul. Pymtheg, mwy neu lai, a'u mynychai, a nifer ohonynt o blith y swyddogion. Ni welais ball ar ddawn ein gweinidog i draethu ar y cylchynol a'r trosgynnol, ond byddai'n bur dlawd yn aml ar ambell swyddog y galwai am air ganddo. 'Wedi bod yn meddwl 'rydw i am Job druan', yna mynd dros y stori, gan ychwanegu peth o'r cymhwyso anorfod. Yn wir, byddai Job gyda ni yn weddol aml.

Un noson, galwodd Mr Davies ar ŵr, a fu'n ei fychanu i'w gefn, i 'gymryd rhan'. Yr oedd yn gyfaill emosiynol iawn, ac wedi llusgo i lawr ale ochr y festri fach mor herciog â phetai'n feddw, a chan wylo'n hidl, aeth at y gweinidog ac estyn llaw am arwydd maddeuant, a'i gael. Yna gweddïo, gan wylo'n barhaus. Yn bresennol hefyd yr oedd aelod arall nad oedd ganddo fawr o olwg ar y troseddwr. Am ryw reswm, aeth yntau ymlaen heb ei alw, a gweddïo gan wylo mwy o'r hanner.

Nid bychanu coffa neb yw dweud hyn, ond ceisio cywiro peth ar y syniad ei bod hi'n nefoedd ar y ddaear ar weinidog bryd hynny, er cyn lleied ei gydnabyddiaeth ariannol, a bod pob cyfarfod yn llawn o aelodau ffyddlon a brwd, huawdl eu tystiolaeth ysbrydol. Caem damaid blasus gan fy nhad bob amser gan mor drylwyr y gwyddai ei Feibl ac mor gofus oedd o bregethau. Yr oedd yn ei feddiant hefyd rai o Esboniadau Barnes, y cyfrolau hynny a gyhoeddwyd gan Wasg Gee ganol y ganrif ddiwethaf. Nid oedd neb yn debyg o flino wrth wrando ar John Roberts y sadler yn dweud 'gair o brofiad', un oedd yn areithiwr wrth reddf. Codai ei droed chwith ar y fainc fel y gallai droi at ddeupen yr ysgoldy yn ôl yr angen, a siaradai'n daer a diddorol bob amser, a gwyddai hanes Gipsy Smith yr efengylydd o bant i bentan. Wedi dweud rhyw frawddeg fwy allweddol na'i gilydd, oedai i ninnau gael meddwl amdani. Byddai gwên y sawl a gâr ei bwnc ar ei wyneb crwn, hardd, ac yn ystod yr oedi, byddai ei wefus uchaf, dan y mwstash taclus, yn mynd yn ôl a blaen.

Nid oedd fy nghariad at fy mro chwaith yn fy nallu i'r beiau oedd iddi hithau, fel i mi fy hun. Ceid ambell ŵr priod oedd yn hel merched, er na ddechreuasai'r obsesiwn â rhyw a nodwedda'n cyfnod ni ers blynyddoedd bellach. Byddai ambell ddyn yn hel diod, a byddai'n berygl bywyd dweud gair wrtho bryd hynny. Cyfarfyddai tri gŵr bob nos o'r wythnos yn nhafarn Andrews am saith, am beint bob un a sgwrs. Gan eu bod yn wŷr deallus, cawsant yr wythnos orau erioed pan ddaeth y Brifwyl i'r dref, ac ni pheidiasant â sôn hyd eu bedd am drafod hwyliog y beirdd a'r cerddorion hynny a gyfarfyddent am y tro cyntaf. Cyfarfyddai criw arall yn y Crown, ac yn eu plith ambell un a allai yfed nes bod ei lygaid yn sefyll yn ei ben, a hynny heb golli dim o'i gyfrwystra. Un noson, soniwyd am ryw achos (dychmygol) a haeddai gefnogaeth, a rhoddodd pob aelod o'r criw ei bumpunt yn yr het. Wedi i'r aelod mwyaf diniwed a hygoelus ohonynt ymadael, y gweddill yn talu am y rownd nesaf â'i bumpunt ef, ac yn derbyn eu pumpunt eu hunain yn ôl. Dichon mai am na ddigwyddai tro mên o'r fath yn aml y cafwyd rhywun i ledaenu'r hanes cyn sychu'i geg. Ceir rhywrai, ym mhob oes, sydd mor ddigwilydd â drws jêl, gan gredu, mae'n debyg, yr hen air fod y sawl sy'n ddigwilydd hefyd yn ddigolled.

Yn ddeunaw oed, dechreuais gystadlu am gadeiriau eisteddfodol. Gan fod hen lawiau fel T.E. Nicholas ac Amanwy yn cystadlu'n aml y dyddiau hynny, rhaid fu cystadlu deirgwaith ac aros ymron i flwyddyn cyn ennill cadair yn Ffynnon-groyw, un 'i rai heb ennill o'r blaen', ac un yn Henllan am gerdd i'r 'Unben', dan feirniadaeth Gwilym R. Jones. Yn ail yn Henllan daethai John Price Jones, ac yntau newydd ennill cadair Chwilog. Y flwyddyn ddilynol yn Henllan, ef oedd yn gyntaf minnau'n ail. Bu Gwilym R. Jones yn gymorth mawr inni, dîm 'Ymryson y Beirdd': ymarferem yn ei dŷ ambell waith, a bu'n gyfarwyddwr parod i'w gydweithiwr yn Swyddfa Gee, y bardd W.R. Jones, a minnau.

Yn sgîl y traethodau llwyddiannus a'r cadeiriau, deuai profiadau newydd i'm rhan. Byddai R.J. Huws, 'go'r Seilam', y gŵr y safai un gwall iaith yn unig rhyngddo ag ennill am yr englyn yn y Brifwyl yn Ninbych, yn aros am sgwrs pan gwrddem. Byddai fel pin mewn papur bob amser, a gofalai hefyd am gael graen ar ei englynion, a chefais y fraint o glywed llawer un newydd sbon ganddo ar y stryd, cyn iddo'i ollwng ar ei adain.

Aeth yn berygl bywyd ymron imi fynd i weld y bardd-feddyg J.G. Thomas ar ran neb! Dechreuai sôn am gerddi ac englynion, a byddwn wedi hanner awr neu fwy yn gorfod sleifio allan o'i ystafell am fod y syrjeri'n hanner llawn o rai oedd yn fy melltithio, mi wyddwn oddi wrth eu golwg, am eu cadw i ddisgwyl cyhyd.

Cawsom hwyl fel teulu wrth wrando cyfarchiad cyfaill, un y bu ei frwdfrydedd yn dreth erioed ar ei drylwyredd, wedi imi ennill cadair dan y ffug-enw (a esboniaf toc) 'Llewyn Llwyd': 'Gan Llewyn Llwyd mae llodrau, / A llidiart i'r llydan ororau...' – 'll', 'll', 'll'; ydach chi'n ei gweld hi?'

Pan gerddwn i lawr o'r tŷ un bore, galwodd swyddog i'r Cyngor arnaf i mewn i'w gartref; 'doedd byw na marw na ddown i i mewn i weld lluniau ohono yn cael ei dderbyn i safle arbennig yng Nghyfrinfa'r Seiri Rhyddion. Nid nepell o'r dref, trigai un arall o'r frawdoliaeth a gadarnhaodd imi, ar ei wahoddiad ei hunan, wedi dychwelyd o un o'u dathliadau, fod y rhai a dybiwn oll yn aelodau. Yng nghyfnod Abersoch, aeth y rhannu cyfrinachau hyn yn wahoddiad taer imi geisio uno â'r mudiad.

§

Cefnasai hanner miliwn ar Gymru rhwng y ddau ryfel byd i chwilio am waith: blynyddoedd tlodi a dôl, a'r gyfundrefn addysg yn parhau i sarhau'r iaith. Gwelwyd sefydlu'r Blaid Genedlaethol, a chafwyd yn y man y buddugoliaethau a ddechreuodd ag Etholiad Caerfyrddin i roddi i Gymru ei llais ei hun yn y Senedd yn Llundain. Gwelodd Cymru aberth mawr gwŷr Penyberth, a'r gwrthdystio dewr ym Mhenfro. Wedi hynny drachefn, cafwyd aberth dewr y milwyr a'r rhai a gredai'n gydwybodol y deuai rhyfel â heddwch a byd gwell. Y newyddiaduron a'r radio yn unig a'n hysbysai am farw Siôr V yn 1935 ac ymddeoliad ei etifedd y flwyddyn ddilynol, am goroni Siôr VI, am drywaniad Mussolini i Gynghrair y Cenhedloedd â'i oresgyniad yn Abyssinia, am greulonderau'r Rhyfel Cartref yn Sbaen Franco, ac yna'r rhyfel a ddilynodd dwyllo Chamberlain gan Hitler yn Munich. Ymhen dim amser, daethom yn gyfarwydd â'r masgiau nwy, y cardiau adnabod ac udo'r seiren, y dogni ar bob cynhaliaeth a phetrol y gyrrwr. Daeth y plant o'r dinasoedd i'r wlad, a chynefino'n hynod ddidrafferth, er eu hiraeth, â'r iaith a'r dulliau newydd. Byddai'r plenau yn hedfan trosodd lawer noson am Lerpwl, a ninnau'n bryderus am fod tair chwaer imi'n gweini yn ysbytai'r ddinas, a Hannah 'ar district'. Ein cysur oedd cofio caredigrwydd Cymry Lerpwl, fel dinasoedd eraill, i'r genod a'r llanciau a ddaethai i'r capeli, ac i'r holl Gymry alltud.

Yr oedd dau ohonom o gapel Lôn Swan yn 'wrthwynebwyr cydwybodol', ac er na chytunai â ni, daeth ein gweinidog gyda ni gerbron y Tribiwnlys. Tystiodd i'n didwylledd, a chaniatawyd rhyddid diamodol inni. Dychwelais at fy ngwaith yn Rhuthun, bellach fel 'teipydd llaw-fer' i'r Prif Gwnstabl, G.T. Guest, a ddaethai yno o Wrecsam i gyplysu swydd pennaeth yr A.R.P., y gwarchod rhag cyrchoedd awyr, â'i waith fel heddwas.

Byddai pob aelod o'r staff yn aros noson yn ei dro yn y swyddfa ar wyliadwriaeth, ac 'roedd fy mhartner yn ei dweud hi'n hallt un noson; neidiai a phranciai fel oen myharen, ac nid heb achos, gan imi adael i'r tân ddiffodd yn hanner cynta'r noson, wrth ddarllen. Bore trannoeth, a hithau'n Sul heulog braf, mwynheais gerdded adref y saith milltir a hanner, heb fawr feddwl y byddwn yn cerdded ymhellach na hynny, maes o law, i'm cyhoeddiad ar fore Sul o'r Coleg, a hynny deirgwaith.

1940-1950

*Y*N ERBYN cefndir y rhyfel a'r ffyrdd di-oleuni y digwyddai popeth ar ddechrau'r pedwardegau. Bu'r Luftwaffe yn bomio'r porthladdoedd a'r gweithfeydd. Bomiwyd capeli i'r llawr, ac er gwaethaf y noddfeydd, lladdwyd dros drigain mil o drigolion Prydain. Ar y naill law, ceid cymhelliad Arglwydd Haw Haw, ac ar y llall huotledd Churchill, a thestunau rhyfeddu, fel arwriaeth ryfeddol milwyr a gwerin ar draethau Dunkirk.

§

Yn ugain oed, anfonais bryddest i gystadleuaeth Coron Caerdydd, 1940, ymson ynglŷn â pherthynas Duw a rhyfel. Gwelai Cynan ddiofalwch yn fy ngwaith, a Thomas Parry ddiffyg profiad wrth drafod problem o'r fath. Gosododd W.J. Gruffydd 'Y tŷ o glai' ym mwndel y 'cyffredinol feius'. Ond gwyddwn fod beirniadaeth o'r fath yn addysg.

Yn ddeunaw oed, darllenaswn *The Adventures of Tom Sawyer* Mark Twain. Ymhen y flwyddyn, anfonais nofel blant i'r Brifwyl yn Ninbych. Gosododd Cassie Davies hi'n bedwaredd o'r wyth a anfonwyd, gan sylwi'n deg fod y cynllun yn llac a'r digrifwch ag ôl ymdrech arno. Gwn, bellach, nad oedd yn rhydd ychwaith o ddylwanwad *Tom Sawyer*! Y cyntaf rhwydd oedd Elizabeth Watkin Jones â'i *Luned Bengoch* boblogaidd. Ymddangosodd fy nofel 'Twmi' yn benodau misol yn 1940 yn *Tywysydd y Plant* yr Annibynwyr.

Yn ystod gaeaf 1940-41, lluniais ddwy nofel fer. Hanes gweision ar fferm oedd yn 'Ar bwys y beirdd', a'r gwas bach direidus yn llwyddo i ddarbwyllo'r hwsmon awyddus ond diniwed ei fod yn fardd. Sicrhawyd ambell fuddugoliaeth leol iddo drwy fygwth cyhoeddi ar led rai o lithriadau moesol y beirniaid. O'r diwedd, yr hwsmon yn cael ei hun yn y Brifwyl, yn cael ei alw'n bopeth gwaeth na'i gilydd – 'Ŵyr hwn ddim tu yma i lidiart y mynydd beth ydi...' ac yn y blaen. Hynny'n torri'i galon yn llwyr, a pheri iddo benderfynu mynd yn grwydryn. Wedi imi ei llunio'n ofalus, gan ymchwilio'n bur fanwl i fywyd ac ieithwedd byd amaethu, daeth *John Homer* gan 'G' i'm llaw, a gwelwn ormod o debygrwydd yn y ddau gynllun. Er fy mod yn cofio fod cysgod *Little Minister* Barrie yn drwm ar nofel arall 'G', *Lona,* nid oeddwn yn awyddus i gael fy nghyhuddo ar gam, ac er fy mod yn dal i gredu imi gael eitha hwyl ar ei llunio, llosgais 'Ar bwys y beirdd'.

Euthum ati wedyn i lunio nofel fer ar gyfer yr Eisteddfod Genedlaethol yn Hen Golwyn yn 1941, 'Y Peswch', hanes effaith y rhyfel ar gymdeithas pentref gwledig, a hynny'n gefndir i garwriaeth merch y plas a llanc o'r pentref. Ymchwiliais yn bur drylwyr i'r manylion, pethau fel moethusrwydd bywyd y plas a'r plas ei hun mewn cyferbyniad â chyffredinedd amgylchiadau'r pentrefwyr. Nid oedd prinder cyffro, gan fod mab y Sgweiar, o bawb, yn wrthwynebydd cydwybodol, a hynny'n achosi i'r pentrefwyr roi eu cas arno, ac ymosod ar y Plas yn y nos. Er bod ambell gymhlethdod anhygoel yn yr hanes megis gwrthdrawiad y ddau a garai'r un ferch, yn y rhyfel, gwelodd Stephen J. Williams egni ynddi a 'dilysrwydd dymunol yn y mynegiant a gwedduster hefyd yn y propaganda'. Daethai saith nofel i law, a gosododd fy nghais yn ail, ond yn ail i nofel fer oedd 'yn hollol ar ei phen ei hun', sef *Y Purdan* gan Gwilym R. Jones, nofel y dyfarnwyd iddo'r Fedal Ryddiaith amdani. Cyn bo hir, llosgais y nofel hon a luniais hefyd.

Darllenaswn hanes Ben Bowen, a llyfrau ei frawd, Myfyr Hefin, a daeth arnaf awydd gweld y gofgolofn yn Nhreorci. Bûm wrthi'n llunio pryddest ar ymson Miltwn ynglŷn â'i ddallineb, ar y testun 'Yn ieuenctid y dydd' ar gyfer

Eisteddfod Môn yn Llangefni, a gwelwn fod eisteddfodau yn Henllan a Threorci yr un wythnos. Lluniais gerdd fer ar arswyd y rhyfel a'i hanfon i Henllan, ac ymgeisio yn Nhreorci â'r bryddest a fu yng Nghaerdydd y flwyddyn flaenorol. Daeth dau ar hugain o feirdd i gynnig am gadair Môn. Meddai Cynan ac Edgar Thomas yn eu beirniadaeth wrth fy nyfarnu'n orau:

> Ymddengys i Miltwn fel pe bai'r goleuni wedi'i dynghedu i roi ffordd i'r tywyllwch, ond yn raddol, symudir i'r amgyffred nad yw'r ddau ond agweddau o'r datguddiad dwyfol. Daw iddo olau newydd ar ystyr bywyd, ac ymrydd i ganu ei gân fawr:
> 'Deborah, dwg yr ysgrifbin! Mae Duw megis gwisg amdanaf,
> Ei fawredd sydd yn fy nghalon yn gosod ei miwsig mewn trefn:
> I Dduw fy nhywyllwch a'm golau, i Dduw ei Hunan y canaf,
> Yn ieuenctid y dydd fe roddodd y canu'n fy nghalon drachefn!'
> Cerdd goeth a meddylgar, ag ôl disgyblaeth ar ei lluniad... Y mae'r arddull yn gynnil a di-wastraffmeddwl a'i wisg wedi ei wau yn gadarn.

Un peth a blesiodd fy rhieni yn fawr, ar yr unig ymweliad hwnnw â Môn, oedd i Cynan ddweud wrthyf cyn ein gadael, 'Yn y Genedlaethol y gwela i chi nesa' – ac felly'n hollol y bu.

Petaem wedi'i archebu, ni allai'r hin fod yn well. Rhwymwyd y gadair ar gefn y modur i ddod yn ôl – modur a logwyd am y diwrnod – a chafodd Mam a minnau lawer o hwyl yn cymryd cip o'r sêt gefn wrth fynd heibio i ambell griw bach yn sgwrsio, a gweld yr ailrythu sydyn ar gadair eu heisteddfod yn mynd heibio ar gefn modur!

Ddydd Iau, dyfarnodd Robert Jones, Traean, gadair Henllan imi, a dydd Sadwrn, ail oeddwn o'r un ar ddeg a ymgeisiodd am gadair Treorci. Aeth y gadair i'r hen law, y telynegwr melys Amanwy, a minnau'n sylwi oddi wrth yr un dyfyniad adnabyddus am y drain a'r hoelion fod Niclas y Glais hefyd yn cynnig, fel ym Môn ddechrau'r wythnos. Cefais wythnos wrth fy modd ymhen tair blynedd ar aelwyd Amanwy a'i briod, ar eu gwahoddiad, adeg Eisteddfod Llandybïe. Gwelais rai o'r llu cadeiriau, a phan ddaethom at un Treorci, pryfociais ef gan ddweud, 'Mi fyddwn i wedi ennill tair cadair yr un wythnos, newydd adael f'un ar hugain, petaech chi heb gynnig am honna!'

§

Yn ddi-rybudd yn 1941, ffrwydrodd y rhyfel fwyfwy; ymosododd y Siapaneaid ar ganolfan lyngesol yr Americaniaid yn Pearl Harbour, gweithred oedd i arwain i'r brwydro mawr yn Burma, ac erchylltra'r fom atom yn Hiroshima.

Deuai newid i fywydau tawel unigolion hefyd, a throis innau tua Choleg yr Annibynwyr ym Mala-Bangor, wedi wyth mlynedd o weithio mewn swyddfeydd. Cynghorodd fy nhad fi – fy nhad o bawb, un a fu gymaint yn erbyn chwaraeon – i weithio'n ddygn a chwarae digon er mwyn yr iechyd. Ond ar wahân i gael fy nghymell gan gapten tîm bocsio Coleg y Brifysgol, a letyai yn Bala-Bangor, i ddod i'r *gym* i geisio am fy lle fel *welter,* yr unig dîm y bûm yn chwarae iddo oedd un pêl-droed Bala-Bang, a byddai pob un ohonom, ymron, yn gorfod chwarae yn hwnnw i sicrhau'r rhif angenrheidiol! Erbyn meddwl, ni bu gennyf fawr i'w ddweud wrth gardiau na dawnsio erioed, ond byddaf yn cymryd at gylchgronau darllen ysgafn bob amser, cylchgronau'r llofruddiaethau hanesyddol, rhai fel *True Crime* a *Master Detective*, ac unrhyw beth a gaf ar focsio. 'Roeddwn mor falch o weld Jock McAvoy, a gurwyd gan Griff Williams o Ddinbych ar ddechrau ei yrfa, wrth y stondin fagie honno yn Ninbych, ag a oeddwn pan welais Dixie Dean yn sefyll yn nrws ei dafarn yng Nghaer. Gofynnwyd imi yn ddiweddar ganiatáu i'm henw gael ei gynnwys mewn llyfr am awduron, gan Gymdeithas Cymru a'r Byd, ond aeth yn rhy hwyr i hynny. Bu adeg pan fyddwn wedi bod yn barod iawn i ddarlithio am Elfed, am faledi a symbolaeth emynyddol a phynciau o'r fath i Gymry America, a phregethu ar y Suliau. Petawn wedi mynd, byddwn wedi mynnu gweld y llecyn lle saethwyd Dillinger ar ei ffordd allan o'r darlundy, y tŷ hwnnw lle peintiodd Whistler glêr ar y ffenestri gan sefyll o'r naill du wedyn, i wylio'r rhai a ddeuai heibio yn ceisio'u difa, a'r man lle bu Jack Dempsey yn eilun y gwleddwyr yn Efrog Newydd.

Yr oeddwn yn rhy hen o rai blynyddoedd i sugno holl ogoniant afieithus bywyd Coleg Prifysgol, a pheth cysur imi oedd dychweliad y bechgyn hŷn o'r lluoedd arfog a'r rhai a fu'n gweithio ar y tir, er eu bod yn codi hiraeth arnaf am John Henry Williams dawel o Siop yr Hand, Philip Jones lawen a gydweithiai â mi yn Rhuthun, a llawer cyd-ddisgybl arall mewn ysgol a chapel a laddwyd yn y rhyfel.

Yr oeddwn yn rhy hen i fwynhau giamocs y seremonïau 'derbyn i mewn' (*'initiation'*), yn y colegau diwinyddol fel y lleill, y cymysgedd hwnnw o blentyneiddiwch a gwrthuni noeth (hanner noeth o leiaf). Er imi lunio ambell gerdd ddigon hurt i bapur y Rag, y *Tonicle*, nid oedd y dwyn sgarffiau genod yng ngemau'r Wooly Cup na'r Rag ei hunan, er cystal yr achosion, yn peri imi dderbyn fawr o'r afiaith hwnnw a ddisgrifir mor fyw ac argyhoeddiadol yng nghlasur Islwyn Ffowc, *Cyn Oeri'r Gwaed*. Ond hidiwch befo, gan nad culni na mursendod greddfol oedd yn achosi hyn, mwynheais y blynyddoedd hynny'n fawr, eu hwyl a'u helynt. Hyfryd oedd y sbort, a fawr neb yn pigo ar ei gilydd. Ni ellid blino ar amrywiaeth yr athrawon a'r darlithwyr – dadansoddi pwyllog Howell D. Lewis, ffraethineb gwybodus Ifor Williams, brwdfrydedd Huw Morris Jones, cynllunio coeth Thomas Parry, perlau Williams Parry sensitif.

Ar wahân i'r fraint o gael bod wrth draed yr athrawon, yng

Ngholeg y Brifysgol a'r rhai diwinyddol, gwelais yn fuan y gallu oedd i lawer o'r myfyrwyr, yn ddynion a merched fel ei gilydd. Dihysbydd oedd yr unig air priodol am awch Tudur am addysg, ac amheuai rhai a oedd angen cwsg arno o gwbl! Ar ei gais, byddai ambell un ohonom o Fala-Bangor yn mynd at ddosbarth nos J.E. Daniel ym Methesda os deuai rhywbeth i'w atal ef rhag mynd, ond Tudur oedd y dewis cyntaf bob amser. Yr oedd amlochredd Mred yn eithriadol, yn y dosbarth, ar lwyfan, ar y cae chwarae, yn cyfansoddi a chanu. Ac ni ellid peidio ag edmygu trylwyredd Dai Davies ym mhobman. Meddai rhai o'r fath y bersonoliaeth a'i cludai'n anorfod i brif gadeiriau'r pwyllgorau, ac yn y man i anrhydedd Llywydd y Myfyrwyr.

Byddai llythyrau Ffowc a Robin arabus, dau arall hynod am amrywiaeth eu doniau, yn llenyddiaeth mewn gwirionedd, ac yn fwrlwm o ddoniolwch a dyfeisgarwch. Cefais y siawns i gynorthwyo ychydig ar Islwyn pan oedd yn ymhél gyntaf â chyfansoddi barddoniaeth, cyn iddo ennill y Goron Ryng-golegol a Chadair Lewis's yn Lerpwl. Un o'r rheolau elfennol a bwysleisiais oedd dileu ansoddeiriau dianghenraid. Yr haf canlynol, cefais lythyr o Lyn Ceiriog, ac ar ganol brawddeg, yn hollol ddirybudd, gosodwyd rhes o ddynion bach, cyson a pherffaith eu ffurf, a phob un â bwyell tros ei ysgwydd. Y geiriau nesaf oedd, "Rhoswch chi, o b'le dôth y rhain deudwch? O ia, ar eu ffordd i docio ansoddeiriau maen nhw, wrth gwrs'! Gallwn ddibynnu ar hiwmor Ffowc a Robin mor sicr ag ar arweiniad cof tragwyddoldebol Derwyn! Robin, yn ei lythyr ataf un gwyliau, yn egluro i'r 'cyhoedd' y rheswm dros iddo ysgrifennu yn hytrach na phenderfynu gwneud yn unig, a gohirio: ' "Ysgrifennu at Dafydd Owen, bubul! At Y Dafydd!!" (gorfoledd mewn bracets). Mae'r gynulleidfa'n wallgo bot erbyn hyn, ond dydw i'n gweld dim yn y peth – jest ysgrifennu at Dafydd Owen, a dyna fo ynte?'

Rhoes nifer ohonom ein pennau at ei gilydd, a ffurfio Cymdeithas Lenyddol arall, ac wedi buddugoliaeth Rhydwen yn 1946, lansiwyd pamffledyn *Yr Arloeswr,* y bûm yn gydolygydd iddo gyda Maxwell Roberts. Hawlia Robin a Ffowc a ninnau inni fod yn rhagflaenwyr hyd yn oed i Driawd y Buarth! Yn Y Cymric, y Gymdeithas Gymraeg, canem 'Aloma', y gân freuddwydiol, ddeheuforol honno o waith Ffowc, a'm cyfieithiad innau o 'There's a tavern in the town'. A phan na allai Mred fynd un noson gyda'r Cwmni Noson Lawen i gyngerdd yn un o gapeli Môn, llawenydd mawr imi oedd cael fy ngwahodd i fod yn ddirprwy iddo yn y triawd.

Dygai'r Eisteddfod Ryng-golegol ei hwyl ei hun i'w chanlyn yn flynyddol. Credaf mai Wil Preis aeth â'r aralleiriad o'r emyn poblogaidd i'w ben draw ar ei berorasiwn buddugol ynddi:

> Draw, draw yn Arfon a thiroedd Sir Fôn,
>   Plant bach paganaidd sy'n byw,
> Dim ond pregethwyr o'u cylch ym mhob man,
>   Neb i ddweud am Dduw!

Bûm yn adrodd wrth nifer o 'griw Bala-Bang' yr hanes a adroddodd Peter Price ar ei bregeth un nos Sul yn Lôn Swan, ei hanes yn pregethu yn Nowlais drwy un gyda'r nos, adeg y Diwygiad. Glowyr yn dod i mewn o shifft y pnawn, eraill yn ymadael am shifft y nos, a'r pregethwr yn dweud bob hyn a hyn, 'Wel, mae'n amser imi roi'r gore iddi bellach', a'r lleisiau'n dod yn ôl yn gadarn ac uchel, 'Carry *on,* Mr Price!' Y flwyddyn honno, pan awn i dderbyn gwobr, y munud y cyrhaeddwn y llwyfan, deuai'r daran Bala-Bangoraidd o gefn Neuadd␣y␣P.J., 'Carry *on,* Mr Price!'

Fe ddigwydd rhai pethau yn hanes pob un ohonom y byddem yn gorfod ailfeddwl cyn eu cynnwys mewn nofel oherwydd maint y cyd-ddigwyddiad. Rhyw flwyddyn cyn imi fynd i Fangor, daeth myfyriwr o Goleg y Bedyddwyr yno i bregethu i Lôn Swan, yn lle cyfaill iddo oedd dan orfod i dorri ei gyhoeddiad. Nos Sadwrn, lletyai'r pregethwr yn Rhiwlys, tŷ teulu a symudodd fel ninnau o'r Rhiw i Ddinbych. Yno, gwelodd gwpwrdd gwydr, ac adnod wedi'i cherfio ar hyd ei waelod, Deuteronomium 22.8, 'Pan adeiladech dŷ newydd, yna y gwnai ganllawiau o amgylch i'th nen'. Cyfeiriodd at hyn fore Sul, gan mai hon oedd ei destun yntau! Ychwanegodd, 'A 'dwi'n cael ar ddeall fod y cerfiwr yn y sêt fawr yma yn gwrando arna i!', sef fy nhad. Aeth mwy nag ugain mlynedd heibio, fy nhad wedi croesi, a minnau bellach yn weinidog yn Gibea, Brynaman, yn y chwedegau. Un pnawn, yr oeddwn mewn ward yn Ysbyty Llanelli yn ymweld ag un o aelodau Gibea, pan amneidiodd un o'r cleifion arnaf o ben draw'r ward hir. Croesais ato, ond meddai, 'O, mae'n ddrwg gen i: 'dwi wedi camgymryd. Mi gredes i mai hwn-a-hwn oeddach chi'. Yna cyflwynodd fi i'w weinidog a safai gerllaw'r gwely, 'Y Parchedig Ernest Pugh'. Holodd yntau o ble y deuwn yn wreiddiol, a minnau'n dweud, gan ychwanegu imi gael fy magu yn Ninbych. Meddai yntau dan wenu, 'Unwaith erioed y bûm i yn Ninbych, ac mi ddigwyddodd peth anghyffredin iawn, mewn ffordd', ac aeth dros stori'r adnod ar y cwpwrdd! Minnau'n ei hysbysu mai fy nhad oedd y cerfiwr. A'r peth rhyfedd yw na fyddwn wedi dod o hyd iddo'r eilwaith oni bai i'r claf fy nghamgymryd am rywun arall!

Cyn sôn am gyd-ddigwyddiad arall, cystal imi sôn am y foneddiges Mrs Silyn Roberts ym Mangor. Byddai'n groesawus anghyffredin imi bob amser, a chodai ei llaw arnaf pa mor brysur bynnag y byddai a pha mor fawr bynnag y dorf. Ymhen blynyddoedd, meddai Mathonwy, nai Silyn, wrthyf yn Ninbych, 'Oes rhywun wedi dweud wrthoch chi 'rioed eich bod chi 'run ffunud â Silyn pan oedd o'n ifanc?' Ac mi gofiais am Mrs Silyn, a'i sylw mawr ohonof ym mhobman.

Ac i ddefnyddio ymadrodd pregethwrol, 'daw hyn â ni' at gyd-ddigwyddiad doniol. Gofynnwyd i ddau ohonom drefnu'r Orsedd ar gyfer Eisteddfod y Colegau ym Mangor un flwyddyn, a'r cymar oedd Frederick Morris Jones ('Derek'), un â dawn lifeiriol ei deulu, teulu'r Cilie, ei lond. Wrth imi bendroni meddwl am thema, o rywle daeth i'm meddwl y gellid llunio 'Gorsedd y Pinnau', Pinero, Spinoza ac ati. Euthum i fyny'r grisiau i ystafell Derek, a'r peth cyntaf a gefais ganddo oedd, 'Newydd gael brenwêf! Beth am "Gorsedd y Pinnau"?' Cyn wired â bod pader yn y Beibil! 'Roedd yntau wedi meddwl am Pinocio a Pindar ac eraill. 'Roedd Pindar â phlacard o'i flaen yn hysbysu ei fod o'n fodlon cyfansoddi, ar archeb, gyfarchiad priodasol, cyfarchiad pen-blwydd neu Nadolig, ac yn y blaen, a'r prisiau'n rhesymol bryd hynny – penillion am ddeunaw, englyn am swllt, hir a thoddaid a soned yn ddeuswllt yr un, awdl neu bryddest yn goron, a *vers libre* yn chwe cheiniog y llath!

Na, nid oedd prinder hwyl. Byddai un o'n cyd-fyfyrwyr ym Mala-Bangor yn fwrn â'i gyfeiriad, byth a hefyd, at 'yr hen werin' (a gwnaeth ei orau graenus drosti ar hyd ei oes). 'Roedd iddo eilun-addolwr oedd yn fath o garreg ateb iddo. Daeth y ddau yn hwyr i'w cinio un pnawn, a dyna J.J. Morris yn codi ym mhen y bwrdd, gan ddweud, 'Mi allwn ni ddechrau yn awr, gyfeillion; mae'r 'werin a'r eco' wedi cyrraedd'!

Hwyl o natur wahanol a gafwyd yn dwyn yr harmonium, ganol nos, o Goleg y Bedyddwyr, a'i chludo ar y gert fach i'r lawnt o flaen hostel y merched. Noson olau leuad braf, a'r canu'n eneiniedig a derbyniol! Bore wedyn, gorfod mynd yn orymdaith fach benisel i hebrwng yr offeryn yn ôl i dŷ ei hir gartref!

Nid oedd neb arall o blith y myfyrwyr diwinyddol, hyd y cofiaf, yn gwisgo trowsus *corduroy* ond fy hunan, a thra byddai'r mwyafrif yn fy ngalw'n 'Bardos', bathodd Aethwy enw newydd arnaf, 'O, dyma Trywsusfardd yn dod'. Ef oedd y dynwaredwr yng nghriw y Noson Lawen. Rhwng y drafferth a gâi â'r treigladau, a'r mynegiant effeithiol â'r wyneb a'r llais, gwledd oedd ei wrando'n sôn hyd yn oed am y digwyddiadau symlaf oll. Gofynnodd wrth y bwrdd cinio, pan oedd ar daith Brynbache ar y Sul, 'Pryd mae'r car yn dod, medde fi. O, 'toes 'na ddim car, Mr Jones. Dim car, medde fi, dim pregeth!'

Ar fy mlwyddyn gyntaf ym Mala-Bangor, cynhaliwyd prawf darllen y Beibl arnom, am Wobr Goffa Edward Lloyd, a'r Athro Daniel yn ein gwrando. Yn ei dro, daeth dydd Pwyllgor Blynyddol y Coleg, ac yn y *corduroys* fyth, sleifiais i mewn i'r sedd gefn yn y Capel Saesneg ar ben Allt Glanrafon. Cyn bo hir, cyhoeddwyd imi ennill y wobr am ddarllen, a bu rhaid imi fynd ymlaen, a gwrando'r Prifathro John Morgan Jones yn dweud dan wenu, "Rydan ni'n gorfod rhoi dipyn o drwydded iddo fo – mae o'n fardd'!

Mwynheais fod yn un o aelodau Cwmni Drama Coleg y Brifysgol, pan gyflwynwyd comedi Ieuan Griffith *Awel Dro.* Cyfeiriodd Lisi Jones, y bardd o Gesarea, at fy nghyflwyniad o'r hen grydd, mewn adolygiad ar fy llyfr cyntaf (CDO) yn *Lleufer,* Gaeaf 1947, fel 'cameo yng ngwir ystyr y gair'. Ceisiais innau gofio cyfarwyddiadau Mred ac awgrymiadau John Gwilym Jones inni fel cwmni wrth gyflwyno drama mewn hwyliau mawr ymhen pymtheng mlynedd, â chwmni ein capel yn Abersoch.

Methodd fy niddordeb mewn actio, fodd bynnag, â phrofi'n drech na'm hatgasedd, math o alergedd ymron, tuag at ddefnyddiau coluro! Ar wahân i fynnu cael tywyllu peth ar y gwallt gwyn a'n nodweddodd fel teulu, rhai'n gynt na'i gilydd, bu'r merched coluro yn drugarog iawn wrthyf bob tro y bûm ar raglenni'r cyfryngau.

§

Anaml y byddwn yn cystadlu o'r Coleg, ond cynigiais un tro am gadair eisteddfod yn y dref, ac o nifer helaeth, fel y digwyddodd yn Nhreorci, dod yn ail am ddwy delyneg i 'Hau' a 'Medi', i'r gweinidog o Ddwyran, R. Gwilym Hughes, fy nghymydog wedi hynny yn Yr Wyddgrug. Daliaf i drysori ei ddarlun o wanwyn y llanc diofid a garai ferch y Sgubor Fawr, a mynd ar y trên rhad i Lerpwl ac i'r capel yn ôl fel y byddai'r awydd, y llanc na wyddai 'ym mrys ei hapus hynt' fod 'Angau yn Sbaen yn priddo'i hadau blin' ac 'mai gwanwyn angau oedd hwnnw gynt'.

Daeth f'eisteddfod ryng-golegol gyntaf heibio, ac er bod testun y bryddest, 'Rwy'n edrych dros y bryniau pell', yn apelio'n fawr, fe'i gadewais i'r funud olaf cyn llunio'r gerdd, a theimlo'n euog wedyn o wybod fy mod yn ei llunio ar garlam. Hanes gwir oedd am 'blentyn cariad' merch dawel o'r De, ond cariad a drechwyd gan rwystrau. Bu farw'r baban ar ei enedigaeth, a hyd yn oed yn ei henaint, gofidiai'r tyddynnwr â'i cenhedlodd na ddaethai siawns i groesi'r mynyddoedd o'i fro ogleddol i weld llecyn bedd y bychan. Ail-luniais y gerdd dan yr un pennawd ymhen blynyddoedd (DAChE). Er llunio'r gerdd yn rhy rhwydd, rhoddais fy mryd ar lunio'n ofalus y darlun o'r hen ŵr yn palu, gan gofio awyrgylch yr 'Angelus' a'r lluniau bywyd gwlad hynny gan Millet. Ddeg o'r gloch un bore, eisteddwn yng nghanol tawelwch Llyfrgell y Coleg yn ceisio'r darlun. Bûm wrthi hyd hanner dydd yn trafod llinellau fyrdd, ond yn hollol ofer. Wedi cinio ym Mala-Bangor, dyna fynd ati wedyn yn f'ystafell, ac ymhen ugain munud yr oedd y darlun yno, cystal fyth ag y gallwn i ei beintio mewn geiriau. Yn y feirniadaeth, cwynai T. Rowland Hughes fod ôl brys pechadurus ar fy ngherdd, ond ei fod wedi'i gyfareddu gan y darlun o'r hen ŵr yn palu. Wedi'i ddarllen ar goedd, dyfarnodd y Goron imi:

> Mae yna heno eto,
>   Er mynd o'r haul i lawr,
> Yn palu wrtho'i hunan
>   Yn y distawrwydd mawr.
>
> Daeth oerni'r nos i'r meysydd
>   A chyrchodd pawb dan do,
> Ond para yn ei gwman
>   Yn palu y mae o.

Ni sieryd fawr ag undyn,
   Nid oes a'i holo 'chwaith;
Ni chais ond heddwch cyson
   I ddal ymlaen â'i waith.

Rhydd drem i ben y bryniau
   A gwêl y niwl ar daen,
Cyn troi drachefn i'w gwman,
   A phalu, palu 'mlaen.

Yr un flwyddyn, yn y County Theatre ym Mangor y cynhaliwyd yr Eisteddfod Genedlaethol hefyd, ac unwaith eto, apeliai testun y bryddest ataf, 'Rhosydd Moab'. Collaswn fy nghyfaill a'm cyd-gystadleuydd ifanc, W.R. Jones o sir Aberteifi (a Swyddfa Gee) yn bur ddiweddar, a chofiais am y Ganaan honno a welai ef o'i Rosydd Moab, dan gwmwl y darfodedigaeth, sef gyrfa faith fel bardd. Pan ymwelais ag ef, soniai amdano'i hun yn syllu o'r ffenestr yn Llangwyfan ar yr hen arddwr islaw yn egnïol, ac yntau'n cael ei atal o'i Ganaan. Pan luniais gerdd 'Rhosydd Moab', gan adrodd hanes W.R., sylweddolais fy mod eisoes wedi llunio'r darlun o'r garddwr hwnnw yn y bryddest Ryng-golegol, er ei fod bellach yn symbol o ddihidrwydd byd o dynged yr unigolyn. Herman Jones, cyd-fyfyriwr yng Ngholeg Bala-Bangor, a enillasai Goron y Brifwyl yn Aberteifi y flwyddyn flaenorol, ond ni ddisgwyliwn y deuwn innau yn gyntaf o'r pymtheg a gynigiodd, er gobeithio. (Wrth fy nerbyn i'w plith, gosododd y myfyrwyr Herman i'm plagio ynglŷn â safon druenus fy ngherddi, ond er bod hynny yn gwbl naturiol, yr oeddem ein dau yn gyfeillion mawr bob amser.) Sioc oedd derbyn y wybodaeth imi ennill, a minnau ar y pryd ar 'daith gasglu' at y Coleg, ac yn aros gyda Wil a Mair ym Mhontardawe. Nid oedd gennym hyd yn oed docynnau, a bu rhaid gosod fy rhieni, Meri fy chwaer a Iorwerth, bachgen John Morris, gyda chriw bychan mewn congl o'r llwyfan. Nid drwg hynny i gyd, gan fod gennyf lun a ymddangosodd yn yr *Illustrated*

Y Coroni ym Mhrifwyl Bangor, 1943.

Weekly, llun y coroni gan Crwys, a gweddill y teulu i'w gweld yn gwbl glir yn y gongl!

Bu Wil Ifan a Griffith John Williams yn hael eu clod i adeiladaeth y gerdd ei hun, ac i'r feistrolaeth ar fesurau a welent ynddi, gan dystio mai un yn unig a gawsai wir weledigaeth ar y testun, er cystal canu a gafwyd gan eraill hefyd. O'r llwyfan, wedi traethu'n llym iawn ar waith llawer ymgeisydd, a manylu ar yr hyn nad oedd farddoniaeth, soniodd W.J. Gruffydd am arddull foel ar ei gorau, gan gyfeirio at waith Housman a Williams Parry, a darllen o bryddest a ystyriai, meddai, yn farddoniaeth drwyddi, delyneg yr hen ŵr yn palu. Atodiad i'r hanes yw mai T. Rowland Hughes a ddaeth yn ail am ei gerdd gain i Moses, un a ymddangosodd wedi hynny mewn llyfr o'i waith. Clod i'w haelfrydedd ysbryd yw mai'r peth cyntaf a wnaeth wedi'r ŵyl oedd trefnu i Herman a minnau anfon nifer o gerddi i'w darlledu, a Wil Ifan yn eu darllen. Atodiad arall yw mai

Coron 'Y Dyrfa' a Chadair 'Yr Haf' a ddefnyddiwyd i'r seremoni, gan ei bod yn un o'r eisteddfodau pan roddid medalau mawr pres yn lle'r cadeiriau a'r coronau, eisteddfodau dyddiau'r rhyfel. Mewn cystadleuaeth banel ar y teledu ymhen rhai blynyddoedd, enillais ugain punt am na lwyddwyd i ddarganfod y gyfrinach, fy mod yn fardd coronog di-goron! Bu'r fedal hefyd ar raglenni teledol yn America, pan aeth y diweddar H.T. Edwards, oedd yn aelod yn f'eglwys gyntaf yn Sychdyn, yno ar ran Bwrdd Twristiaeth Cymru. Yswiriodd hi am ganpunt, a dangosodd hi fel prawf nad oedd Cymru am esgeuluso'i chelfyddyd a'i beirdd hyd yn oed yn nyddiau rhyfel.

Yr oedd hogiau Bala-Bangor wrth eu bodd, a chafwyd bloedd y Brifysgol ac un yr 'Annibyns' yn atseinio trwy'r theatr, er mawr ddifyrrwch i'm rhieni a phawb. Yn goron wahanol drachefn, daeth imi lythyr drannoeth oddi wrth R. Williams Parry, o'i gartref:

> Annwyl Mr Owen,
>
> Bu'n dda ofnadwy gennyf glywed am eich buddugoliaeth fawr. Gwyddwn ers amser eich bod ar y ffordd tuag ati, ond ni freuddwydiais y cyrhaeddech hi mor fuan. Wel, mwyaf yn y byd o glod ichwi yw hynny.
>
> Mae'r Coleg – y ddau Goleg o ran hynny – yn falch iawn ohonoch. Hir oes ichwi!
>
> Cofion cynnes,
>   R. Williams Parry

Ymhlith y llu cyfarchion hefyd, daeth llythyr swyddogol oddi wrth Gyngor Tref Dinbych: 'The old town is indeed very proud of the 1943 Crowned Bard'. Cyn bwysiced â dim, daeth llythyr cynnes a chywir oddi wrth Bill Holden. Dydd Gŵyl Ddewi y flwyddyn ddilynol, rhoddodd ein cyfeillion yn Ninbych siec yr un, fel arwydd o'u llongyfarchion, i Ossian Ellis a minnau, yntau wedi ennill ar yr unawd delyn dan bymtheg oed yn yr un eisteddfod. Rhoddwyd dyfyniadau o bryddest Môn, ddwy flynedd ynghynt, yn *Y Bych*, cylchgrawn fy hen ysgol. Bellach, rhoddwyd llun seremoni'r Coroni ym Mangor ar y wal yno, hynny yw, yn yr hen adeilad.

Gosodwyd 'telyneg y palu' yn destun i'r arlunwyr yn eisteddfod Llanfachraeth ym Meirion yn 1948, a byddaf yn cael pobl hyd heddiw yn fy nghyfarch dan wenu, 'Sut mae'r palu yn dod ymlaen?' Eraill yn holi, 'Sut mae'r hen "Hart a Brown" heddiw?', gan gyfeirio at fy maled lofruddiaeth yn Eisteddfod Dolgellau yn 1949.

Pedair ar hugain oed oeddwn ar y pryd, ac yr oedd i'r ffaith honno arwyddocâd arbennig i Mrs Vaughan Jones, ffrind i Mam, y tybid ei bod yn ysbrydegydd. Daeth heibio ymhen diwrnod neu ddau, gan holi a oedd bardd arall yn y llinach. Soniodd Mam am frawd Nain, Isaac Evans, y dymunodd Mam imi ddefnyddio'i enw barddol, 'Llewyn Llwyd', wrth gystadlu. Galwodd sipsi heibio i Bylchau Isaf un bore, a phroffwydo y byddai'r mab Isaac yn adnabyddus i'r genedl os llwyddai i gyrraedd yr oedran o bump ar hugain. Bu farw'n bedair ar hugain, a mynnai'r ysbrydegydd mai ef oedd yn parhau ei yrfa farddol drwof fi. Diddorol, felly, yw cofio mai Dewi Emrys a gadeiriwyd y flwyddyn honno, gan ei fod yntau'n hawlio mai Lewis Glyn Cothi oedd yn parhau i ganu yn ei waith yntau!

Ceisiais am y Goron (y fedal) drachefn yn Llandybïe y flwyddyn ddilynol, ar y testun 'Yr Aradr'. Ystyriai Waldo a Dyfnallt a Dewi Emrys, y beirniaid, nad oedd y chwaraegerdd a luniais ar ddull yr hen foes-ddramâu (lle gwelir personoli beiau a rhinweddau) yn ddull addas o drin y pwnc, ac nad oedd i'r canu ddigon o awyrgylch natur. Y cysur pennaf a gefais oedd sylw Dewi Emrys – 'Diolchaf i'r "Mynach" breuddwydiol hwn am atalnodi ei waith yn synhwyrol – yr unig un o'r deg ar hugain a wnaeth hynny'.

§

Gan imi eisoes lunio cyfres flwyddyn ar hanes beirdd bydenwog i blant *Y Tywysydd,* euthum ati i lunio *Beirdd y Bore,* llyfr o hanes beirdd Cymraeg a fu farw cyn bod yn ddeugain oed. Bûm yn Yr Ysgwrn yn gweld y Gadair Ddu ac yn sgwrsio â mam Hedd Wyn, ac yn gohebu â rhai fel J.W. Jones o Ffestiniog, Cybi o Eifionydd a Gwilym Deudraeth o Lerpwl. O wybod am fy niddordeb mewn baledi, amgaeodd Gwilym Deudraeth yn yr amlen gopi o'r faled 'Gwialen Fedw fy Mam' y daethai o hyd iddi. Mae sôn amdani yn dod â deubeth i gof. Y cyntaf yw imi fynd, un gaeaf yn y pumdegau, i siarad yn y Gymdeithas ym Magillt, ar hanes y faled, a chanu rhai ohonynt. Gwelwn fod un gŵr, mewn cryn oedran, wedi cael blas mawr ar hanes 'Morgan Jones o'r Dolau Gwyrddion' a 'Penygroes' a'r gweddill. Yn y man, yr oeddwn yno drachefn yn trafod emynau Ann Griffiths. Ar y diwedd, cododd yr un gŵr, ond i'm ceryddu y tro hwn! 'Yr hen beth sâl,' meddai. 'Finne wedi dod â ffrind hefo fi yn un swydd iddo gael clywed ambell faled!' A dyna'r unig dro erioed imi ddarfod sgwrs ar emynau Ann Griffiths yn canu am 'Wialen Fedw fy Mam'!

Daw'r ail gyswllt â'r faled â mi at T. Gwynn Jones. Cyfeiriai ati yn ei lyfr *Brithgofion.* Clywsai hi yr unig dro, meddai, pan oedd yn blentyn, a mwynhau'r datganiad yn fawr, ond ni welsai gopi ohoni erioed. Merch Thomas Davies y cigydd oedd gwraig Gwynn Jones, a byddent yn dod drosodd am wythnos neu fwy o wyliau yn yr haf. Gwelem ef yn cerdded strydoedd y dref, golwg foneddigaidd, barchus arno, yn crymu ychydig ac wrtho'i hun fel rheol. Tybiaf ei fod yn ŵr swil yn y bôn, ac mai dyna un rheswm pam y câi pobl gamargraff a mynd i gredu ei fod yn un pell, anghymdeithasgar wrth natur. Sut bynnag, teimlaf yn bur sicr mai ofni ei allu yn ogystal â'i olwg yr oedd ein tadau, ofni bod ei resel dipyn allan o gyrraedd, ac nad oedd dim prinder yn eu parch iddo. Gallai fy nhad daro sgwrs â phawb, ond ni welais erioed mohono'n aros am gom â'r Athro, dim ond dweud wrth Mam wedi dod adref, 'Jane, mae'r Proffesor wedi cyrraedd'.

Bu hen ewythr imi, gŵr cyfnither Mam, yn cysodi yng Ngwasg Gee yn nyddiau Gwynn Jones yno, Tom Smedley wrth ei enw. Byddai hwnnw yn dod adref gyda'r nos â'r straeon rhyfeddaf dan haul ganddo am ddigwyddiadau, gan daeru eu bod yn wir. Ymhen blynyddoedd, darllenais atgofion y bardd am ei gydweithwyr yn y Wasg, a gweld y cyfeiriad hwn: 'Yr hen Smedley ddiniwed a goeliai bopeth!' Dechreuodd pethau syrthio i'w lle yn syth, a deallais lle'r oedd tarddiad y straeon anhygoel hynny y byddai'n eu hadrodd yn rhesi wrth Modryb!

Wedi darllen am ddiddordeb Gwynn Jones yn y faled 'Gwialen Fedw fy Mam', a'i weld o'n mynd heibio un bore yn haf 1944, rhoddais gopi ohoni mewn amlen, nodyn gyda hi, a'i tharo trwy'r drws wrth fynd heibio, rhyw ddau can llath o'n drws ninnau. Ymhen deuddydd, dyma air drwy'r post yn gofyn imi alw y pryd a'r pryd, gyda'r nos. Euthum, yn ofnus, ond yn awyddus iawn. Yr oedd yno wrtho'i hun, ac mi ddaliodd ben rheswm hefo mi am ddwyawr a mwy. Sôn am darddiad geiriau ac enwau i ddechrau, a minnau'n ymdrechu'n galed i beidio edrych lawn mor anwybodus ag y gwyddwn fy mod. Dod at y faled toc, a gofyn imi ei chanu; minnau'n gwneud, ac yntau'n gwenu'n braf. Wedyn troi at 'Rhosydd Moab', ac er nad oedd yn ei adnabod, mawr oedd ei ddiddordeb pan ddeallodd mai un arall o weithwyr Gwasg Gee oedd y claf yn y gerdd. Adroddais wrtho fel y bu 'W.R.' yn sôn wrthyf amdano'i hun yn Llangwyfan yn gwylio'r henwr yn palu yn yr ardd islaw, ac yntau'n ifanc yn dihoeni. Aeth yr Athro'n hollol fud wrth wrando'r hanes. A mudan fuom am funud neu ddau.

Ychydig iawn a welais arno wedyn, nes cafwyd y Cyfarfod Tystebu hwnnw yn y dref, ychydig cyn ei farw. Ond y mae'r hen faled gennyf o hyd, i gofio am gyfaill ifanc o Swyddfa Gee, am gawr oedd yn gallu bod yn gynnes o agos, ac am un o nosweithiau mawr llencyndod.

§

Dylwn gywilyddio wrth ddweud imi, oherwydd f'ymroddiad â llenyddiaeth yn fwy na dim – darllenwn bopeth y cawn afael arno o gynnyrch beirdd a beirniaid llenyddol y ddwy iaith – ddibynnu ar lawer *'all-nighter'* cyn yr arholiadau, sef sesiynau'r lliain llaith am y pen am oriau lawer. Dyma 'ffordd osgoi' yr esgeulus, a bu'n dda iawn imi wrthi. Llusgais yn gloff trwy'r radd, a dechrau ar gwrs diwinyddol yr un modd, ac ar gyrch y 'B.D.' y cafwyd y codwm! Yn rhy hwyr, sylweddolais na ellid cwmpasu'r maes eang hwnnw â'r adolygu munud olaf, a chefais ganiatâd i ddilyn cwrs diwinyddol byrrach, a cheisio'r radd pan fyddwn yn weinidog. Ataliwyd y bwriad hwnnw hefyd, ond gallaf dystio imi ddarllen yn fyfyrgar fyrdd o lyfrau a chylchgronau ar wahanol feysydd Diwinyddiaeth, Hanes yr Eglwys, Athrawiaeth Gristnogol, Athroniaeth Crefydd ac yn y blaen, a'u cael yn ddiddorol yn ogystal â hanfodol i'm gwaith.

Sut bynnag, blynyddoedd difyr oedd rhai'r coleg. Daethai'r gyfeilles ddawnus a fu imi am rai blynyddoedd i weini o Ddinbych i Ysbyty Môn ac Arfon, ac am hynny, arhosais innau mewn llety ym Mangor un haf. Yr haf hwnnw, chwiliai gŵr o Galway, yr Athro O'Mally hael a hynaws, am rywun ym Mangor a allai ei gynorthwyo i feistroli'r Gymraeg lafar, a gofynnodd Thomas Parry imi drefnu i'w gyfarfod am awr, mwy neu lai, bob gyda'r nos, a chynifer o oriau ag oedd yn bosibl ar y Sadwrn a'r Sul, a hynny am ychydig yn hwy na mis. Cefais lety delfrydol gan Mrs Rowlands yn Ffordd Farrar, a rhoddodd hi a'r ddwy ferch a letyai yno'n gyson lond gwlad o groeso hefyd i'r cawr chwe throedfedd a mwy o Iwerddon, nad oedd un dim larts ar ei gyfyl o gwbl. Cofiwn yn aml am Wil yn cyflawni'r un gymwynas yn hogyn ysgol â'r Athro Gratton o Lerpwl.

Teithiwn ar y trên bob dydd i westy Lockyers ar lan y môr

yn Llandudno; defnyddid ef gan y llywodraeth ar y pryd, a chyflogid nifer ohonom – fy nghyd-fyfyriwr Presbyteraidd, Hugh Williams, Rhuddlan wedi hynny, yn eu plith – i ddatrys a pharatoi'r *'post war credits'* hynny y bwriedid eu talu wedi'r rhyfel. Nid oedd brys ynglŷn â'r dasg, ac yr oedd y gwmnïaeth yn ddifyr.

Unwaith yn unig y ceisiais am Goron y Colegau wedyn, ar y testun 'Mieri lle bu mawredd' (CDO) a chenais ddrama fydryddol ar hanes bywyd y bardd o Ffrainc, Francois Villon. Ail a gefais, a'r buddugwr, y diweddar Trebor Roberts hyfwyn, Parc, Y Bala, yn ail i minnau ar y faled.

Byddwn hefyd yn llunio ambell gerdd ac alaw seml ar ei chyfer. Felly y daeth 'Y nodwydd fach arian yn hen injan wnïo fy mam' i fod. Dychwelwn un tro, ar ddiwedd tymor, ar y trên i Ddinbych. Cofiais i Mam ddweud yn ei llythyr diwethaf y byddai Meic Parry yn arwain cyngerdd cartrefol yn y Capel Mawr y noson honno, a phenderfynais lunio'r faled. Cefais afael ar y geiriau a'r dôn cyn cyrraedd pen y daith, a chenais hi am y tro cyntaf, yn ddigyfeiliant, y noson honno. Cafodd dderbyniad da bob tro y canwn hi wedyn wrth annerch ar hanes y faled yng Nghymru.

Daeth cri cyfyngder atom un bore o'r BBC. Gallwn dybio na ddaethai'r holl ddeunydd a ddisgwylasid ar gyfer darllediad i law, a gwahoddid cyfraniad gan unrhyw fyfyriwr, cyfraniad i'w ystyried o leiaf. Yn ystod rhyw awr go dda, lluniais ganig i'r 'Ysgol Gymraeg' ar alaw adnabyddus, a geiriau ac alaw hwiangerdd 'Poni bach Siôn Cwsg'. Daeth Ieuan a Hywel Phillips, dau frawd o Goleg y Bedyddwyr, gyda mi i ganu'r gyntaf, a derbyniwyd ni â breichiau agored gan y cwmni pryderus, benaethiaid a phawb, yn y stiwdio. Ni bu cymaint o edmygu ar ddim a luniais erioed ag ar 'y poni bach', a chenid hi yn awchus gan Emrys Cleaver ac Ifan O. Hysbyswyd finnau y byddent yn galw'n aml am fy ngwasanaeth o hynny ymlaen, ond ni ddaeth yr alwad byth. Yn sgîl y rhaglen, fodd bynnag, bu'r tri ohonom yn canu ar raglen Llwyd o'r Bryn a 'Thai'r Felin' yn yr Arcadia yn Llandudno.

Poni Bach Siôn Cwsg
(Math o suo-gân)

Cywair F (D.O.)

Mi wn am fwthyn del mewn pentref cysglyd
    Lle bydd cyffro mawr bob nos rhwng chwech a saith, –
Sŵn trotian pedwar carn, a phawb yn dwedyd,
    'Mae poni bach Siôn Cwsg ar ei daith!'
        Mae'n mynd clipoti clop
        trwy'r byd heb stop,
    a galw heibio (i) blant pob gwlad ac iaith:
        pan fo Bet a Twm
        yn cysgu'n drwm,
daw poni bach Siôn Cwsg ar ei daith.
Clipoti clop, clipoti clop, clipoti clop.

Mae'r drol bob lliw a'i llwyth o blant i'w gweled
    yng ngwlad yr hen lyfr straeon ambell waith, –
i gartre'r tylwyth teg a'r cawr diniwed
    â poni bach Siôn Cwsg ar ei daith.
        Mae'n mynd clipoti clop
        i'r sioe a'r siop,
    ac yn y bore, llawer pen bach llaith
        sydd yn cofio'n glir
        y chwerthin hir
a phoni bach Siôn Cwsg ar ei daith.
Clipoti clop, clipoti clop, clipoti clop.

Mae'n rhaid i'r plantos oll sy'n gwrando'r hanes,
    os hoffant fynd bob nos i'r siwrne faith,
fod yn eu gwely'n gynnar ac yn gynnes
    cyn daw poni bach Siôn Cwsg ar ei daith.
        Mae'n mynd clipoti clop
        bob nos heb stop,
ac yna'n ôl bob bore erbyn saith.
        Ust! A glywch chwi'r sŵn
        fel isel rŵn? –
mae poni bach Siôn Cwsg ar ei daith!
Clipoti clop, clipoti clop, clipoti clop.

                (D.O.)

Yn ôl un o ffraethinebau dyddiau'r rhyfel, dim ond tri bai oedd ar y milwyr o'r Amerig, yr 'Iancs' – 'They're oversexed, they're overpaid and they're over here'! I'w diddori hwy yn fwyaf arbennig, o bosibl, y trefnwyd yr ymladdfa ar gae'r Cownti Sgŵl, rhwng Larry Gains a Jimmy Wilde (nid y 'Mighty Atom') o dde Cymru. Gwyddwn i Gains guro Carnera a Max Schmeling yn y dauddegau, ond oherwydd lliw ei groen, ni chafodd siawns i ymladd am bencampwriaeth Prydain na'r byd. Yr oedd yn ddeugain oed pan welais ef yn diddanu'r dorf yn Ninbych, ac er mai pawennu ei gilydd y bu'r ddau, yr oedd medrusau'r hen ddyddiau yno o hyd.

Daeth y frwydr bwysicaf i ben ddechrau Mai 1945 pan ildiodd yr Almaenwyr. Dydd o lawenhau ym mhob dinas a threflan oedd V-Day, y byrddau gwledda ar hyd y strydoedd, y bobl yn dawnsio o'u cylch a'r baneri'n cyhwfan heddwch, a hiraeth llu yn ddwysach nag erioed.

§

Cafodd fy nau lyfr cyntaf, *Beirdd y Bore* (1945) a *Cerddi Dafydd Owen* (1947) groeso boddhaol iawn. Meddai E. Curig Davies am y cyntaf, 'Nid oes na phennod na pharagraff anniddorol yn y llyfr i gyd', a D.T. Evans yn *Y Drysorfa,* 'Dyma lyfr bach y mae'n anodd canmol digon arno... chwanegiad campus at werth y gyfrol yw'r darluniau sydd yma'. Gwelai darllenydd Gwasg y Brython yn y *Cerddi* 'ddawn a doethineb fel eiddo Twm o'r Nant', a chymaint ysbrydiaeth â hynny oedd tystiolaeth D. Tecwyn Lloyd, fod angerdd ysgytwol 'Cân Martha' yn ei atgoffa o waith W.H. Auden (a chadarnhawyd y dystiolaeth i'r tebygrwydd gan ddarlithydd ym Mangor, Gwyn Lloyd, mewn adolygiad a ddarlledwyd wedi hynny ar fy llyfr *Crist Croes*):

> Ewinedd fflamfudr a welais,
> a barusrwydd cnawd yn cerdded
> tywyllwch conglau y ddinas niwl,
> awr y cŵn yn chwalu'r domen...

> Cyfodais fy llygaid yn oriau'r butain,
> ac wele dy hoelion aur
> yn cynnal ystlysau a thylathau dy nef
> rhag disgyn ohoni arnaf
> am fy mhechodau...
>
> Fy ngwaed a ystaeniodd dy gyhyrau
> a'm beiau sydd yn dy galon:
> am hynny, tydi a'm ceraist.
> Ymchwydd fy mron o'th gariad
> a gwyrth dy faddeuant...
>
> Chwerddwch, lancesau...
> Cadarnach yw yr hwn a'm câr
> na byddin,
> sicrach yw ei air na cherddediad amser...
> Llefodd,
> ac anifeiliaid y maes a fu feirw,
> cyffyrddodd â'm calon
> a byw ydwyf.

Cân oedd hon yn null 'Llythyr Martha Philophus' gan Pantycelyn.

Cymysg tristwch a llawenydd yw bywyd mewn coleg fel ym mhobman. Enillasai Islwyn Ffowc Elis y Goron Rhyng-golegol yn 1944, a bûm gydag ef yn ei gyfarch pan enillodd Gadair Lewis's Lerpwl, un nad oedd prinder ymgeiswyr amdani bob blwyddyn. Enillodd cyfaill arall, Derwyn Jones, y Gadair Ryng-golegol yn fuan wedyn, ac yna gwibio oddi wrth ei bapur arholiad i gyrchu ei Gadair yntau o'r eisteddfod yn Lerpwl.

Y tristwch oedd marwolaeth cyd-fyfyrwyr, Celt ac Aled Hughes, dau hyfwyn ac afieithus y cafodd pawb hwy'n gyfeillion pybyr iddynt. Minnau'n cofio'r ddau gyd-ddisgybl imi yn y Cownti Sgŵl a foddodd yn afon Clwyd, ar ganol arholiad y 'Senior', a Cecil Pierce alluog a foddodd yn afon Isis (DAChE).

Ddiwedd haf 1946 bu farw cyfaill ysgol, y canwr y

proffwydid dyfodol disglair iddo, sef Herber Evans, gweinidog Presbyteraidd yn Llanrhaeadr ym Mochnant. Disgynnodd math o fraw ar bawb pan sylweddolwyd nad oedd dod iddo, ond bu farw, wedi misoedd o gystudd, heb golli ei ffydd na'i sicrwydd o hyfrydwch y bywyd tragwyddol. Gwyddwn mai â chalon drom, fel finnau, y lluniodd R.O. Davies, Prion, un o feirdd mwyaf adnabyddus Dyffryn Clwyd, ei gerdd goffa ddwys yntau iddo. Cyhoeddwyd y ddwy gerdd yn llyfryn gan y teulu yn y man, ynghyd â llun o Herber, a theyrnged John Smith, Birmingham, ffrind coleg iddo.

Mwynhaodd Herber y doniol a'r dwys ym mywyd coleg, a gwn na warafunai â'i floedd o chwerthin imi droi at droeon digrif. Byddai angen llanc balch a hunanhyderus iawn i ddyheu am y cyfle a roddai'r 'sermon class' iddo bregethu gerbron ei gyd-fyfyrwyr, a'i athrawon, Gwilym Bowyer a Pennar Davies, ond gwyddem y gallai fod o fudd mawr. Daeth fy nhro innau, a lluniodd fy nghyd-efrydydd direidus, Emrys Hughes o Drawsfynydd, boster a'i osod ar y bwrdd hysbysrwydd (gan gydnabod, yn anuniongyrchol, gyfraniad gwerthfawr yr 'S.C.M.', Student Christian Movement, i fywyd y colegau):

S.C.M.
10 a.m. fore Sadwrn (Sermon Class Mawr)

P.D.O.
(Pregethwr, Dafydd Owen)

10½ a.m.   S.I.N.
(Shivering in the nees)

10.1 a.m.   I.L.A.
(Islwyn Lake arriving)

10.10 a.m.   P.P.
(Pregeth Papur)

10.35 a.m.	G.P.
	(Gorffen Pregeth)
10.35½ a.m.	G.A.P.
	(Gwilym a Pennar – Krit)
10.45 a.m.	C.A.U.
	(cario allan unkonshus)

Un bore Sul, cyrhaeddais innau'r bwrdd bwyd rhyw bum munud yn hwyr, ac fel cosb, cadwodd Metron fy wy, er imi egluro ynglŷn â'r milltiroedd y byddai'n ofynnol imi eu seiclo i'm cyhoeddiad ar stumog wag. Yn fy nig, lluniais res o gwpledi a'u gosod ar y bwrdd hysbysu, i'r Metron a phawb fod yn siwr o'u gweld:

> Fy wy, fy wy! Pa le mae fy wy?
> Fe'i cadwyd gan ddynes sy'n ddigon o ddwy!

> 'Rwy'n mynd i'm cyhoeddiad â'm calon dan glwy
> Am na ches i wy, am na ches i wy.

> 'Rwy'n waelach, 'rwy'n wannach na dyn ar y plwy
> Am na ches i wy, am na ches i wy.

> Doed trafferth a thryblith a melltith a mwy
> Am ben yr hen jaden sy'n bwyta fy wy.

A ffwrdd â mi ar fy meic i bregethu efengyl maddeuant!

§

Cyn gadael coleg, cofiais mor aml y lluniodd fy nhad gadeiriau eisteddfodol – llunio'r breichiau trymion, manylu i gadw min nid yn unig ar ewinedd y ddraig a gerfiai ar y panel cefn ond hefyd ar ymyl pob llythyren – a meddyliais y buasai'n ddifyr iddo gael gweld y seremoni gyfan o'r pen arall, mewn ffordd o siarad, a chael ei gadeirio ei hunan, yng nghadair rhyw saer arall. Ceisiais am gadair yng Ngronant, ger Prestatyn, a chael gair i ddweud imi lwyddo. Dan esgus o fod am unwaith yn brysur yn paratoi ar gyfer arholiad, o'r diwedd llwyddais i ddarbwyllo fy nhad i'm cynrychioli yn yr eisteddfod, a chadeiriwyd ef gan yr annwyl Pat O'Brien. Tystiai iddo fwynhau'r profiad, a phob tro y cyfarfyddwn â Phat wedyn, byddai'n sôn yn hwyliog am yr achlysur gan ddymuno cael ei gofio'n gynnes iawn at fy nhad.

Cawsai fy nhad ymarfer bach ar gyfer yr achlysur hwn, mewn eisteddfod a gynhaliwyd yn Y Groes, ger Dinbych. Rhoddid cadair fach (*'miniature'*) am gerdd i aeaf caled 1946-47, a chan nad oedd cadair fach gennyf, anfonais nifer o benillion o'r natur yma:

> Ysgafn hun oedd i'r bugeiliaid:
>   tybient glywed, yn y nos,
> lef y miloedd anifeiliaid
>   oedd dan ddwfn luwchfeydd y rhos.
> Deuai'r wningen fach fyr-flewyn,
>   ganol dydd, i grwydro'r paith,
> am fod ar ei haelwyd newyn
>   tywydd mil naw pedwar saith…

> Prin oedd ceiswyr gras a phleser,
>   ac o ddiffyg llwybyr cul
> gwelwyd drysau Ebeneser
>   wedi'u cau o Sul i Sul.
> 'Cartre crefydd yw y galon',
>   a bu Duw'n pwysleisio'r ffaith
> yn feunyddiol drwy ofalon
>   tywydd mil naw pedwar saith.

Gan fy mod ym Mangor ar y pryd, gofynnais i'm tad fy nghynrychioli ped enillwn, gan y byddai wrth ei fodd yno, sut bynnag, ger yr hen ardal ac yng nghanol cyfeillion oes. Ni ddychmygais y golygai fwy na derbyn y wobr, pe byddwn yn fuddugol. Ond na, fe'i cadeiriwyd gan y beirniad a'r arweinydd 'Ap Tudur', ac ychwanegiad at yr hwyl a'r pleser iddo fel saer oedd mai'r cleddyf oedd y goes fwyell a ddyfarnwyd yn orau awr ynghynt! Ymddangosodd rhan o'r gerdd yn *Y Gadlas,* papur bro Hiraethog, ychydig flynyddoedd yn ôl. Hoffodd gofalwr coleg Bala-Bangor y gadair, a chyn ymadael â'r coleg, cyflwynais hi iddo yn rhodd.

§

Aethai nifer y myfyrwyr diwinyddol yn llawer llai nag ydoedd yng nghyfnod fy mrawd, ac nid oedd prinder galwadau i ofalu am eglwysi. Er cymaint fy hoffter o ddyddiau allan yn y wlad, a'm bod yn swil fy natur beth bynnag am fod yn brin o hunanhyder, ni hoffais unigrwydd mawr erioed, a phenderfynais mai i dref neu bentref yr awn i fugeilio, os cawn gyfle. Gorau oll os byddai'n rhywle yn siroedd Dinbych neu'r Fflint, gan nad oedd iechyd Mam ddim yr hyn a ddymunem. Am y tro, felly, ceisiais am swydd llyfrgellydd tref Dinbych, a'i chael. Gweithiwn bymtheg awr yr wythnos, a mwynheais y gwaith ynghanol fy mhobl fy hun. Cefais gyfle i ddarllen toreth o lyfrau yn f'oriau hamdden. Yr oedd mynd mawr ar y llyfrau cowbois a hanes y rhyfeloedd gan y dynion, a'r rhamantau ysgafn yn dra phoblogaidd gan y merched. Rhyfeddwn at gwmpas darllen Ficer Hywel Davies, Llanrhaeadr, a fu, fel Bob Evans fy mhlentyndod, yn beldroediwr amatur i Gymru. Diddorol hefyd oedd cael cadarnhad o rym arferiad; byddem yn agored o chwech hyd hanner awr wedi wyth, a'r un rhai a ruthrai i mewn y funud olaf bob tro, a dechrau chwilio!

Daeth cyfle hefyd i gynnig drachefn, y tro cyntaf ers 1944, yn y Brifwyl. Apeliai dau destun. Un oedd y faled, seiliedig ar gwpled o anterliwt Twm o'r Nant, *Cybydd-dod ac Oferedd,* cyfeiriad at ddau y tybid iddynt gael eu crogi ar gam:

> Mewn mynwent ddu yn Rhuthun town
>   Mae Hart a Brown yn braenu,

a'r llall oedd y ddychangerdd i'r 'Brains Trust'. Edmygwn innau, fel pawb, gyfraniadau fy mhrifathro gynt ym Mala-

Bangor, Gwilym Bowyer i'r 'Seiad Holi', a gwyddwn y mwynheai ef y peth yn fwy na neb pe digwyddai imi ennill ar y testun 'tynnu coes', gan fod digon o ddynoliaeth dda ynddo i gymryd a rhoi mewn sefyllfa o'r fath. Bûm yn troi testun y ddychangerdd yn fy meddwl am wythnosau, a dim byd yn dod, neu a dweud y lleiaf, dim iod a haeddai gael ei drosglwyddo i bapur. Pan oeddwn yn dechrau cael gafael ar gwsg, dair noson cyn y Nadolig, dyna nhw'n dod yn rhesi! Pethau bach digri fel hyn – pob aelod o'r Seiad Holi yn foesgar a gwylaidd, ac am roi cyfle i'r lleill siarad o'i flaen; dim Seiad wedi bod erioed â'r fath amrywiaeth yn ei nodweddu, yr atebion i gyd yn hollol wahanol i'w gilydd i'r un gofyniad; y seiadwyr yn batrwm i wŷr celfyddyd mewn cynildeb, neb yn ceisio dihysbyddu'r pwnc yn draethodol ond yn bodloni ar ei fraidd-gyffwrdd yn unig; yr holi cystal â'r atebion, yn well yn aml; yr aelodau oll o ddifri, yr unig rai y gellid dweud amdanynt na chymerent y peth yn ysgafn. Dyna godi a rhoi'r syniadau i lawr yn y fan a'r lle. Gadael iddynt am rai dyddiau wedyn, i weld a fywient ai peidio. Yn y man, o'u cael yn addawol fyth, mynd ati i'w llunio'n ddychangerdd, a llwyddo i foddio Waldo, a'i gael yn gwrthod ei beirniadu gan ei darllen ar goedd, yn hytrach, yn y Babell Lên. A minnau'n cael rhannu'r hwyl â'r Prifathro wedi hynny!

Daeth fy nhad a'm mam i'r Brifwyl honno yn Nolgellau yn 1949, (minnau'n cael croeso brenin ar aelwyd ddiwylliedig Tŷ Mawr, cartref fy nghyfaill coleg, erbyn hyn y Doethor Caradog Roberts). Er eu cefnogaeth i eisteddfodau bro Hiraethog pan oeddem yn blant, a rhai'r dref a'r cylch wedi hynny, anaml iawn yr aent i'r Brifwyl: gwahanol iawn i Hannah, a sicrhai ei thocynnau flwyddyn ymlaen llaw ac a fyddai yn y pafiliwn trwy'r dydd, bob dydd, y Sadwrn cyntaf hyd y nos Sul, wedi'r Gymanfa Ganu. Pan gyrhaeddodd fy rhieni fynedfa'r maes y bore hwnnw, pwy oedd yn dod allan ond John Hooson, ewythr Emlyn Hooson, oedd yn athro yn Llundain. Byddai yntau, fel T. Gwynn Jones, i'w weld yn aml ar strydoedd Dinbych, tref ei fagwraeth, yn yr haf, ac yr oedd gan fy rhieni feddwl uchel iawn ohono oherwydd ei allu a'i foneddigeiddrwydd naturiol. Galwodd ar y ddau ar ei ffordd allan, 'Mae'r mab newydd ennill dwy wobr y bore 'ma', ac 'roedd ei gael o enau John Hooson, meddai Mam, wedi rhoi bonws ar y diwrnod cyfan i'r ddau.

Ymhen rhyw fis wedyn, ar de un pnawn, dywedodd Mam yr hoffai fynd i ben y graig i weld pobman o'r fan honno, gan na bu yno erioed. Aethom ein dau, dow dow, a mwynhau'r olygfa wedi cyrraedd – gweld y Capel Mawr, a'r ysgolion a'n stryd ninnau, a'r castell a'r cyfan o ben y graig, a dod adre wrth ein pwysau. Anodd gwybod a ddaw rhyw ragrybudd yn sgîl gwendid corfforol weithiau, ond erbyn diwedd y flwyddyn, yr oedd Mam yn wael yn ei gwely a Meri a Hannah wedi dod adre i ofalu amdani. Bob hyn a hyn, byddai'n derbyn chwistrelliad a ddeuai â hi'n ôl o dir pell iawn. Wedi i hyn ddigwydd rai troeon, gofynnodd iddynt beidio â rhoi un drachefn, gan y gallai fod yn pechu wrth ddod yn ôl yn annaturiol felly bob tro.

Ni chafodd y Nadolig fawr o groeso y flwyddyn honno, a bu Mam farw fore Calan. Ni allem ddweud yn well nag a fynegwyd yn llinell R.J. Derfel i un debyg i Mam, 'Mam oedd i wyth, a mam dda'. Ystyrid hi'n wraig dlos erioed, ond ni yn unig a wyddai faint y tlysni hwnnw. Gan na byddai unrhyw deyrnged a luniwn yn agos deilwng ohoni – er i Cit fynnu argraffu copi yr un inni o'r gerdd faith a anfonais iddi ar ei phen-blwydd yn bump a thrigain – lluniais, er cof, gân i'r Sul tywyll hwnnw na chofiem fawr ddim amdano wedi hanner dydd ei myned hi:

Y Dydd Byr
(er cof am Mam)

Bu hir y bore a'r cerdded gwlanog,
a'r llinyn arian yn breuo
o anadl i anadl
yn y llofft,
cyn torri ar ganol dydd.

Ai ni ddaw'r gweddill oriau
drachefn i gof?
Tybiaf weled wynebau sigl
yn swil o syllu i'r llynnoedd gloyw.
Ni wn a dremiwyd
tros eiriau'r cyfarch dryslyd
i'r fan lle swatiai
y llonydd sydyn
rhwng llofft a llawr.

Ond gwn na ddigiodd ef,
yr haul,
ond sleifio i ffwrdd cyn pryd,
cans onid ofer oedd ymdroi
a'n haul amgenach ni yn fud,
yn fythol fud
er canol dydd?

1950-1960

*A*MINNAU'N TYNNU at derfyn dyddiau coleg, gofynasai cyd-fyfyriwr imi fynd yn ei le i feirniadu'r Adrodd yn eisteddfod Penisa'r-waun: nid oedd angen llawer o berswâd, er mai dyma'r tro cyntaf, gan imi ymddiddori mewn adrodd erioed, a darllen llyfrau ar gelfyddyd llefaru, llyfrau'r ddwy iaith, o'r adeg pan gefais flas ar *Llawlyfr y Llais* gan D.W. Lewis, y cerddor o Frynaman. Mam a fyddai'n ein hyfforddi i adrodd yn blant a Dad yn rhoi llawer awgrym o bryd i'w gilydd. Y mae rhyw ddiffyg bach, rhyw *lisp*, ar leferydd llawer, fel finnau, peth na fedrant oddi wrtho, ond byddaf yn rhyfeddu cynifer o bregethwyr a darlithwyr sydd yn ddiffygiol mewn pethau fel gollwng diwedd brawddegau, carlamu darllen yn flêr neu fwmblian llawer brawddeg sydd o eilradd bwysigrwydd yn eu hymresymu. Gresyn, gan fod y gynulleidfa yn un hŷn bellach, ac yn para i heneiddio, wrth gwrs.

Adrodd taer, di-ystumiau a fynnai Mam, ac atgoffai ni'n barhaus mai diben adrodd oedd tynnu sylw at gynnwys y darn ac nid at allu dynwared na dim arall o eiddo'r adroddwr ei hun. Un o'r rhai y cafodd fwyaf o bleser yn ei hyfforddi oedd Meirion Lloyd Davies, am ei fod mor naturiol a bwrlwm bywyd ynddo bob amser.

Pwyllgorddyn tawedog wyf lle mae angen trafod ystadegau, fel y canfu'r W.E.A. ym Mangor a Phwyllgor Coleg yr Annibynwyr, ond bûm yn hollol gartrefol ar y pwyllgorau llên ac adrodd, ac mor siaradus â'r nesaf, am y gwyddwn fod gennyf gyfraniad sylweddol i'w gynnig. (Nid cymorth i'm hunanhyder, mae'n wir, fu sylweddoli yn gynnar na chydnebydd neb ond y sawl a'i hadnabu orau fod i berchen pen cam bersonoliaeth.) Lluniais lyfryn ar gelfyddyd adrodd (AAA), math o frechdan i aros pryd, a chafodd groeso parod a hael adroddwyr a beirniaid adnabyddus fel Alun Ogwen Williams ('trysor gwerthfawr i bwyllgor eisteddfodau') a D.E. Williams yn *Y Dysgedydd* ('llyfryn sy'n haeddu derbyniad helaeth gan eisteddfodwyr o bob gradd'). Yr oedd yn y llyfr ddarnau adrodd, rhai'r plant yn ymgais, fel rhai E. Llwyd Williams a Waldo, i fod yn gyfuniad o farddoniaeth a diddanwch. Disgwyliais y byddai darnau miwsig geiriol fel 'Ifan Ty'n Felin', a luniwyd ar yr un mesur â cherdd I.D. Hooson am 'Guto Benfelyn o Dyddyn y Celyn' ac a fwriadwyd i fod yn fath o ddewis arall i'r adroddwyr, ac 'I fyny'n Llanfihangel Genau'r Glyn' ar gyfer Cerdd Dant, yn boblogaidd, ac nid y 'Saram o Ri' a'r 'Dandonyrafonarîfe' Learaidd a adroddwyd yn y Brifwyl, yn unig. Ni pharodd hyn oll surni, dim ond syndod.

    Bob yn ail â gwrando ar adrodd a beirniadu campus mewn eisteddfodau bach a mawr, gwrandewais hefyd ar lawer iawn o adrodd a beirniadu tenau a thila. Nid ymddangosai y gwyddai rhai beirniaid am y gwahaniaeth rhwng adrodd ac actio, neu'r gwahaniaeth rhwng bod yn naturiol ac ymddangos yn naturiol. Gwelais wobrwyo rhai oedd yn 'adrodd fel ffon' – hen ymadrodd yn Nyffryn Clwyd o leiaf – ac ar y llaw arall, gwelais wobrwyo mewn eisteddfodau cenedlaethol grots pert oedd yn adrodd yn ddychryn o henaidd ac annaturiol o ran goslef ac ystumiau. Yr un modd y parti cyd-adrodd oedd â phennau'i aelodau yn ysgwyd i bob cyfeiriad. I gyfiawnhau mosiynau o'r fath, dylid gofyn am gyflwyniad o'r darn, nid am adroddiad, yn enwedig gan mai darn actio, o reidrwydd, yw llawer o'r rhai a ddewisir ar gyfer y plant sut bynnag.

    Y mae gennyf lawer gormod o feddwl o gelfyddyd adrodd a chyflwyno i oddef triniaeth ysgafala ohoni. Loes imi yw gweld hen ddarnau yn ymddangos yn y rhaglenni dro ar ôl tro, neu'r diffyg arbenigo a ganiatâ i ambell un, na honna ef na neb arall ei fod yn fardd, feirniadu cystadleuaeth y gadair a'r goron, yr holl lenyddiaeth a'r adrodd, a chanu hefyd pan fydd gofyn (er nad oll yn yr un eisteddfod, yn naturiol). Cefais ddigonedd o gyfle ar hyd f'oes i hyfforddi a chynorthwyo beirdd, ac nid yng ngholofn *Y Tyst* yn unig, ond cyfaddefaf y buaswn wedi hoffi cael llawer mwy o gyfle i hyfforddi adroddwyr a phwyllgorau ynglŷn â'r gelfyddyd. Buaswn wedi hoffi'r seiadu.

Meddai'r Sais, 'Put your money where your mouth is!' Gwneuthum hynny droeon mewn perthynas ag adrodd.

Ym Mhrifwyl Pwllheli yn y pumdegau, lle cafwyd llu enfawr yn cystadlu, gofynnodd Blodwen, Ty'n Ffordd, un o'n teulu, am fy marn. Atebais, cyn gwybod pwy a roddwyd 'ar y llwyfan', 'Chi'n gynta, Mona yn ail a Mair yn drydydd'. Drannoeth, cytunodd y beirniaid swyddogol ar y tair yn y drefn y gosodais hwy.

Ym Mhrifwyl Yr Urdd yn Abertawe, a'm cyd-feirniaid heb allu dod ohrwydd gwaeledd, cefais ddau gyflwyniad gafaelgar o gerdd am Martin Luther King, yn y brif gystadleuaeth. Yr oedd ymddangosiad nerthol y naill adroddwr yn hynod addas i'r datganiadau dewr, ond dyfnach drachefn oedd angerdd argyhoeddiad y llall. Wedi'r dyfarniad, rhedodd yr adroddreg adnabyddus Rhiannon Morris ataf i ddweud fel y mwynhaodd y cyfan, a'r argyhoeddiad ysgytwol a deimlodd hithau yng nghyflwyniad y buddugol.

Ni chefais byth wedyn fwy o dasg nag a gefais ym Mhenisa'r-waun y noson honno o'r Coleg. Yr oedd dau o'r nifer a ymgeisiai ar y Prif Adroddiad eisoes yn brifadroddwyr cenedlaethol. Wedi cystadleuaeth glòs, aeth y wobr gyntaf, am gyflwyniad cain a diymhongar, i H.G. Roberts, Chwilog bellach, un o gyff adrodd. A dyna gychwyn oes o feirniadu adrodd a llenyddiaeth. Ni waeth imi nodi yma, yn hytrach na dychwelyd atynt droeon, rai o brofiadau'r blynyddoedd difyr hynny.

Adroddodd un o weithwyr y B.B.C. ran o *Cyn Oeri'r Gwaed* yn Chwilog yn syfrdanol o dda, a dywedais yn y feirniadaeth y gwyddwn y byddai Islwyn yn cytuno'n llwyr â'i

Beirniadu yn un o Eisteddfodau Môn yn y pumdegau.

dehongliad. Meddai hithau, pan ddaeth am ei llyfr, 'Fo sy'n fy nysgu i'!

Dro arall drachefn, yn Eisteddfod Eglwysi Presbyteraidd Dinbych a'r Cylch, gwrandewais ar ddau ar bymtheg o blant dan wyth oed yn adrodd, a'r rhai hynny yn ddim ond y criw cyntaf o dri – saith a deugain o blant i gyd! A chystal â buddugoliaeth y farathon chwe milltir ar hunain oedd deall, wrth ddod i lawr grisiau'r neuadd, mai plentyn a hyfforddwyd gan 'hen law', Mrs Sam Llywelyn, a enillodd!

Yn Eisteddfod Powys yn Llanfyllin, cytunai O.M. Lloyd a minnau yn y rhagbrawf mai Rhiannon Caffrey a rhyw ŵr ifanc, dieithr i ni ein dau, oedd i ddod i'r llwyfan. Wedi'r rhagbrawf, a hithau'n bnawn Sadwrn, aeth O.M. i'w gyhoeddiad ar gyfer trannoeth, a minnau bellach yn beirniadu gyda W.D. Williams, Bermo. Y mab a osodai ef yn gyntaf, ac wrth draddodi'r feirniadaeth, gan mai'r un oedd fy marn iag yn y rhagbrawf, rhoddais y ddau yn gydradd. 'Ond beth am y gwpan?' sibrydodd yr arweinydd yn bryderus. Waw! Anghofiaswn hopeth am honno! Syrthiais yn ôl, felly, ar ddyfarniad y rhagbrawf, gan ddyfarnu'r gwpan i'r ferch, ac egluro i'r gynulleidfa mai hi oedd orau ym marn dau o'r tri ohonom.

Arhoswn gyda rhieni Ryan y noson honno, a daeth yntau bob cam i'r eisteddfod, gyda'r Côr Myfyrwyr Coleg y Normal a arweiniai.

Pan oedd Eisteddfod Powys yng Nglynceiriog, gorweddai fy nghyd-feirniad Tilsli a minnau am fwy nag awr, a'n cefnau ar y clawdd, yn gwrando gwledd o ganu corawl. Yn yr eisteddfod honno y derbyniwyd Tilsli, Selyf, Ffowc a minnau yn aelodau o Orsedd Prifwyl Powys.

Mwynheais Eisteddfod Môn hefyd bob amser. Un nos Sul, wedi'r oedfa yn Yr Wyddgrug, yr oeddwn ar y trên yn cyrchu Porthaethwy ar gyfer trannoeth; yn y gwesty, rhannwn bryd â Dan Jones, Pontypridd, a Haydn Morris. Wedi swper, eisteddwn yn dawedog o flaen y tân, yn mwynhau'r ddau yn adrodd hanesion diddorol am eu gyrfaoedd fel cerddorion a chyfansoddwyr. Dro arall, yn Rhosneigr mi dybiaf, nifer ohonom fel beirniaid yn cael cinio, a Gwyndaf Evans yn dweud, er difyrrwch i bawb ohonom, 'Wyddoch chi be', bois, 'tawn i unwaith yn mynd ar y botel, mi fyddwn yn rêl mochyn, oherwydd 'dwi'n leicio'i hogle fo!' Ac wrth yr un bwrdd cinio, Rolant o Fôn yn sôn amdano'i hun yn laslanc yn ceisio am gadair â'i bryddest i'r 'Afon'. ''Fuo dim afon erioed mor loyw yn fy marn i,' meddai, 'ond wedi i'r beirniad ymhél â hi, 'roedd hi'n slwtsh ar ei hyd!'

Eisteddfod ryfedd oedd honno, ym Môn fyth, ym Mai 1964, pan feirniadwn y bryddest ddydd Llun, a William Morris wedi beirniadu'r awdlau eisoes. Dyfernais y wobr i William Jones, y cyfaill gwylaidd o Nebo, Llanrwst, ac yntau yn ei fedd ers wythnosau.

Erys llawer peth yn glir yn y cof, pethau fel cwrteisi mawr Cynan pan gyd-feirniadem yn Eisteddfod Dyffryn Conwy, a'r boddhad llwyr a gawsom ein dau yn gwrando ar Eigra Lewis yn cyflwyno Wini Ffini Hadog, yn deilwng o ddawn ei rhieni ar eu gorau. Cofiaf hefyd gwrteisi naturiol arwr mawr fy rhieni, Bob Ellis, Pentrefoelas, pan gyd-feirniadem yn Llannefydd. Ar fore Sul yn Chwilog, teimlwn yn ymwybodol iawn o bresenoldeb fy nghyd-feirniad y diwrnod cynt, Dan

Jones, yn yr oedfa. Bron nad wyf yn dal i deimlo dwrn Aneurin Rees, Abertawe, yn plannu i'm brest ym Mynytho, pan ysgydwais ef ganol nos am ei fod yn bygwth codi drwy'i hun. Cofio wedyn am Jennie Eirian, yn Eisteddfod Sir yr Urdd ym Môn, yn pwyntio at enw un o'r beirniaid adrodd yn rhaglen Prifwyl yr Urdd, a neb ohonom erioed wedi clywed yr enw o'r blaen!

Yn un o eisteddfodau Arfon, ac yntau ar ddechrau gwrando rhyw saith o brifunawdwyr, gofynnodd y beirniad cerdd imi a luniwn gerddi plant ar gyfer cyfres ysgol oedd ar ddechrau ar y radio, a rhoes deitl y gerdd gyntaf imi. Hymiodd y dôn, a rhoddais y nodau ar ddarn papur. Cyn ei fod yn traethu'i feirniadaeth, yr oedd y gerdd yn barod. Defnyddiwyd hi yn y darllediad i'r ysgolion, ac ymhen amser, cefais gais am gael ei defnyddio yr eilwaith. Druan o'r gerdd fach unig, gan na wn eto pwy a luniodd gerddi eraill y gyfres!

Mwynheais fynd o Frynaman ddwywaith i Eisteddfod Ddwyieithog y Pedair Tref, yn Weston-super-mare, a gorfod dewis am y gadair, y tro cyntaf, rhwng y gerdd Saesneg (fuddugol) i Thomas Hardy a'r un Gymraeg i Hedd Wyn. Yr ysgrifennydd a enillodd, gŵr o Ferthur Tudful o ran ei fagwraeth. Pan aethom yn ôl i'r neuadd o'r cinio gwesty, cofleidiodd ei wraig fan ddweud 'I've won!' a hithau cyn falched ag yntau. Pan ddychwelais ymhen tair blynedd, yr oedd ef yn weddw.

Er imi ddyfarnu 'Cadair y Wladfa' yn Eisteddfod Trelew i Iwan Morgan o Gorris yng nghanol y saithdegau, nid aeth ef na minnau i Batagonia – *replica* a dderbyniodd ar y pryd – er bod cyfaill agos imi yno yn weinidog, y galluog a'r diymhongar D.J. Peregrine, a fu gynt ym Mostyn.

§

Ymgeisiais am ddwy gadair yn 1950. Y Pasg, yn Rhuallt, gofynnid am stori fer, ac anfonais 'Wedi'r Haul' (Y), y stori a ddyfarnodd John Gwilym Jones yn orau yn yr Eisteddfod

Ryng-golegol rai blynyddoedd cyn hynny. Fy stori oedd y drydedd ar ddeg i gyrraedd y ddau feirniad, ond derbyniodd groeso mawr am ei bod yn torri'r ddadl rhyngddynt ynglŷn â'r dyfarniad. Gadawsai Sal ei gwaith fel Sister yn yr Inffyrmari bellach i ofalu am fy nhad, a chan ei bod hi mor rhyfedd yn y tŷ heb Mam, yr oeddem ein tri yn falch iawn o rywle i fynd ar yr ŵyl.

Ymhen rhyw fis neu ddau, ceisiais yr unig waith erioed, ar gymhelliad Gwilym Bethel, am Gadair Lewis's yn Lerpwl. Rhoddid dewis o dri thestun, ac anfonais gerdd ymson rhwng Ruth ac Ann Griffiths (DAChE). Ymgeisiodd deuddeg, ac wedi eu rhannu yn dri dosbarth o bedwar yr un, bu Cynan wrthi'n dewis yn derfynol rhwng awdl goeth T. Llew Jones i'r 'Storm', hanes mynach yn cyrchu allor adfeiliedig ar y Nadolig, a'm cerdd innau, gan ddyfarnu o blaid yr awdl.

§

Ganol y flwyddyn honno, ordeiniwyd fi'n weinidog i'r Annibynwyr ym Methel, Yr Wyddgrug, a Bryn Seion, Sychdyn, yn olynydd i Iago D. Isaac siriol, un y mae ei weddw cystal â gweinidog ym Mryn Seion hyd heddiw, a'r chwaer a'r teulu iau yn gefn parod. Bûm yn y dref ddwywaith yn unig cyn hynny, yn ddwy ar bymtheg oed yn gwrando Lloyd George yn annerch yr wyth mil yn yr awyr agored ar achlysur dathlu canmlwyddiant geni Daniel Owen, a chyda Ieuan Evans, Rhyd-y-main, yn gwrando H.T. Jacob yn Bethel yn un o oedfaon y Groglith. Fel Dinbych, tref bur Seisnigaidd ei naws oedd, ac ni olygai enwau Alun na John Ambrose Lloyd fawr ddim i'r Saeson ynddi. Yr oedd yno gymdeithasau lu, cwmni drama'r Mold Players, côr oratorio'r eglwys, Toc H., Rotary, Côr Meibion Yr Alun, Cymdeithas Gymraeg, ac yn y blaen, heb sôn am dimau pêl-droed a chriced a bowlio.

Treuliais ddeng mlynedd hapus yn y cylch. Nid oedd Sychdyn ond un rhan o dair ei faint presennol, a swyddfeydd y Cyngor Sir, i lawr yn y dref, yn llawer iawn llai na swyddfa'r ddwy sir, sef Clwyd. Pan awn i Sychdyn i ymweld, byddwn yn gadael y ffordd fawr a sŵn y drafnidiaeth, i gael llonydd i ddarllen yn hamddenol wrth gerdded y ffordd gefn, lle mae'r 'Shire Hall' heddiw. Nid gormod yw dweud fod cynulleidfa gref yn y ddwy eglwys ar y Suliau, er bod un Bethesda'r Presbyteriaid yn llawer mwy. Meddai Peter Powell, diacon ym Mryn Seion, yn llawen wrthyf, 'Mae nhw'n mynd i godi ugeinie lawer o dai newydd, stade cyfan, yn Sychdyn 'ma. Gewch chi weld na fydd y capel 'ma ddim hanner digon mawr i ddal y gynulleidfa!' Pitar deyrngar! Yng nghwrs yr holl flynyddoedd, un weddw yn unig a ddaeth o'r stadau yn aelod newydd ym Mryn Seion, er bod ambell un o'r athrawon a gweithwyr swyddfa'r Cyngor Sir a'i deulu yn addoli i lawr yn y dref.

Yn ddoniol iawn, cafwyd llythyr yn y *Chester Chronicle,* flynyddoedd yn ddiweddarach, yn hysbysu i'r Froderfa Gweinidogion gyntaf erioed gael ei sefydlu yn ddiweddar yn y dref! Minnau wedi cael fy nerbyn yn newyddian dibrofiad i 'Frat' lle cefais edmygu ac astudio craffter Griffith Owen, meistrolaeth ieithyddol W.J. Roberts (fel R. Gwilym Hughes wedi hynny), gwreiddioldeb Gardde Davies, a derbyn ysbrydiaeth o'u cwmni hwy a Baldwin Pugh, a llu o weinidogion y cylch, a'r gymdeithas yn amrywio yn ystod y blynyddoedd, heb leihau yn ei rhif na'i budd.

Cefais gyfarfod hefyd â llu eraill na allwn lai nag ymserchu ynddynt, rhai y gallech ddibynnu arnynt mewn taro. Rhai fel Hugh Jones, Clerc y Cyngor Sir a diacon yn Bethel, yn fwrlwm o straeon gloyw, am gymeriadau Môn ei fagwraeth, a direidi'r gweision ffermydd wedi noswylio. (Byddai Hugh Jones wedi mwynhau 'Ar bwys y beirdd', un o'r ddwy nofel a losgais yn un ar hugain oed.) Deuthum yn agos iawn at y tynnwr coes, Owen Hughes, y saer o Nebu, Arfon (a'u teuluoedd, wrth gwrs, bob tro), ac at Job Edwards, anwylyn y dref, ysgrifennydd Bethel, ac actor campus. Bu farw'i briod, Gwyneth, pan oedd y plant yn bur fân, a bu Gwen, y ferch hynaf, fel mam ar yr aelwyd. Er fy mod mewn llety cysurus, aent â mi gyda hwy ar lawer nos Sul, ac yno, pan oedd yn tynnu at hanner nos a gweddill y teulu yn cysgu, nid oedd unrhyw gyfrinach yn guddiedig rhyngom ein dau. Megis yn fy mherthynas â Sam Jones ddidwyll yn Abersoch wedi hynny a Bill Holden cyn hynny, bu mynegiant Job o'i ymddiriedaeth ynof, yn llafar a thrwy gyfrwng llythyrau, yn ffynhonnell nerth ac ysbrydiaeth imi ar hyd y blynyddoedd.

Bendith fawr fu cael rhannu cyfeillgarwch a bery byth ag E.H. Edwards onest ei ddwyster, a Goodwin Jones dawel: tu cefn i'w chwerthin ffrwydrol ef yr oedd yr un dewrder â'r eiddo Ellis Owen o Gefn y Meysydd i fynegi ei farn am bwysigrwydd yr Ysgol Sul, drwy gyfrannu llawer mwy tuag ati yn flynyddol, a'i mynychu fel athro, na hyd yn oed tuag at gyllid yr eglwys ei hun.

Yr oeddwn yn ddigon agos i weld gemau pêl-droed yn Wrecsam, ac ambell un yn Anfield yng nghwmni gweinidog Bethesda. Englynion oedd dyleit Ronald Griffith, a phregethu, wrth gwrs, fel y gweddill ohonom; gan nad oedd yn briod ar y pryd, cawsom lawer o'i gwmnïaeth felys ar yr aelwyd. Byddai'r tri ohonom weinidogion wrth ein bodd yn galw, yn ein tro, i weld y baswr Brythonfab a'i briod. Gwledd oedd gwrando arno'n sôn am ei fam dduwiol a'r 'hen bobol'. Llwyddais i'w berswadio i gyhoeddi'r atgofion am fro Trelogan yn llyfryn, *Atsain,* ac ychwanegwyd atynt nifer o'i donau a'i emynau buddugol ei hun.

Yr oedd cryn dipyn o naws yr hen oes yn parhau yn y cylch. Emlyn Jones solet a'i cynrychiolai yn sêt fawr Bethel, ac yn Sychdyn, Mrs John Williams wreiddiol o sir Aberteifi, Daniel Blackwell a'i briod (ataliai'r canu ar ganol oedfa os ystyriai nad oedd digon o fawl ynddo), a Peter Powell, y cynghorwr a'r bowliwr a gafodd ganiatâd ei feddyg, Dr Southward, i godi o'i wely claf unwaith yr wythnos yn unig, am ddwyawr ar bnawn Sul i fynd i'r oedfa yn Bryn Seion gerllaw. Merch yng nghyfraith i Daniel Blackwell a adroddodd wrthyf amdanynt yn blant, ddechrau'r ganrif, yn y seiad ar noson waith yn yr haf, bron marw eisiau cael mynd allan i chwarae. Hen ŵr, oedd â'r un weddi ganddo bob amser, air am air, hwnnw wrthi'n gweddïo ers meitin. Yn eu plith yr oedd plentyn cofus, a rhedai ton o lawenydd o'i glywed yn sibrwd toc, 'Fyddwn ni ddim yn hir rwan: mae o wedi cyrraedd tŷ Jairus'!

Aelod dawnus ym Methel oedd Muriel Mair Evans, athrawes gerddorol a ddaethai o Wallasey gyda'i mam weddw. Caethiwyd hi yn gynnar i'w chadair olwyn gan y *disseminated schlerosis*. Byddwn yn galw amdani, ac ar bnawniau braf aem i fyny am Wernymynydd, a hithau'n sylwi'n fanwl ar y cyfnewidiadau yn y lonydd a'r coed o'r naill dymor i'r llall. Awgrymais ein bod yn cydweithio, a dyna sut y bu inni gyhoeddi ein dramâu Nadolig (DDdN), a'r *Ymarferiadau ar Gân* ar gyfer ysgolion. Rhwng y ddau lyfryn, lluniais sgript rhaglen nodwedd ar Robert Schumann iddi, a gofalodd hithau am yr holl fanylion cerddorol, enwau'r cantorion, gwybodaeth ynglŷn â'r recordiau ac yn y blaen, a chawsom y pleser o wrando darllediad o'r rhaglen dri chwarter awr gyda'n gilydd un noson; mae'r sgript gennyf fyth.

Un bore Sul, pan oedd Miss Evans yn cyflwyno stori Feiblaidd i'r plant drwy gyfrwng y *flannelgraff,* yr oedd Bobi Hughes a minnau'n cludo telyn Leisa Rowlands, oedd yn athrawes yn y dref, tua Bethel; hithau wedyn yn canu penillion a luniais i gyd-fynd â'r stori Feiblaidd, ac Ada Wynne gerddgar yr un modd. Ac am naw o'r gloch, cychwynnai Peter Pwell, yr hynafgwr sionc ei droed a'i ysbryd, gyda nifer dda o blant o Fryn Seion, taith o gryn ddwy filltir, i'r un oedfa. Dro arall, plant Bethel a minnau'n mwynhau cerdded ar noson waith i Fryn Seion ac yn ôl trwy'r eira i ymuno yng nghyngerdd Nadolig y gantores Mai Blackwell, merch Mr a Mrs John Williams.

§

Ddiwedd fy ngaeaf cyntaf yn yr ofalaeth, cefais wlser rhwyllog, a daeth Job gyda mi yn yr ambiwlans i Wrecsam, i Ysbyty Maelor. Edliwiai imi'n bryfoclyd wedyn mai fy ngeiriau olaf iddo cyn cael fy rhuthro i'r theatr oedd 'Be' 'nath Randolph Turpin ohoni heno?'! Daeth fy chwaer Meri yno o ganol darlithio yn yr Ysbyty ym Mhrestatyn, lle'r oedd yn Fetron, a phan gliriodd y niwl fore trannoeth, safai Wil fel cawr wrth droed y gwely, wedi teithio ataf dros nos o Abertawe! Daeth y Sul â'm tad o Ddinbych, a dyna aberth oedd honno: yr unig ddau dro erioed y methodd fy nhad fynd at ei ddosbarth i Tower Hill wedi'r awr o orwedd ar y gwely ar bnawn Sul oedd y pnawn hwnnw yn yr ysbyty yn Wrecsam, a'm pnawn Sul cyntaf o'r Coleg. Pregethwn yn Abergele, a chael bwyd gyda Cit (Cornwal Bach gynt) a'r teulu; pan oeddem ar fin mynd at y bwrdd, pwy a welem yn mynd heibio'r ffenestr, bob un yn dwyn ei barsel, ond Mam a Dad.

Wedi'r llawdriniaeth, cefais pneumonia, a bûm gyda Cit fy chwaer a Goronwy yn Dolawel, fferm ger Tywyn, yn orweiddiog am rai wythnosau, a diflannodd cyfle arall i geisio'r B.D., wedi imi fod yn 'fyfyriwr gohebol' ers rhai misoedd. Ymgysurais drwy ennill yn Eisteddfod Henllan am lun lliw o'r Bugail Da tu cefn i gopi o'r drydedd salm ar hugain, mewn llythrennau Gothig, a thrwy benderfynu troi fy meddwl at geisio M.A.

A minnau eisoes mewn lletty, mwynheais dreulio ambell wythnos mewn lletty swyddogol yn Aberystwyth gan fynd i'r Llyfrgell Genedlaethol bob dydd. Darllenais lu cyfrolau Elfed, ei ysgrifau a'i emynau, a'i draethawd maith ar emynyddiaeth, yr un y mae ei werth yn ei ragymadrodd ar hanes emynau ac emynwyr gwahanol wledydd yn bennaf. Gan fod fy mrawd, oedd yn llunio traethawd Doethuriaeth ym Mhrifysgol Llundain ar Edward Williams, Rotherham, yn weinidog yn hen eglwys Elfed yng Nghroes y Brenin, cefais afael ar hen rifynnau cylchgrawn Y Tabernacl, *Y Llusern,* a dogfennau eraill. Trafodais ei gyfraniad fel bardd ceidwadol, llenor, emynydd, beirniad a phregethwr, gan dystio mai bardd oedd ym mhobman. Cydnabûm natur amrywiol ein dyled iddo fel pont rhwng dwy ganrif a dwy arddull, gan awgrymu, er hynny, fod elfen y gerdd grefyddol yn amlwg yn ei emynau, o'u cymharu ag emynau angerddol Pantycelyn, a chan gofio fod y ddau yn blant eu cyfnod a'u canrif. Dyfynnodd un beirniad llên amlwg wedi hynny fy marn gymedrol fel rhan o'i honiad eithafol mai 'Elfed a laddodd yr emyn'!

Mynegodd yr arholydd, Stephen J. Williams, Abertawe, ei fodlonrwydd ar y traethawd. 'Cofiwch,' meddai, ''tydwi ddim yn cytuno â chi ynglŷn â gwerth ei emynyddiaeth: mae gen i feddwl uchel ohono fel emynydd hefyd, nid bardd yn unig. Ond mater o farn ydi hynny, a 'does ganddo ddim i wneud â'r dyfarniad ar werth y traethawd ei hun: mae gan bawb hawl i'w ddamcaniaeth.' Fe'i cyhoeddwyd (EAW) yn 1963, a bu'r adolygwyr, gan gynnwys ei weinidog a'i gofiannydd Emlyn Jenkins, yn werthfawrogol o'r ymdriniaeth.

Cystal darfod yr hanes! Bûm i lawr yng Nghaerdydd, yn trafod gyda chyfaill waith Elfed. Pan ymddangosodd y rhaglen, eisteddodd Doris a minnau i'w gweld, a Gareth rhyngom, yn llai na theirblwydd. Yn sydyn, i ganlyn y llais cyfarwydd iddo, daeth llun fy wyneb i lenwi'r sgrîn. Edrychodd mewn dychryn ar y llun, yna arnaf finnau, a beichio crio! Cariad neu beidio, yr oedd dau ohonof yn ormod hyd yn oed iddo yntau!

§

Er i John Morris a'r teulu symud i fyw i'r cartref, a pharhau'r croeso, daeth yr ail newid mawr i'n hanes fel teulu yn 1953, pan fu farw fy nhad, wedi cael gofal Sal, Hannah a Meri, ac wedi dwy flynedd o ddioddef y cancr yn ddewr. Er y penderfynolrwydd a etifeddasai o'i fagwraeth Biwritanaidd, bu'n dad hynod dda ac yn briod ffyddlon. Ni ellid gair mwy gwir amdano na'r un sydd ar garreg ei fedd yn yr Eglwyswen, 'Melys yw hun y gweithiwr'. Carodd ei grefft, ac er na allai ddygymod â dandlwn plant, yr oedd ein tuedd naturiol i wneud mwy o Mam na neb wrth ei fodd. Aruthrol yw ein dyled fel plant i'r ddau, dau na chlywais i neb erioed amau eu didwylledd am eiliad. Ceisiais gyfleu hynny mewn cerddi fel 'Beirdd' (CC) ac 'Ennyd Gynnes' (DAChE).

§

Yn gynnar yn y pumdegau, derbyniais swydd Ysgrifennydd Cyngor yr Eglwysi Rhyddion yn yr Wyddgrug, fel y gwneuthum cyn hynny yn Ninbych. Gan ein bod fel gweinidogion ar bwyllgorau'r Urdd yn lleol a sirol, pwysais ar y Cyngor i neilltuo canpunt i drefnu ymgyrch grefyddol, ar gyfer yr ieuenctid a'r plant yn enwedig. Ar yr ail ofyn, bodlonwyd, ac anfonwyd dwsinau o bosteri i'r ysgolion o fewn cyrraedd symol i'r dref. Methwyd â chael y ffilm *Martin Luther* ond cafwyd un rymus arall, un ddiddorol ac addysgiadol. Llogwyd y sinema yn y dref am dair noson a phnawn, a daeth bwsiau'r plant ysgol yno o bob cyfeiriad! Nid oedd fawr o elw yn ariannol, ond beiddiem gredu i'r ymgyrch fod o les arhosol i lawer.

Gan fod nifer o blant yn eglwysi'r Annibynwyr yn y dref a'r cyffiniau, trefnodd pwyllgor bach ohonom eisteddfod rhwng y capeli, a chafwyd tarian ar gyfer yr eglwys a enillai fwyaf o farciau. Cytunwyd fod y dyfarniad terfynol i ddibynnu ar y nifer o gystadleuwyr a ddeuai o bob capel yn ogystal â'r marciau a sicrhawyd. O bosibl ei fod yn drefniant ffôl, ond cytunasom oll arno. Eglwys fach a enillodd fwyaf o farciau, ond yr oedd iddi ddwbl eglwys fwy o gystadleuwyr, ac wedi gweithio'r sym yn ôl a gytunwyd yn y pwyllgor, yr eglwys fwy oedd i dderbyn y darian. Cyhoeddais felly nad yr eglwys fach oedd i dderbyn y darian. Wel os do! Cododd murmur hyglyw o lawer cyfeiriad, a daeth un o aelodau blaenllaw'r eglwys lai i lawr yr ali gan ddweud, 'Esgusodwch fi, y Parchedig Dafydd Owen...' ac ymresymu'i achos. Cododd un o aelodau Bethel ei hunan, nad oedd yn y pwyllgor, gan resynu at ddyfarniad o'r fath. Cedwais, er hyn, at y rheol y cytunwyd arni, ond ni chredaf i'r eisteddfod capeli gael ei chynnal wedyn. Gobeithio fy mod yn methu.

Cynhelid cyfarfodydd i blant yr Urdd wrth gofgolofn Daniel Owen, yn yr 'Hall Fields' yr adeg honno ('Maes y Neuadd' y bwsiau erbyn hyn), a bu nifer ohonom yn trefnu i osod y maen ar lecyn ei gartref. Yn gynnar yn y pumdegau hefyd, dan nawdd Urdd Gobaith Cymru, aeth nifer ohonom drosodd i Bielefeld yn yr Almaen, gan aros mewn cartrefi – Trefor Rees o Abertawe, Gordon Williams o Ben-y-groes, Mair Richards, Nancy Jones ac eraill. Arhoswn i gyda Helmuth Gross ddeunaw oed a'i deulu caredig. Byddem yn mynd i neuadd yr eglwys bob bore i chwarae tenis bwrdd, a bûm gyda'r teulu yn yr eglwys Lutheraidd fore Sul, dan weinidogaeth brawd Martin Nioemuller. Swynwyd Helmuth gan Miranda o Arfon, a chan ei fod ef a minnau'n rhannu llofft, gofynnai imi gyfieithu ambell gyfarchiad o'i eiddo – 'Bore da, Miranda. Ydach chi'n mwynhau Bielefeld?' a phethau o'r fath. Wedi diffodd y golau, fe'i clywn yn ymarfer yn dawel, rhyngddo a'i hun. 'Bore da, Miranda. Ydach chi'n mwy... mwyn... mwynhau Bielefeld?' Ond diflannai'r hyder bob tro erbyn y bore.

Dygais yn ôl ymron i ddeugain o fathodynnau bach corn, ar gyfer plant y ddau gapel cyntaf oll. Mae'n bosibl mai ar frys y prynais hwy, a'm bod wedi ymddiried llawer o'r dewis i'r siopwr. Pan archwiliais hwy, cefais fod y 'Pied Piper' yn eu plith, ond ambell dafarnwr blonegog ynghanol ei boteli hefyd. Bu'r plant yn eu gwisgo yn eu dillad Sul am fisoedd ar fisoedd, a'r olaf un i gilio, wedi fy herio bob pnawn Sul o labed Meirion yn Bryn Seion, oedd y tafarnwr mwyaf trwyngoch ohonynt i gyd!

Yn yr Wyddgrug yr oeddwn hefyd, ac ar Bwyllgor Sir yr Urdd, pan luniais ddychangerdd i Gyrsiau Sul y mudiad.

Trefnasid un yn y Rhyl, i astudio adrodd, dawnsio a cherdd dant, ac athro Ysgol Sul yn hyfforddwr yr adrodd o leiaf. Fy nghwyn oedd eu bod yn gwanychu sefydliad pwysicach fyth, sef yr Ysgol Sul. Anfonais hi i bob papur yng Nghymru y gallwn gael gafael ar ei gyfeiriad, ac un yn unig a'i gwrthododd:

> Bûm innau yn boenus f'ymennydd,
>   (amheuon yn dipyn o dreth),
> ond meddai y brwd ysgrifennydd,
>   'Bu pwyllgor yn trafod y peth;
> am bum-swllt-ar-hugain yn gryno, –
>   a hyn ydyw'r gwir gyfiawnhad, –
> diwylliant i'r plant a geir yno,
>   a diwylliant yw gobaith ein gwlad...'
>
> Wel, bellach, fe ddwedais fy stori,
>   a chwithau na fyddwch yn gul:
> dowch yno i'r Rhyl i angori
>   eich ffydd mewn dawns werin y Sul...

Poeri yn erbyn y gwynt yr oeddwn, ac erbyn hyn, ymunodd pob math o fudiad a sefydliad â gorymdaith y 'popeth ar y Sul'. Nid oes neb, er hyn, yn fwy ymwybodol o'r gwaith gwych a gyflawnir gan Urdd Gobaith Cymru a'r Aelwydydd na mi fy hunan.

§

Nid oedd prinder cyfle cymdeithasu i Gymry'r dref a'r cylch. Yr oedd iddynt y Gymdeithas Ddiwylliadol drefol, ac mewn ymgynghoriad â nifer fach ohonom o gylchoedd y Rhyl, Treffynnon a'r Wyddgrug, a ffurfiai bwyllgor gwaith, sefydlodd Elwyn Jones, o'r Swyddfa Addysg, Gymdeithas Lenyddol Sir y Fflint.

Bûm yn Gaplan Toc H. yn yr Wyddgrug am rai blynyddoedd, gan fwynhau cwmni rhai fel Job, Ceiriog

Williams, O.T. Evans, Talon Jones a'u tebyg. Pleserus yn wir yr oriau yn llifio coed a'u hollti yn ddeunydd tân i'r henoed, a'r adegau y buom yn clirio'r llecynnau ar gyfer adeiladwyr Ysbyty Meadowslea. Y pnawn yr agorwyd yr ysbyty, darllenodd y clerigwr a'i hagorai hanes y cyfarfod agoriadol hyfryd a gafwyd y diwrnod cynt, o bapur newydd a ddefnyddiodd y rhaglen yn unig, a chamddarllen y dyddiad!

Yr oedd Ceiriog Williams, prifathro Ysgol Daniel Owen a 'Daniel Owenwr' pennaf y cylch, un a fu'n chwarae pêl-droed fel amatur i Gymru, yn aelod hefyd o'n tîm 'Pawb yn ei Dro'. Aelodau cynnar eraill yn y tîm oedd Griffith Owen, Ellis Aethwy (a synnai ataf yn gwrthod ei gymhelliad i geisio am ei swydd fel athro Cymraeg yn Ysgol Alun, pan aeth o'r dref), y gweinidog ffraeth Tom Griffiths, a'r athrawes graff ei hiwmor, Beti Wyn Williams, un arall o'm cyd-fyfyrwyr ym Mangor. Yn gynnar yn y pumdegau, daeth tîm y B.B.C. yma ac acw i herio timau lleol, a daeth yn ei dro i'r Wyddgrug. Y cystadlaethau oedd darfod 'llinell goll' ar y llwyfan, stori ddigri, sefyllfa dadl fyrfyfyr, a phethau o'r fath. Y 'gân gocosaidd' neu'r tribannau a ddeuai i'm rhan i, a rhoddid rhyw hanner awr i'w llunio. Llwyddodd tri thîm i guro tîm y B.B.C., sef Bethesda, Blaenau Ffestiniog a ninnau. Cafwyd yr ornest derfynol rhyngom ym Methesda, ac meddai John Ellis Williams wrthyf cyn dechrau, 'Diawch, Dafydd, 'taet ti'n yfed, mi fyddwn i'n prynu peint iti am y "lorri laeth"!' Testun cân gocosaidd Llwyd o'r Bryn a minnau yn y rownd gyntaf oedd hwnnw. Peth olaf y noson honno hefyd ym Methesda oedd cân o'r un natur gan John Ellis Williams, J.O. Williams a minnau i 'Conffeti', a ninnau ar y pryd hanner marc ar ôl gan William Morris. Dan ganu y troesom am adre y noson honno, yn 'bencampwyr' o hanner marc, wedi imi fodloni'r barnwr â'r cais hwn:

Conffeti

Dyma'r pethau lliw sy'n cawodi
tros ddau ddydd eu priodi:
'tydi taflu reis
ddim yn syrpreis
neis;
gwell gan bob merch gonffeti
tros ei het hi
ac ar hyd y seti.
Ac er i'r gofalwr gwyno
ynglŷn â'r difwyno,
mae priodas heb rhain
fel taid heb nain,
neu fel cyfarfod
sy'n darfod
heb 'Hen Wlad fy Nhadau'.

'Rydw i'n od fy syniadau,
ond os priodaf rhyw Feti,
mi hoffwn weld conffeti
yn nofio;
'newch chi gofio?

Gwahanol oedd yr hanes yn Llanberis ymhen dwy flynedd. Wynebem y tîm lleol, wedi inni guro Penrhyndeudraeth yn y rownd gyntaf. Gofynnwyd, ar ddechrau'r rhaglen, am ddarlun mewn cynghanedd o un o gymeriadau Daniel Owen, ac meddai R,E, Jones am Mari Lewis:

> Un ddi-drwst, heb ffrwst na ffril,
> A'i Beibil yn gyrbibion.

Gwir a ddywedodd Gwilym Hughes, 'Hogia bach, 'waeth inni fynd am y bws rwan ddim os ydi R.E. yn mynd i fod fel hyn!' A cholli a wnaed!

§

Er cymaint yw croeso pobl ar eu haelwydydd, anaml y mwynhaf, bellach, fynd i ffwrdd am y Sul, a chadwaf fy nghyhoeddiadau Sabothol, gydag ychydig eithriadau o fewn cyrraedd Colwyn. Nid felly yr oedd pan oeddwn yn ifanc, ac un daith yr hoffwn yn fawr fynd iddi oedd un Rhydywernen, Bethel a Soar, heb fod ymhell o Gorwen: mynd nos Sadwrn hyd fore Llun. Meddai Owen Edwards wrthyf, pan sgwrsiwn fore Sul â Rebecca, yr hogan ysgol, am ei barddoniaeth, 'Dowch yma yn weinidog; mi wnewch fardd o'r hogan 'ma'. 'Ia wir, dowch,' meddai Mrs Edwards o'r bwtri, lle'r oedd hi'n torri bara menyn, 'mi wnewch bregethwr o'r bachgen 'ma hefyd.' Trist oedd clywed am y ddamwain a marwolaeth Peredur yn fuan wedyn.

Cawn ginio yn nhŷ capel Soar, ac yno y cyfarfûm ag Edward, yr hogyn ysgol galluog sydd heddiw yn brifathro Ysgol Morgan Llwyd yn Wrecsam. Hyfforddid ef i adrodd gan ei dad, oedd yn drwm ei glyw, ac uchel, felly, fyddai ei adrodd yntau. Ni wyddwn bryd hynny fod dau arall o'r fro oedd i ddod mor adnabyddus, Gerallt Lloyd Owen a'i frawd Geraint, o'r un teulu â minnau, ac yn hanu o Fryn Clynog yn Nhrawsfynydd. Gwyddwn am Gwion Jones ddarllengar, yr hen lanc a'r Deheuwr a ddaethai yno o'r Coleg yn lle rhyw fyfyriwr arall am Sul, ac a arhosodd yno yn weinidog craff am fwy na hanner canrif, gan gyfyngu ei wasanaeth i gylch o ychydig filltiroedd yn unig.

Fel rheol, cawn fy hunan nos Sul ar aelwyd Ty'n Ffridd, John Griffiths yn y gadair fawr, a John William, Ifor, Buddug a Megan, a Mona a'i brodyr oll yno, a hyd yn oed Crei a'i gŵr o Garrog. Byddai'n noson lawen hyd ganol nos, yn ganu ac adrodd, storïa a hwyl teulu Cymraeg diwylliedig ar ei orau. Nid syndod, felly, fy mod yn cofio fyth frawddeg J.C. Jones, Dinas Mawddwy, yng ngwasanaeth angladdol John Griffiths: 'Hen aelwyd annwyl Ty'n Ffridd, lle byddai'r dydd yn dod mor gynnar ac yn aros mor hir, a'r oriau'n mynd heibio ar olwynion o aur!'

§

Cefais flas erioed ar bregethu ac ar annerch cymdeithasau ar bynciau llenyddol, nid oherwydd dim ffydd ynof fy hun ond yn y genadwri a'r paratoi. Nid ffôl i gyd yw'r honiad ynglŷn â sêl ychwanegol y Cymry oddi cartref, a rhywbeth i'w gofio'n ddiolchgar oedd croeso'r Cymry mewn lleoedd fel Llundain, Lerpwl, Manceinion a Chaeredin.

Yn ei dro, daeth gwahoddiad i gynnal oedfa radio yn Bethel, a phregethais ar ofyniad Esiah i'r brenin Hezeciah, ynglŷn â'r ysbiwyr dieithr, 'Beth a welsant hwy yn dy dŷ di?' Cymhwyswn ef i hanes aelwydydd, a'r ysbiwyr llai sydd yno, yn gweld a chlywed y cyfan. Y tri phen oedd hanfodion cartref da: arfau (amddiffyn) cymeriad, nid rhai camwri, angerdd crefyddol, nid un crafangu, ac awdurdod cariad, nid awdurdod curo. Cefais hwb i'm hysbryd pan ddaeth ychwaneg na chant o lythyrau a chardiau o bob rhan o Gymru, oddi wrth gyfeillion a chydnabod, a rhieni yr oeddwn yn hollol ddiarth iddynt. Tom Carrington wedi'i gaethiwo i'r tŷ gan annwyd yn anfon, ''Rwy'n sicr mai cenadwri wedi'i *derbyn* oedd gennych, a diolchwn bod y fath gyfrwng a'r *radio* yn allwedd i gynifer o gartrefi a chalonnau. Erys y dylanwad yn hir, hir gyda mi'. Tegla yn anfon o fferm ei hen ffrindiau yn Llandegla, a T.E. Nicholas yn ysgrifennu cerdyn cyn mynd i bregethu i Gwm Nant yr Eira.

Braint arall oedd cael hebrwng yr ysgolhaig mwyn, Maurice Loader, i'w eglwys gyntaf yn Hermon, Brynaman, a chyflwyno yno, flynyddoedd cyn dod yn weinidog Gibea, y 'bregeth siars'. Y testun y tro hwn oedd yr adnod o Lyfr y Pregethwr: 'Rhaff deircainc ni thorrir ar frys'. Gan gofio mai 'rhaff' a nodir, nid llinyn y pecyn bach, soniais am dair cainc cymeriad gwas Duw, sef argyhoeddiad (o agosrwydd Duw), aberth ac addfwynder, a'r tri i'w canfod yn eu perffeithrwydd yng Nghrist:

'Does dim mor hanfodol i was Duw ag argyhoeddiad. Bydd addysg diargyhoeddiad yn cynnig cerrig i'r rhai sydd mewn angen bara, deunydd adeiladu yn lle adeiladaeth. Angerdd diargyhoeddiad yn ceisio cynhesu â thân siafings. Neb mor druenus â'r diargyhoeddiad pan fo'i gydwybod heb farw. Defosiwn, nid esboniad, yw ceidwad argyhoeddiad.

Mae gwas Duw yn aberthol brysur. Yn ymweld, ond nid yn barhaus: gadael hynny i'r postmon. Mynnu myfyrio i fod yn ddyarchafol â'r genadwri, heb anghofio bod yn ddiddorol yr un pryd. Nid gwas y diog yw'r Ysbryd Glân ond cyd-weithiwr y diwyd.

Gwas Duw hefyd yn addfwyn (nid yn feddal). Llwfrdra yw peidio â cheryddu, ceryddu'r hunan hefyd, ond gwrth-gynhyrchiol a ffiaidd yw cerydd yr anaddfwyn. Bod yn addfwyn er mwyn y plentyn sydd, er heb allu esbonio duwioldeb, yn gallu adnabod sant. Bod yn addfwyn er mwyn ei waith gan nad oes neb yn rhedeg gyrfa gan lusgo hen gydafle i'w ganlyn. Bod yn addfwyn er mwyn yfory. Rhoes Duw inni'r gallu i gofio gogoniant ambell awr aur. 'A thing of beauty is a joy for ever' meddai Keats: y 'joy' sydd 'for ever', nid 'a thing of beauty'. Edwina'r rhosyn a chilia'r awr aur, ond rhydd Duw, i'r addfwyn ei ysbryd, y gallu i storio mewn cof a chalon, i fod yn gyfrwng gras, yn gynhaliwr gweddi ac yn gymhellwr gwasanaeth yn feunyddiol.

§

Megis nad ystyriaf fy hun yn 'faledwr traddodiadol' yn cyflwyno stori yn unig, fel y dengys y ceiddi Learaidd, 'Siw a'r Gwas' (BDO), 'Baled y Bedol' a 'Baled y Royal Charter' (DAChE) er enghraifft, nid ystyriaf fy hun chwaith yn 'fardd eisteddfodol', a theimlwn yn ddiolchgar i Dyfnallt Morgan am gyfeirio yn ei adolygiad ar *A'r bore a fu* nad oedd ond tair o'r ugain a mwy o gerddi yn rhai eisteddfodol. Ar wahân i ambell gynnig yn y Brifwyl, ac ambell lyfr, cyfyngais fy hun ymron yn gyfan gwbl am ugain mlynedd rhwng 1950 a 1970 i waith y weinidogaeth, yn cynnwys paratoi deunydd ar gyfer yr oedfaon amrywiol i wahanol adrannau'r cynulleidfaoedd, rhaglenni ar gyfer y gwyliau Cristnogol (RhIE), dramâu Nadolig a chaneuon actol ar gyfer capeli a Phrifwyl yr Urdd, ambell sgript dehongli llyfrau ar gyfer ysgolion, emynau, ac ambell gyfres a ddarlledwyd, fel 'Pum Munud y Plant' ar bnawniau Sul.

Gan fy mod yn llunio ysgrifau cenhadol i *Tywysydd y Plant,* gwahoddwyd fi i gyhoeddi casgliad ar gyfer y Gymdeithas Genhadol, ac felly y cyhoeddwyd *Arwyr Pell Erwau* yn 1958, casgliad o adroddiadau a sgetsiau i blant am rai fel Eric Liddell a Thomas Guy a'i ysbyty, a chystadlaethau gwybodaeth gyffredinol, seiliedig ar gynnwys y Beibl. Yn y casgliad arall ymhen deng mlynedd (RhIE) cynhwyswyd yn ychwanegol wybodaeth am ambell stribed ffilm a ddefnyddiwyd yn yr oedfaon.

Er hyn, parhawn i gystadlu ychydig. Ym Mhrifwyl Llanrwst yn 1951, dyfarnodd yr arch-ddychanwr, John Ellis Williams, fy nychangerdd ar 'Yr Ugeinfed Ganrif' ('Gŵyl Ugain' ym mlwyddyn 'Gŵyl Prydain') (DAChE) yn orau o'r pymtheg a anfonwyd, gan fanylu'n hir ar ei gwendidau a'i rhagoriaethau, ac atal y wobr. Yn Ystradgynlais yn 1954, rhannodd T.J. Morgan wobr y faled 'Twm Siôn Cati' rhwng Dan James ('llwyddo i gyfleu naws ac arddull yr hen faledi gwerinaidd, ac yn llawn o gyffyrddiadau cyfrwys a chelfydd') a minnau ('baled yn cael ei chanu gan fardd. Y mae'r mesur yn gampus, a'r traethu yn dda'). Er i Dyfnallt Owen dybio ei fod yn gweld pedwar caniad yn hytrach na'r tri a math o atodiad yn fy 'Rhieingerdd' gynganeddol i 'Morwyn Llyn y Fan', gwelodd ar unwaith yr hyn nas sylweddolais fy hun, sef mai baled oedd gennyf drachefn, heb ynddi gyflawnder o 'serch' rhieingerdd.

Y flwyddyn ddilynol, ym Mhwllheli, syrthiais i ail ddosbarth y pryddestwyr gan Cynan, Iorwerth Peate a Caradog Prichard, a gofidient nad oedd gennyf 'weledigaeth fwy cymesur a'i ddawn saernïo'. Gwn na flinaf byth ar yr olygfa a gaf trwy 'Ffenestri' cain Elerydd, y buddugol.

§

Dyma fi'n sôn bellach am y trydydd William Jones! Diacon yn Bethel oedd, a minnau'n lletya yn ei gartref ym Mhwllglas, yr Wyddgrug. Clywais ganddo yntau lawer o straeon am fywyd gweision ffermydd gynt. Pan oedd yn was bach, bu am gyfnod ar fferm rêl hen gribin, a'r bwyd yn druenus. Un bore, cafodd ei hun rhwng dau dân! Eisteddai'r gwas ac yntau un o boptu'r giaffar trwm ei glyw wrth y bwrdd, ac meddai hwnnw, 'Gofyn fendith, 'machgen i'. Ond meddai'r gwas wrtho, dan ei wynt, nid 'Ar boen dy fywyd' ond 'Cymer di gythrel o ofol!'.

Cefais le da gan Mrs William Jones a Mrs Sam Roberts, siop Yr Alun gynt, a bûm yn fodlon iawn ar fy mywyd sengl nes cyrraedd ymhell i'r tridegau. Anobeithid y priodwn byth, yn arbennig gan imi fod yn was priodas gryn hanner dwsin o weithiau!

Gelwais un dydd i gydymdeimlo ag athrawes ifanc dawel y bu ei gŵr farw o thrombosis. Bu ef a hithau, Saeson llwyr, yn weithgar ynglŷn â'r ddrama a'r côr yn Eglwys y Santes Fair. Daethom yn gyfeillion, ac wedi tymor gweddus, fe'n priodwyd yng nghapel Lôn Swan, Dinbych, gan y gweinidog, Tom Thomas, a'm brawd, ar Ddydd Gŵyl Ifan. Er inni roddi'r rhybudd mewn pryd, am ei bod yn drennydd y Nadolig, bu rhaid mynd i Gaer y bore hwnnw i gael y drwydded, a'r briodferch yn aros yn y modur ger Bodfari i 'fodur Caer' fynd heibio, a'r cyrchwr yn chwifio amlen y drwydded o'i ffenestr! Cafwyd y cinio yng 'ngwesty Twm o'r Nant' ('eidion uwchben yr adwy, / dad y llo bach sy'n dweud lle bwy' '), a darllenwyd englynion cyfarch oddi wrth Tisli,

Ronald Griffith a'm cyfaill dyddiau ysgol, y cerddor Arthur Vaughan Williams. Ymhen llai na blwyddyn, yr oedd Gareth gyda ni, a Siân ymhen llai na thair wedi hynny. Diwrnod bendith arbennig oedd hwnnw i mi. Wrth fynd trwy hen bapurau yn y tŷ ymhen rhai blynyddoedd, cawsom ein bod ym Mangor yr un pryd, er fy mod chwemlwydd yn hŷn: enillasai hi yn Eisteddfod y Colegau am ysgrif ar 'Slacks' a minnau am englyn i 'Siliwen'. Y mae Siân a Gareth yn Gymry pur, a'u mam yn deall pob sgwrs ond heb yr hyder i fentro siarad yr iaith. Y mae Doris yn caru garddio a cherddoriaeth, ac yn gwirioni ar ogoniant llu o donau'r *Atodiad* yn enwedig. Hen ffasiwn neu beidio, â hithau'n cyfeilio, mae yna ganu emynau yma yn barhaus.

Yn Llandudno, yn 1957.

1960-1970

*G*AN NAD OEDD tŷ gweinidog yn gyfleus gan yr Annibynwyr yn yr Wyddgrug ar y pryd, a chan ein bod yn deulu bach, symudasom ar dro'r degawd i Lŷn, lle bûm am ymron i bedair blynedd yn hynod hapus fel gweinidog capeli Abersoch a Bwlchtocyn, mewn bro Gymraeg, cyn dyfod y *'swinging sixties'* a'u hymollwng a'u cyffuriau i'w grym, ac i'r tawelwch leihau yno fel ym mhobman. Degawd ymagweddu, o leiaf, at geisio uno'r enwadau.

Parhawn i lunio cerddi ac ysgrifau ar gyfer y radio, ac ambell ddrama fel yr un dditectif, *Bwrw dy fara*, hyn yn bennaf ar gyfer 'Awr y Plant'. Cawn ambell daith i'r De, weithiau ar gyfer y cyfryngau, dro arall ar ben wythnos, gan gyplysu eisteddfod y Sadwrn a chyhoeddiad y Sul.

Cefais gyd-weinidog delfrydol yn Idan Williams ddireidus a dawnus, a llond gwlad Llŷn o groeso ar yr aelwydydd. Daeth cyfle i barhau diddordeb yn yr Urdd drwy gyfrwng y Pwyllgorau Sir ym Mhwllheli, a deuai nifer dda o blant i Obeithlu'r ddwy eglwys. Un Nadolig, aeth yr ieuenctid a minnau o amgylch cartrefi Bwlchtocyn yng ngolau'r lampau, noson 'eira mân, eira mawr'. Brwd y derbyniad ym mhob man, nes inni gyrraedd tŷ tua gwaelod allt Sarn bach, a chael tafod gan ryw daid, gallwn dybio, am ddeffro'r babi yr oedd yn ei warchod, a'i gwadnu hi oddi yno a wnaethom! Ddiwedd y tymor gaeaf yn Abersoch, a hithau'n braf, ar y traeth y darfyddai'r Gobeithlu.

Weithiau, byddaf yn dod o hyd eto i'm copi o 'Trichant o Hynt yr Achos', pasiant a luniais (gyda golygfa yr un gan Huw Ethall a Ted lewis Evans) ar gais y Cyfarfod Chwarter, seiliedig ar hanes twf Ymneilltuaeth yn Llŷn ac Eifionydd.

Gan fod ynddo olygfeydd (fel un Morgan Llwyd yn pregethu yn ffair Pwllheli, a'r seiad yng nghapel Nanhoron), adrodd a chydadrodd, amrywiaeth canu a dawnsio a detholion offerynnol, rhoddwyd rhan i'w pharatoi i bob capel Annibynwyr yn y Cyfundeb, a gaeaf cyfan at y gwaith. Bu chwiorydd y gwahanol gapeli yn brysur yn llunio'r gwisgoedd ar gyfer cyfleu'r gwahanol gyfnodau a ffasiynau. Dau ymarfer terfynol wedyn, ac yna ei gyflwyno y gwanwyn yng nghapel Penmount y Presbyteriaid, a'r lle yn orlawn. Yn yr wythdegau, gofynnwyd imi, mewn bro arall, a oedd gennyf fath o ddrama grefyddol neu rywbeth ar lun pasiant y gallai nifer o gymdeithasau unedig ei chyflwyno, ond pan ddangosais 'Trichant o Hynt yr Achos' iddynt, gan mor fawr y newid rhwng dau gyfnod, credai llawer ohonynt mai tynnu coes yr oeddwn, ac eglurodd eraill mor amhosibl fyddai cael y plant ac eraill ynghyd i'w ddysgu a'i baratoi, a lluniais innau sgript fechan rwydd yn ei le. Clod mawr i Harri Parri a'i dîm am ddal i gyflwyno pasiant llawn bob blwyddyn.

    Peth braf yw ynni! Byddwn yn gwasanaethu bum gwaith lawer Sul yn yr haf – oedfa am ddeg, am chwarter wedi un ar ddeg i'r Saeson, Ysgol Sul am ddau, oedfa'r hwyr, ac yna canu cynulleidfaol am wyth, ar gyfer y Saeson drachefn gymaint â neb: cefais hwy'n ffyddlon a bonheddig tu hwnt. Byddai Elwyn Jones, Llanbedrog ac eraill, haelfrydig â'u dawn, yn dod atom yn unawdwyr. Gosodai Abersoch a'r cylch eu tai yn yr haf i'r Saeson hyn – haen gefnog cymdeithas – a symud eu hunain i fath o gabanau cysurus yn y gerddi am ryw dri mis. Caem ninnau osod Glandŵr, y Mans, pan aem am ein mis gwyliau yn Awst.

    Ni ddown i ben yn nodi'r cyfeillion oedd ac sydd inni fyth yn y ddau gapel fel ei gilydd; bûm yno wedyn yn beirniadu yn eisteddfodau'r Calan, ac yn nathliad daucanmlwyddiant yr Achos ym Mwlchtocyn yn ddiweddar. Felly, caiff Sam Jones, Palm Cafe, eu cynrychioli, y cyfaill pennaf oll, y bardd a'r cerddor capelgar o Fynytho a oedd yn fyr o ran ei faint corfforol yn unig. Ymarferem yn barti meibion dan ei arweiniad ac i gyfeiliant prifathrawes lawen yr ysgol ddyddiol, ar gyfer achlysuron fel noson Gŵyl Ddewi, ac yr oedd cymaint eneiniad ar ei ebychiadau (bodlon ac anfodlon) ag ar ei egluro clir a gwybodus. Gyda'r pethau yr oedd ei galon yntau, er ei fod yn arswydo, fel Richard ei gymydog yn y siop drws nesa, rhag i neb feddwl ei fod yn honni dawn na duwioldeb; gallaf glywed y funud hon ei floedd sydyn, hanner hwyl, hanner protest, pan gyfarchwn ef yn y wledd Gŵyl Ddewi – 'Mae ei nyth ym Mynytho, / Dyma sant y doh mi soh'. Yr oedd yn dalp o wir Gymreigrwydd boneddigaidd, yn nodweddiadol o dawelwch myfyriol Llŷn ar ei orau oll, ac yn un o gynheiliaid y dosbarthiadau nos yn Abersoch (lle lletyai) a Chymdeithas Lenyddol y Felin fach ym Mhwllheli. Noson fendigedig oedd honno, un haf, pan aeth pedwar ohonom o gylch cartrefi ac at feddau rhai o enwogion Llŷn ac Eifionydd i dynnu het i ddoe, a hiwmor ei gefnder, y bardd Dic Goodman, yn gyfeiliant gweddus i'r gwrogi a'r sgwrsio di-ball.

Llawer o hwyl a gawsom yn y caffi! Bnawn o haf, a'r lle'n llawn o ymwelwyr yn yfed te neu lemonêd ac yn llyfu hufen iâ, ac Irene, merch hynaws y perchennog, a Sam yn gofalu amdanynt, byddwn yn taro i mewn am gorned fy hun, ar y ffordd i fugeilio a seiadu ym Mwlchtocyn, gan gyhoeddi nad oeddwn am aros rhag eu hatal. Sam yn fy nhynnu naill du, gan ddweud, 'Gwrandwch, mistar, dowch â rhywbeth bach, 'tae o ddim ond limrig, rhag imi dagu yn y fan yma'n gwneud arian! Pob parch i'r Saeson 'ma – mae'n dda inni wrthyn nhw – wedi'r cyfan, 'does ganddyn nhw ddim help nad ydyn nhw ddim yn Gymry!' Bloedd o chwerthin wedyn, a chnoi brysiog ar y tamaid blasus diweddaraf o gwpwrdd Tilsli neu Pennar. A gwyddwn nad oedd rhithyn o ragrith yn ei dystiolaeth pan ddwedai, wedi gwrando gweddi ambell bregethwr taer, 'W'och chi be', tase gen i ddigon o blwc mi faswn wedi codi a mynd adre wedyn, o achos 'roedd fy nghwpan fach i'n llifo drosodd ers meitin'. Llanwodd yntau gwpan llawer yn ei dro.

§

Ddeng mlynedd ar hugain yn ôl, gofynnwyd imi ysgrifennu hanes Cymanfa Ganu enwog Llŷn ac Eifionydd, a gynhaliai Annibynwyr y Cyfundeb y flwyddyn honno ym Mhwllheli, a dyma'r hyn a anfonais i'r *Tyst:*

> Mae hi'n noson o Orffennaf, a minnau newydd ddod yn ôl o Gymanfa Ganu Annibynwyr Llŷn ac Eifionydd. Dair wythnos yn ôl cawsom ein trip Ysgol Sul i'r Rhyl, a gelwais heibio i Gymanfa Ganu Annibynwyr Gorllewin Dinbych a Fflint am ryw awr, yng nghapel Carmel. Gweinidog Llansannan, Evan Jones, yn llywyddu, ac yn eu canmol am ganu cystal, cyn sôn mewn hiraeth edmygus am ganu Cymanfa'i fagwraeth yn Llŷn. Byddwn yn barod iawn i'w amenio heno.
>
> Mae diwrnod Cymanfa yn dal yn ddiwrnod arbennig yn y pen yma. Bore Llun, a'r Gymanfa'n hawlio'r dref i gyd. Y bore, wrth y bws, fy mraint oedd rhannu arian rhywun arall i blant yr ardal: aelod yn mynnu talu am gludo a bwydo'r plant i gyd. Gyda'r nos, dod adre ym modur John Hughes-Jones, un o fechgyn rhadlonaf Dyffryn Clwyd, ac yfory, os byw ac iach, mynd yn deulu ar wahoddiad teulu arall o'r capel, teulu 'Bodlondeb', i Gwm Pennant am bicnic! Mae caredigrwydd gwlad Llŷn yn rhyfeddol a chyson.
>
> Diwrnod pwysig. Pob ysgol, lle'r oedd hynny yn bosibl, wedi cau. Bysiau'n orlawn o hwyl a haul. Yn y dref, mynd am goffi yng nghwmni R.J. Roberts, ein codwr canu. Y caffi'n prysur lenwi – 'Pobol y Gymanfa eto' – a sgwrsio mawr. Gwybod y byddai Richard Williams y gof wrth y capel yn ein disgwyl, a Thenorydd yr Eifl yn ei le eisoes yn y galeri, yng nghanol myrdd o'r ffyddloniaid. Cyn mynd i mewn, gŵr o Albion Park, Caer, yno ar ei wyliau, yn dod atom i

ddweud, 'Os bydd yr Arweinydd 'ma rywbeth yn debyg i fel 'roedd o acw, mae 'na ddiwrnod bendigedig o'n blaen ni'. Cyfarfod wedyn ag aelodau o Fae Colwyn a Llandudno wedi dod yn un swydd i fwynhau canu mawr Cymanfa Llŷn ac Eifionydd.

Tyrfa fawr yn oedfa'r bore, yn enwedig o blant. Plant gwahanol gapeli yn cychwyn cyfarfodydd y bore a'r pnawn, ac oedolion y nos. Pawb ohonynt yn adrodd oddi ar y cof, a'r gweddïwyr a'r ledwyr emynau yn sefyll ychydig o'r naill du. Pawb wedi dotio at y rhai bach y pnawn yn codi'u lleisiau i bendantu'r gorchymyn – 'Y neb sydd ganddo glustiau i wrando, GWRANDAWED!'

Gwobrwyo'r plant wedi cyhoeddi canlyniadau'r arholiadau ysgrythurol a thonic sol-ffa a gynhaliwyd, a'r Ysgrifennydd ymroddgar wedi gofalu fod yr enwau yn y papur sy'n ymddangos heddiw! W.S. Owen, gweinidog Cricieth, yn fy llongyfarch fel 'cerddor' ar gyfrif nifer y buddugwyr o Abersoch a Bwlchtocyn! Y Trysorydd hefyd uwchben ei ddigon heno, rhwng y gorfoledd a'r casgliadau uchel.

Yr Arweinydd o Ferndale yn y De, W.G. Thomas, wedi llunio pob cyfarfod yn wasanaeth crefyddol. Emyn cynta'r bore, 'Deffown! Deffrown, fe dorrodd y wawr!' Wedi deffro'n iawn, cyfarch Duw – 'Mawl i'th Enw, nefol Dad'. Yna, oedfa i sôn am Iesu, 'cyfaill y plant'. Yr Iesu'n blentyn 'ym mhorth y nef ar ben y bryn'. 'Pwy mor hoff ag Iesu Grist, mor hawdd i nesu ato'. Am hynny, 'O, rho dy bwys ar freichiau'r Iesu'. A chan herio'r bwystfilod, yr afon Iorddonen a'r nos yn emyn Watcyn Wyn, ymadael gan ddal i dystio ar gân ei bod hi'n 'well ymlaen o hyd!' Gweld, wrth daflu cip tuag atynt, fod yr Arweinydd a'r Organydd yn dal i orfoleddu heb allu gollwng gafael ar y gân.

Wedi cinio, rhoi tro hamddenol o gylch y dref, ac yna'n ôl am wledd drachefn. Yr un eneiniad ar gynllunio ac ar ganu y pnawn, wedyn, a'r capel yn rhwydd lawn.

Wedi addo i weinidog Penlan, fy nghyfaill coleg, Ted Lewis Evans, yr awn yno i de. Druan o weinidog Pwllheli petai wedi priodi rhywun heblaw Eirlys – rhywun cysetlyd, anodd ei thrin – a'i gartre'n bencadlys gweinidogion Annibynwyr Llŷn i gyd! Rhai ohonom yn taro i mewn yno ar yr adegau rhyfeddaf, ond bwrlwm croeso yn ein derbyn bob amser. 'Does dim plant yn unman â chynifer o ewythredd ganddynt â phlant 'Arallt', a'r mwyafrif llethol ohonynt yn weinidogion!

Heno, wedi'r wledd wrth y bwrdd, sŵn canu mawr o'r capel ymhell cyn amser dechrau. Cynulleidfa o gannoedd ar gannoedd, yn ôl a ddeallais. Emyn agoriadol – 'Pa ran o'r Ysgrythur gawn ni?' Llafar-ganu'r wythfed salm; yna, emyn a oedd yn weddi, ac anthem. Pawb i bregethu wedyn, a thestun y bregeth yn cael ei gyhoeddi – 'Mai cariad ydyw Duw'. Rhagymadrodd, 'Eglura gwirioneddau'r Gair'. Cryfach pwyslais fyth, eglura 'Angau Crist dros euog ddyn / Mai cariad ydyw Duw'. Am hynny – 'Fy enaid clwyfus, na lesgâ, / Mae modd i wella'r briw!' Cyfeillach ar y diwedd, a galw ar Dafydd Jones, Treborth, Gwilym Cyfeiliog, T. Rowland Hughes hefyd i ddweud eu profiad ar emyn, a Phantycelyn ei hun i gloi'r gweithrediadau yn orfoleddus – 'Iesu, Iesu, 'rwyt Ti'n ddigon!'

Edrych tua'r oriel, a gweld fod y cantorion wedi ymgolli yn llwyr. Yr hen Denorydd wedi'n gadael ers meitin, a Miss Valerie Jones, Mynytho, y beirniad grasol-wybodus, heb feirniadaeth i'w chynnig. Sam Jones yn cael porthiant i'w enaid mawr, a 'Price Pwllheli', y Swyddog Hedd a'r baswr Cenedlaethol, yn ymollwng i ganu'n fwy harti na'r un dyn meddw! A 'doedd pethau fawr gwell yn y sêt fawr! Hyfryd oedd gweld y seraff bregethwr, R.H. Williams, Chwilog, yn syllu'n syfrdan mewn cyfarfod ar ôl cyfarfod ar ddawn fawr wahanol, ac yn rhyfeddu at weledigaeth, sirioldeb ac ymollwng artistig y gweinidog-gerddor o'r De. Yr oedd afiaith yr Arweinydd yn heintus hyd yn oed i rai heb ei lais godidog ef, a hwnnw'n gwbl ddiogel rhwng canllawiau ei awdurdod a'i urddas naturiol.

Canu mawl mewn gwirionedd trwy'r dydd. Yr organydd heb gael cyfle i gyflwyno'i ddewis ei hun adeg casglu, am fod y dorf yn canu bob eiliad! Am fod y capel yn orlawn eisoes, dechrau cyfarfod yr hwyr yn gynt na'r amser penodedig, a'r Arweinydd yn procio'r tân yn barhaus â'i sylwadaeth – ' "Yn gwir fwynhau goleuni'r dydd" – dydd o bedair awr ar hugain os gwelwch yn dda!' ' "Baner buddugoliaeth yr Iesu" sy'n y pennill olaf. I fyny â'r faner, blant, ac ymlaen â ni!'

Da enbyd hefyd oedd cymhariaeth y Llywydd, Guto Roberts, Rhos-lan – y merched yn dod i'r Gymanfa gyntaf ag ymbarelau du, ond bellach, yr ymbarelau wedi 'sgafnu o ran deunydd a lliw. Gweinidogion yn dod i'r Gymanfa bell honno ag ymbarelau du – ac yn para i ddod â nhw! Crefydd heb symud digon gyda'r oes. Awgrymiadau ymarferol ganddo, fel cael cerddorfa (fel erstalwm) ynglŷn â'r Gymanfa, a chael ambell ddrama fach addas, weithiau, yn lle'r bregeth ar nos Sul.

Diwrnod i'r brenin oedd llawer Cymanfa i mi'n blentyn: yng Nghymanfa Llŷn ac Eifionydd heddiw, diwrnod i'r Brenin Mawr. Rhyfeddu inni fod wrthi'n canu heno, ymron yn ddi-baid, am dros ddwyawr. Oriau o ganu a gwrando ym mhob un ohonon ni'n sbar, neu felly y tystia'r ysbryd o leiaf. Llawer yn tystio eu bod yn cofio Caradog Roberts heno yn gliriach nag a wnaethant ers blynyddoedd: minnau hefyd.

   Cymanfa fythgofiadwy am fod yr eneiniad oddi uchod arni. Dyna pam 'rydwi'n eistedd fan hyn, nid yn cenfigennu at yr Arweinydd er cymaint ei ddawn, nac yn teimlo'n fach, fach (er methu â chanu droeon, fel yr Arweinydd ei hun, o ran hynny, gan mor llethol o hyfryd oedd 'môr mawl y mil a mwy'), ond â'r galon hunanol yn ceisio gweddïo unwaith eto gydag Eleazar o Lerpwl, 'O, na bawn yn fwy tebyg / I Iesu Grist yn byw'.

§

Ym Mhrifwyl Caerdydd yn 1960, dyfarnodd John Caerwyn Williams fy maled i 'John Evans, y Waun-fawr', a aeth ar drywydd Indiaid y tybid eu bod yn siarad Cymraeg, yn orau. 'Baled grefftus a hynod ddarllenadwy' meddai Alan Llwyd 'gan ben-baledwr' (*Barddoniaeth y Chwedegau,* Cyhoeddiadau Barddas, 1986). Mae hyn yn f'atgoffa imi, erbyn 1967, ofni cael f'ystyried yn faledwr yn unig, a gwrthod beirniadu'r faled yn y Bala y flwyddyn honno. Cynan a'i beirniadodd, ond yr oedd ef yn rhydd o bob perygl o'r fath ers blynyddoedd lawer. Yng Nghaerdydd hefyd, ymgeisiais yng nghystadleuaeth 'Cerddi Dwli yn null Edward Lear'. Gan gofio dwli hudolus ei 'Jumblies', ei 'Dong with the Luminous Nose' a'i 'Akond of Swat', lluniais, yn ychwanegol at limrigau, gerddi hwy fel 'Y Bwng dan y mwng o wyrdd môr' (BDO), a 'Y Saram o Ri' (AAA). Fodd bynnag, er cystal y feirniadaeth a gefais, yn yr ail le, limrigau yn unig a wobrwywyd.

   Y peth cyntaf a wnaeth fy nhad, pan welodd fod gwir gariad ynof at farddoniaeth, oedd rhoi arian imi i brynu *Y Cynganeddion Cymreig* gan David Thomas, a chefais flas mawr arno. Bûm drwyddo yr eilwaith, yn y man, yng nghwmni Einion Evans, y Prifardd wedi hynny; galwai un noson bob wythnos drwy ddau aeaf yn fy llety, a soniodd yn gyhoeddus droeon wedi hynny am y seiadu difyr.

Cynganeddwn ym mlynyddoedd f'arddegau, ond yr awdl gyntaf erioed a luniais oedd yr un a anfonais i'r Eisteddfod Genedlaethol yn y Rhos yn 1961, dan yr enw 'Eldwn', ar hanes Icarus. Dylwn ddweud nad anfonais awdl i Brifwyl erioed – ac yno'n unig yr anfonwn hwy – heb ei dangos i'm cyfaill coleg, Derwyn Jones o Fochdre. Y rheswm cyntaf am hyn oedd ei gof diarhebol: gallai adnabod 'hen drawiad' o bell gan mor helaeth ei wybodaeth. Yr ail reswm oedd am fod gennyf, fel pawb a'i hadnabu, gymaint ymddiried yn ei farn. Yn y Rhos, cefais ddigon o achos yn y tair beirniadaeth i fod yn hyderus nad oeddwn yn gwastraffu amser y beirniad na mi fy hun.

Eisteddfod gofiadwy oedd un Llandudno yn 1963; anghytunodd y beirniaid ynglŷn â'r Goron, ac ni ddyfarnwyd y Gadair i Euros, y gosodid ei awdl yn orau.

Apeliodd testun y bryddest, 'Y Bont', ataf, gan imi adnabod ambell un na feddai bont cyfathrach rhyngddo neu rhyngddi ag eraill. Yn weinidog yn Llŷn, beirniadwn un Sadwrn mewn eisteddfod ger Llandeilo, a phregethu yno fore Sul. Nos Sul, gan mai natur wahanol oedd i'r cyfarfod, gadawyd fi i warchod. Cyn i'r teulu ddychwelyd, daethai'r darlun cyntaf o'r coed a'r brain i'w le (ABAF). Fel yr awn ymlaen â hi wedi hynny, daeth llinellau lu â'u gwefr gyda hwy – 'Llawer a gwyllt oedd lliwiau'r gwynt', a'r fam yn 'gwylio'i Duw yn mynd / fis Mai'n ei bethau gorau lawr y lôn'. (Rhaid bod eraill wedi'i hoffi hefyd gan i ddwy neu dair o gerddi ymddangos yn fuan, a'r un byrdwn iddynt â'r 'Bont', 'Ni ddaeth neb heddiw eto'!)

Yr oeddwn yn ddigon bodlon ar y dyfarniad gan fod cryn gamp ar bryddest-anterliwt Tom Parry Jones, y buddugol, ac ar ddwy arall o leiaf o'r deugain, o'u darllen wedyn. Yr oedd beirniadaeth Waldo ar fy ngwaith ymron cystal ag ennill:

> *Brynrhedyn* [enw hen gartref fy nhad] –
> Dyma'r gwaith mwyaf cyfan a'r dyfnaf a'r ffyddlonaf yn y gystadleuaeth, a barnaf ei fod yn deilwng o'r Goron.

Tystiodd wrthyf, cyn cyfarfod o'r Academi yn Abertawe un bore, iddo ddychwelyd o'r eisteddfod nos Fawrth, yn hytrach nag aros deuddydd neu dri, oherwydd ei siom yn y dyfarniad.

Neidiodd pob beirniad ond Waldo – y beirniaid answyddogol fel y rhai swyddogol – ar drosiad blêr y 'costrelu ffrwyth heuliau aeddfed yn bedestelau bywyd bro' yn fy mhryddest, a bu cytundeb pur helaeth fod ynddi beth tywyllwch a rhethreg.

Cafwyd y feirniadaeth fanylaf oll ar y gerdd gan fachgen ysgol a gytunai â dyfarniad Waldo. Cynigiasai Cymdeithas Athrawon Gwynedd wobr o ddecpunt am 'Werthfawrogiad o unrhyw gerdd neu stori fer a gyhoeddwyd ar ôl Rhagfyr 31, 1955'. Ymddangosodd gwerthfawrogiad y buddugwr, Dafydd Ellis Thomas o Ysgol Ramadeg Llanrwst, yn *Y Faner,* ganol Ionawr, 1964:

> Gall cerdd, fel y dangosodd 'Adfeilion' T. Glynne Davies, ddibynnu ar argraffiadau darluniadol am ei heffaith, a dyma, i raddau, ddull pryddest Dafydd Owen. Awgrymu drwy gyfeiriadu, drwy eiriau unigol a delweddau cymhleth yn hytrach na dweud yn syth a wna bardd modern...
>
> ...y farddoniaeth uchaf o hyd yw mynegi'r haniaethol drwy'r diriaethol, a dyma ddull Dafydd Owen. Ymgorfforodd y teimlad haniaethol o arwahanrwydd ym mrawddeg bwysicaf y gerdd, a ail-edrydd bedair gwaith:
>
> > Ni alwodd neb.
> > Ni ddaeth neb heddiw eto.
>
> ...Heddiw, daeth arwahanrwydd yn thema ganolog llenyddiaeth... Ni ellir cymuno â phobl eraill: nid yw geiriau yn ddigonol; bod unig yw dyn yn y bôn. Gwelwyd ar lwyfan wrthuni methiant llwyr geiriau yn nramâu Eugene Ionescu, a ddangosodd inni mor arwynebol yw sgwrs

dynion... Lladmerydd mawr y profiad o unigrwydd yn ein canrif ni fu Franz Kafka.

Dau y mwynheais lawer awr ar eu haelwyd oedd Gwladys Williams, yr athrawes a'r llenor o fferm y Riffli, ger Bwlchtocyn, a'i gŵr hirben William. Gwahoddwyd fi yno i de un pnawn Sul, a gofynnwyd imi ddod â'r bryddest 'Y Bont' gyda mi i'w darllen, ac os byddai angen, i'w hegluro. Wedi te, dyma fynd ati. Wedi imi ddarfod, yr oedd William Williams yn rhythu'n ddifrifol arnaf, ac meddai toc, 'Dafydd bach, 'does neb ond Duw a chi'n dallt honna. A phan fyddwch chi farw, fydd dim ond Duw yn ei dallt hi!'

§

Bu Wil fy mrawd yn hynod o ffodus yn ei ddwy briodas a'i blant, yn cyfarfod â dwy ferch hyfryd tu hwnt yn Mair a Janet. Bu farw Mair yn ifanc iawn yn 1964.

Honno hefyd oedd y flwyddyn y derbyniais y gwahoddiad i fod yn weinidog ar eglwys Gibea ym mhentref Brynaman, neu'r Gwter Fawr a defnyddio'r hen enw, yng ngwlad y Twrch Trwyth ac wrth droed y Mynydd Du. Tyrrai'r ceir heibio ar bnawniau Sul yn yr haf, a cheisiais, heb lwyddo, gael trefnu ambell oedfa ar lethr y mynydd. Yr oeddwn i glywed cyfeirio aml yn ystod y blynyddoedd nesaf at y capel fel 'capel Vernon', fel y clywai fy mrawd yn amlach fyth gyfeirio at gapel Croes y Brenin yn Llundain fel 'capel Elfed'. Gwyddwn am y pentref, a'r gwŷr amlwg a fu'n gysylltiol â'r fan, megis Watcyn Wyn, Ben Davies, Gwydderig, D.W. Lewis y cerddor, ac yno y bu'r Henry Jones ifanc yn brifathro ysgol y plant. Clywswn am Gôr Mawr Brynaman a'i orchestion yn y Brifwyl ddechrau'r ganrif, ac am y nifer fach nad aent i gapel bryd hynny, yn dod am 'smôc' ar nos Sul rhwng chwech a saith, gan bwyso ar y wal gyferbyn â Gibea, i wrando'r cannoedd yn canu. Aethai rhif yr aelodaeth bellach i lawr i ychydig dros bedwar cant a hanner, a thrigain a mwy o blant. Â'r rhif sylweddol a ddeuai i'r oedfaon ac i'r cwrdd noson waith, heb sôn am y Gymdeithas Lenyddol a'r Gobeithlu, gellid trefnu ambell gyfres o bregethau ar y Suliau, neu dreulio'r gaeaf ar noson waith yn mynd yn araf trwy lyfrau fel *The Meaning of Prayer* Fosdick. Nid oedd angen mwy na llunio 'rhaglen oedfa' i adrannau arbennig – mamau ifainc, y rhai dros bump a thrigain, a'r plant wrth gwrs – a chynhelid yr oedfa ymhen rhyw fis. Nid rhyfedd i Frynaman, gan mor niferus ei thalentau, gael ei alw'n 'Rhosllanerchrugog y De'!

O ddyddiau Emlyn Aman, y bardd a'r newyddiadurwr y cesglais ei waith ynghyd yn 1970 (IGEA), un o sefydlwyr yr Urdd ac Aelwyd Amanw yn y pentref yn gynnar yn y ganrif, heibio i gymwynaswyr a hyfforddwyr fel Lucy Thomas, y cyflwynwyd iddi Fedal Goffa T.H. Parry-Williams, Elfyn Talfan, 'Willie Haydn' a'u tebyg, a theulu darllengar yr Howellsiaid, yr oedd yn fagwrfa diwylliant, er mor eithafol y teimladau ac annisgwyl y gweithredu yn aml adeg yr etholiadau Plaid-Llafur lleol. Ystyrid fod Prifwyl yr Urdd fel petai'n dod adref pan ddaeth i'r fro yn 1963, gan mor aml yr enillodd unigolion a phartïon dawnsio gwerin a drama a noson lawen Brynaman ar ei llwyfan.

Cynhelid eisteddfod yn y pentref ei hun bob blwyddyn, a gŵyl ddrama rai ҏ· ;diau, pan gystadleuai buddugwyr eisteddfodau'r chwe chapel ar lwyfan y Neuadd, y neuadd sinema honno y byddai rhai'n dod â stôl gyda hwy i giwio o'i blaen, ymhell cyn hwter chwech y bore erstalwm, i sicrhau tocyn Opera Brynaman ar gyfer nos Sadwrn (IGEA). Ymfalchïai Siân a Gareth a minnau inni oll ennill ar ganu yn Eisteddfod Brynaman, er imi ofyn i Leisa Rowlands yng Nglanaman ddewis cân werin imi ('Ambell i gân'), a mynd yno i ymarfer deirgwaith, cyn llwyddo!

Nid oedd toreth talent y capeli a'r pentre heb ei beryglon! Pan ddaeth adeg Gŵyl Diolchgarwch, lluniais oedfa ar ffurf rhaglen, a chael adroddwyr a chantorion Gibea i'w chyflwyno. Tâp-recordiwyd y cyfan gan fy nghyfaill Tom Rees i'w ddwyn at y cleifion, a'r rhai hynaf na allent ddod fel y gweddill. Credwn na bu erioed well cyngerdd crefyddol. Yr wythnos ddilynol, gelwais heibio i 'Mrs Jones, North' a fu byw yn y pentref am dros hanner can mlynedd heb golli dim o'i hacen na'i goslef, a chefais farn onest, ddidderbynwyneb ar y cwrdd nos Sul. 'Be' oedd rhyw hen gonsart fel 'na oedd ganddoch chi nos Sul, deudwch? 'Machgen gwyn i, gweddïe sy' gan y Brenin Mawr eu heisie ar Ddydd Diolchgarwch, nid consarts!' Ac 'roedd ynganiad y 'consarts' yn gwneud i'r oedfa swnio'n waeth bob cynnig! Ond cofiais y wers, a cheisio gofalu byth wedyn beidio ag arddangos dawn neb ar draul defosiwn.

Pan ddaeth Undeb yr Annibynwyr yno yn 1966, dan lywyddiaeth E. Curig Davies, cydunodd selogion y pedwar capel Annibynwyr a geir yno o fewn llai na dwy filltir, ac aeth y baich yn bleser gan mor fawr y brwdfrydedd a'r disgwyl.

Fel yn fy ngofalaethau eraill, mwynheais gwmni'r plant, a chyda'r fath rif, yr oedd cymaint mwy yn bosibl o weithgarwch. Nos Sul cyn Nadolig, er enghraifft, diffoddid y goleuni yn y capel am ddau funud i chwech, a chlywid sain recordiad carolau o bellter agos pen draw'r gegin. Am chwech o'r gloch, agorai drws y gegin, a deuai'r plant i mewn yn un orymdaith hir, pob un â'i lusern neu ei gannwyll yn olau. Cerddent i fyny'r ale, trwy'r cyntedd, i mewn yn ôl ac i'w lle, yna diffod y lampau a'r canhwyllau, a chael goleuadau'r capel drachefn. Byddai'r plant wedi'u hyfforddi'n drylwyr yn eu gwaith gan Gwyneth a Melia, Edith a Mair ac Eiddwen ac eraill. Bu pedair o'r genethod yn y Mans bedair neu bump o weithiau yn llunio pypedau ar gyfer drama Sant Niclas yn y theatr bypedau a luniodd Doris ar eu cyfer. Tua hanner awr wedi chwech y nos Sul arbennig honno, diffoddwyd golau'r capel, a dibynnu ar oleuni dwy lusern fawr fel dwy lamp stabal o flaen yr oriel, a'u cyfeiriad at y theatr ar fwrdd y sêt fawr. Yna, cyflwyno'r ddrama. Yn y man, deuai Drama'r Geni gan y rhai lleiaf, ac ar y diwedd diffoddid y golau, a gwyliai'r ddeucant a mwy o gynulleidfa y plant yn gorymdeithio drachefn yn ôl i'r festri fawr yng ngolau'r canhwyllau a'r lampau, a chlych y Nadolig yn canu eto o draw.

Un gaeaf, trefnodd ein codwr canu, y baswr cenedlaethol Conwil Jones, a'i wraig oedd hefyd yn gantores adnabyddus iawn, gyflwyniad o *Blodyn Glas,* operetta ddwyawr o waith Eddie Parry, gan fenthyg un cymeriad yn unig o gapel y Presbyteriaid, Moreia, sef y comedïwr Glanville Davies. Yna ymwelwyd â chapeli a phentrefi eraill y gwanwyn dilynol. A chyn y perfformiad cyntaf o'r *Blodyn Glas*, cyflwynasai plant Eglwys Santes Cathrin *Snow White and the Severn Dwarfs.*

Gan fy mod yn cyfieithu caneuon pop iddi, deuai'r gantores ifanc Lynda Jenkins, ambell dro, i Gyngerdd y Plant. Eisteddai ar stôl fach ar ganol y llwyfan, dan oleuadau amryliw, yn cyfeilio iddi'i hunan â'i gitâr, a'r llu plant yn eistedd a gorwedd ar lawr y llwyfan, o'i chylch, yn mwynhau'r cyfan.

Yn wir, credais un tro i'r drws agor i minnau i fyd y canu hwnnw, fel cyfansoddwr geiriau'r caneuon. Bwriadai Elfyn Talfan agor adran canu ysgafn a dwys o'r fath yng Ngwasg y Dryw, gan farchnata'r recordiau, ac i'r diben hwnnw, galwodd John Phillips y cerddor a minnau at ein gilydd un noson, wedi gofyn imi lunio geiriau tair cân neu bedair ymlaen llaw – cân serch, cân brotest ac yn y blaen. Yr oedd yn fwy na bodlon ar ein cydweithio, ond ymhen ychydig ddyddiau daeth ei gysylltiad â'r cwmni i ben yn annisgwyl. Bu rhaid i minnau fodloni ar y cyswllt oedd imi eisoes â'r ddau frawd arall, sef y swydd o gynorthwyo Alwyn Rees ynglŷn â chyhoeddi a golygu *Barn.* Ddeng mlynedd, mwy neu lai, yn ddiweddarach, daeth hanes y 'breuddwyd pop' yn ôl yn fyw iawn imi pan luniais gân neu ddwy yn yr iaith fain ar gyfer grŵp 'Vengeance' yng nghylch Prestatyn, pan ganai Gareth iddynt, a chael y gair gan feirniad y *North Wales Weekly News* o fod yn ei hatgoffa o Mick Jagger!

Yr amrywiaeth a geid yn y pentref! Yr oedd yno dimau criced a rygbi llwyddiannus a phan ddaeth Elwyn Jenkins, chwe throedfedd a thair modfedd o chwaraewr rygbi (Llanelli ac Abertawe) yn weinidog i Moreia, buan yr aethom ati fel gweinidogion i drefnu cystadlaethau rhwng timau'r capeli, criced y bechgyn a rownders y genethod, am gwpanau, ac nid oedd prinder diddordeb. Droeon eraill, aem gyda'r llu plant i'r baddonau nofio yng Nghastell-nedd. Llogem fws bob haf, a chludo'r llu plant llai o Gibea dros y mynydd am bnawn o chwarae, pawb yn dod â'i becyn bwyd, ninnau'n gofalu am y lemonêd a'r lolipopiau!

Môn Williams, gweinidog y Bedyddwyr yn Siloam, a minnau oedd yr unig ddau a roddai flaenoriaeth i'r bêl gron dros yr un hirgron. Deheuwyr teilwng oedd Elwyn a Walford! Bu Gerwyn Rees, ein hysgrifennydd a John ei fab yn chwaraewyr rygbi o fri, a haerid i'r canwr enwog o Gibea a ganai inni gyda Chôr Oratorio Iorwerth Davies, ac R.J. Thomas wedi hynny, a hynny heb dâl er mwyn yr Achos, Delme Bryn Jones, fod mewn sefyllfa i ddewis rhwng dwy yrfa broffesiynol, rygbi neu ganu. Cefais gwmni ychwanegol ar y Vetch un pnawn Sadwrn, pan ddaeth dau o beldroedwyr deg oed gemau answyddogol y cae criced gerllaw, Colin a Gareth, gyda mi i wylio artistri diamheuol George Best, a galw am bryd bach mewn caffi wedyn i gael hamdden priodol i dywallt arno'r clod a haeddai. A 'doedd y ffaith fod y te cyn oered â dŵr pwll nag yma nag acw wedi'r fath chwarae.

Yn yr un pentref yn union, pan drefnasom fel Broderfa dair darlith – 'Crefydd a Chelfyddyd' gan Pennar Davies, 'Crefydd a Gwyddoniaeth' gan Glyn O. Phillips, a 'Crefydd a Chymdeithaseg' gan E. Lewis Evans, cafwyd cefnogaeth a gwrandawiad astud.

Soniais am Elwyn Jenkins. Gan ein bod yn byw gyferbyn â'n gilydd, gwnaethom drefniant i fynd gyda'n gilydd i ymweld â'r ysbytai, pan fyddai galw, yn Llanelli, Treforus a chylch Abertawe, a phleser cyntaf y gwmnïaeth bob amser oedd gweld y tawr cydnerth a thal yn cordeddu i'w sedd gyfyng tu ôl i olwyn ei fini!

Yr oeddem yn Ysbyty Bryn Hyfryd yn Abertawe un tro, pan glywsom fod Crwys yn orweiddiog yno, ac aethom i'w weld. Dyna lle'r oedd yn fach yn ei wely. Gadawodd Elwyn ni'n sgwrsio ac aeth o gylch y ward. Wedi sgwrsio tipyn â'r

Sais yn y gwely nesaf, gofynnodd iddo a wyddai pwy oedd Crwys. 'No idea,' meddai yntau. 'All I know is that he's a proper gentleman.' Hysbysodd Elwyn ef fod Crwys yn 'triple National winner'. Yr oedd yn glustiau i gyd y munud hwnnw. 'Is he, by Jove!' meddai. 'What were the names of the horses?'!

§

Cesglais fy maledi ynghyd a'u llunio'n llyfr (BDO) yn 1965; yr oedd ynddo'r 'deuddeg stori ar gân i blant' a wobrwywyd gan Trefin yn Eisteddfod Aberystwyth yn 1952, y cerddi yn null Lear, a'r rhai unigol a enillodd yn y Brifwyl. Ni bu pall ar groeso'r adolygwyr i'r casgliad:

> Baledi o waith olynydd naturiol I.D. Hooson, ac un o'n storïwyr a'n beirdd amlycaf... nid oes dwy farn am deilyngdod llenyddol y gwaith.
> (Llythyr J. Ellis Williams, Llanbedr, i'r Cyngor Llyfrau, Mehefin 1963, yn rhoi barn ar y sgript.)
>
> Rhagwelaf y bydd y gyfrol hon yn ddefnyddiol iawn mewn ysgolion goleuedig sydd yn ymdrin â barddoniaeth fel y dylid ymdrin ag ef, fel creadigaeth fyw, gyffrous.
> (W.J. Jones yn *Yr Athro*)
>
> Yr wyf yn ei annog i fwrw arni yn nhraddodiad Edward Lear. Mae 'Y Bwng dan y mwng o wyrdd môr' a 'Dandonyrafonarîfe' yn hudolus – dyna ichi ddarn cydadrodd campus fyddai'r olaf hwn, i ieuenctid yn arbennig.
> (Griffith Jones yn *Y Genhinen*)

Cyfrol sy'n siŵr o ennill bryd ac o lynu yng nghof ieuenctid ein gwlad os caiff ei chyfle... Gwyn fyd y dosbarth a gaffo bawb ei gopi, ac athro fo'n gwybod ei waith.

(W.D. Williams yn *Lleufer)*

Hir y bu'r disgwyl am y gyfrol hon i ddod o'r wasg, ac ni siomwyd yr un ohonom yn ei chynnwys... 'Eric Liddel', fe gymer hon ei hadrodd, 'rwy'n siŵr.

(D.H. Culpitt yn *Y Tyst*)

'...baledi sy'n ddwli bendigedig yn null Edward Lear... y rhythmau hynod o gymwys a greodd mewn baledi fel 'Dandonyrafonarîfe', 'Dychweliad Arthur' a'r 'Bwng dan y mwng o wyrdd môr' hwythau. Rhaid eu darllen yn uchel (fel y bydd cannoedd o athrawon, maes o law, gobeithio) cyn y gellir eu gwerthfawrogi'n llawn... rhinwedd nesaf Dafydd Owen [yw] ei agosatrwydd – yr agosatrwydd hwnnw at gymeriadau a chynulleidfa sy'n nodweddu'r straeon a'r storïwyr gorau... y cyfan sydd yn rhaid ei wneud yw rhoi'r baledi hyn i'r plant – fe wna'r baledi eu hunain bopeth arall.

(Victor John yn *Y Faner*)

Bu llawer o adrodd ar faledi I.D. Hooson ar hyd y blynyddoedd, ac 'rwy'n siwr y bydd llawer yn falch o gael y baledi newydd hyn o waith Dafydd Owen. Y mae yma ddeunydd gogyfer â'r adroddwr unigol a chorau adrodd, darnau difrifol a darnau doniol, cymwys i Eisteddfod a Noson Lawen.

(Iorwerth Lloyd yn *Y Dysgedydd*)

...un o gyfrolau mwyaf buddhaus y chwedegau, ac nid rhyfedd i J.M. Edwards ddweud na 'ellid rhoi gwell cymeradwyaeth iddo na dweud "ei bod yn olyniaeth baledi adnabyddus I.D. Hooson" '.

(Alan Llwyd yn *Barddoniaeth y Chwedegau*, 1986)

Y ffaith ddigri (neu drist) ynglŷn â'r gyfrol yw, er i adolygwyr ac addysgwyr gytuno fod mawr angen am gyfrol o'r fath, i'r ysgolion yn enwedig, ni weithredwyd ar yr awgrym; o leiaf, ni chefais ddimai goch am y gyfrol byth! Er imi anfon copi ohoni i bob Cyfarwyddwr Addysg yng Nghymru, a chael ymateb (ffafriol bob tro) oddi wrth y mwyafrif ohonynt, hysbyswyd fi gan y cyhoeddwyr mai 456 yn unig o gopïau a werthwyd, ac yr oedd nodiad yn y cytundeb a lofnodais y byddai'n ofynnol gwerthu pum can copi cyn y gellid fy nghydnabod.

Ganol y degawd hefyd, lluniais gerdd ar y testun 'Pererin' ar gyfer Eisteddfod Pontrhydfendigaid, un a seiliwyd ar linell Pantycelyn, 'Teithiwr un diwrnod ydwyf' (ABAF). Tair salm ydoedd – bore'r llanc, pnawn y canol oed, a hwyr yr oedrannus, a pheth o'r drosiadaeth wedi'i benthyg o 'Salmau'r Pererinion' yn yr Ysgrythur:

I

A holl neuaddau'r coed yn tyfu lliw,
cyhyredd cudd yn llonydd awr cynllunio
yw'r popeth wyf, a'r cymaint a'r cynifer
sydd ynof yn gyfrinach drom o'r doe…

Dydi'r Arweinydd oesol, moes dy law
i sobri'r chwil yn nhafarn ei ieuangrwydd,
yr awchus uwch gorfoledd blêr ei fapiau.

Milltiroedd y pellterau a chwardd ynof,
a'm hoen sydd dalog gan awdurdod gwres.

II

Gwn flas y ddinas na fedd fwy diddanwch
na'r corwynt peiriant a sglodiona'r heol
yn bobl a thai ac angau'r gwaed a'r gwydr:

y ddinas na fedd ofn ond her y diwedd
o'r isel blên a hollta'r pnawn yn ddau,
ac ias y madarch chwydd yn galw'r gawod.

Cerddais â'm clust yn astud i'w Philistia,
yn llai na Samson yn eu ffeiriau gwagedd.

III

(Dduw, cofia'r henwyr-broc-y-trai ar fainc
yn sugno'r dyddiau diflas res drwy'r bib
a phoeri'n fyr atgofion hwyl a dreuliwyd,
cyn braco o'r gelyn teirnos ger pob drws...)

O'm gwersyll heno, clywaf loywlef utgorn;
mor glir y cân dy glych o'r pell gynefin.

Dydi'r Digynnwrf, awdur pob digonedd,
dy ras a ŵyr fref sychder y pechadur,
a'th ffydd o'm mewn a'm dwg at lawer ffynnon.

Fe'i gosodwyd yn ail, gan amau addasrwydd y mesur i'w ddiben, a gwobrwywyd math o ysgrif goffa bert a chwalwyd i'r nifer gofynnol o linellau cwta.

Yr unig reswm paham y cofiaf yr achlysur bellach yw oherwydd digrifwch y dull o farnu! Yn y Brifwyl y flwyddyn honno, eisteddwn gydag un o'r ddau feirniad hynny, yn cael paned wedi'r Coroni, ac meddai wrthyf yn sydyn, ar ganol sgwrs amherthnasol, 'Gyda llaw, Dafydd, 'dwi am iti wybod mai ti oedd yn gynta gen i ym Mhontrhydfendigaid, ond wnes i ddim mynnu, gan fod gen i fwy o lais ynglŷn â'r Gadair'! Ni soniwyd am 'ganolwr'! Y noson honno, a minnau'n anelu am y dramâu, aeth y beirniad arall heibio imi ar frys gwyllt, gan ddweud 'Mae gen i rywbeth 'dwi eisiau ei esbonio iti, pan ddaw cyfle'. Ni chafwyd y cyfle na'r esboniad byth, a dŵr a aeth o dan y bont yw'r cyfan bellach, a'r digwyddiad yn peri hwyl imi yn unig ar gyfrif safon beirniadu o'r fath!

'Pererin' oedd testun Pontrhydfendigaid, ac aeth fy 'mhererin' i ar 'daith'! Ymhen tair blynedd, cynhelid Eisteddfod Dathlu'r Pedwar Can Mlynedd yng Nghaerwys, a chynigid Coron o arian pur am bryddest i'r 'Daith', a'r gystadleuaeth yn gyfyngedig i enillwyr Coron neu Gadair y Brifwyl. Anaml y byddem yn dod i'r Gogledd ar wahân i

Coron (Medal) Prifwyl Bangor, 1943, Coron 'Dathlu'r Pedwar Cant' yng Nghaerwys, 1968, a Chadair Prifwyl Hwlffordd yn 1972.

wyliau Awst. Cynhelid Eisteddfod Caerwys ddiwedd y gwanwyn. Gan fod y fro hanner y ffordd rhwng cartrefi Doris a minnau, Yr Wyddgrug a Dinbych, gwyddwn y byddai'n ddydd y manteisiai'r ddau deulu arno ped enillwn. Ar y llaw arall, sylweddolwn y siom a allai ddilyn disgwyl eiddgar, pe collwn. Dyna'r unig dro erioed, felly, imi gystadlu heb sôn gair am hynny ar yr aelwyd. Gan mor debyg y ddau destun, 'Pererin' a'r 'Daith', anfonais bryddest Pontrhydfendigaid i Gaerwys, gan osod drachefn, is y pennawd, linell Pantycelyn, 'Teithiwr un diwrnod ydwyf'. Y ddau feirniad oedd Alun Llywelyn-Williams a Waldo, ac ymgeisiodd saith. Cynhelid y ddwy seremoni, y Coroni a'r Cadeirio (Monallt) bnawn Sadwrn, yng nghwmni'r Orsedd, a chefais innau'r llythyr i'm galw yno fore Llun – wedi disgwyl ar bigau'r drain, gan na chollais ronyn o ffydd yn y gerdd – a syfrdanu'r teulu llawen â'r newydd, 'Os byw ac iach, 'ryda ni'n mynd i weld Nain, dydd Sadwrn!' Ac felly bu, a theithio ym modur fy nghyfaill Tom Rees. A daeth y teulu o'r ddwy ochr i'n cyfarfod, a rhannu'r llawenydd. Meddai Alun Llywelyn am y gerdd:

> Cerdd ar y mesur moel (blank verse)... mae'n ffurf effeithiol ac addas i fynegi'i fyfyr... dyma brydydd sy'n meddwl fel bardd... Mae pob llinell a chwpled bron yn dwyn rhyw ddelwedd neu drosiad cofiadwy... 'Cyll haf, yn lludd ei gynnydd, fwy na gwennol'; 'fy nghamu cwta ni wthia'r diwedd draw'... mwy o ddyfnder yn ei waith.

Ac meddai Waldo:

> Trosiadau yw ei brif gyfrwng. Maent yn gelfydd a theimlir eu bod yn ddigymell... hyfryd y dengys inni yn y diwedd fod ei brofiad o dderbyn serchiadau dynol gynt yn cryfhau ei ffydd yn Nuw, dangos hynny heb ei ddweud:

...y rhai a'm heulodd draw, –
pe byddai'n ddinas nos, achlesent erof
olau ffenestrog wyn eu bwthyn bythol.

Cyfoeth o brofiad mewnol yn cael mynegiant mewn trosiadau gloyw...

Ar gais y Llyfrgell Sir yn yr Wyddgrug, lluniais ddau dâp wedi'r eisteddfod, un ar ffurf cyfweliad personol, a'r llall gyda Mrs Katie Lewis, Penucha, yn rhoi hanes yr ŵyl.

Gan fy mod yn sôn am dâp, ni waeth imi sôn am un arall gwahanol! Pan oeddwn yn byw ym Mhrestatyn, daeth henwr i letya at fy chwaer weddw drws nesa, Cit. Yr oedd Mr Spooner ymhell dros ei bedwar ugain. Bu'n gweithio am flynyddoedd yng Ngerddi Kew yn Llundain, ac ysgrifennodd lyfrau ar flodau. Ni wybu beth oedd afiechyd, a cherddai'n dal a heini yn ôl ac ymlaen i'r Rhyl, daith o agos i ddeng milltir i gyd, pan oedd yn tynnu'n brysur am gant oed! Un bore, daeth gair o Kew yn gofyn iddo lunio tâp o'i atgofion, i'w gadw yno, a gofynnodd imi ei helpu. Awgrymais ei fod yn adrodd wrthyf y pethau a ystyriai ef bwysicaf o ddigwyddiadau'i yrfa, a minnau'n gwneud nodiadau i ffurfio'r holi arno wedyn. Dysgais lawer wrth wrando ar yr arbenigwr hwn ym myd natur – ac y mae'n lleisiau ni ynghadw erbyn hyn yn y 'Gerddi'!

Ymgeisiais ar dri phwnc yn Eisteddfod y Drenewydd yn 1965. Meddai'r beirniad am fy maled fuddugol i'r 'Porthmyn': 'Y mae'r caniad cyntaf yn gampus... Rhoes inni ddarlun o'r cyfnod yn fyw iawn, hoffais ei eirfa ac mae ei fesur yn canu', ac i brofi hyn, darllenodd y caniad cyntaf ar goedd yn y Babell Lên. Ni hoffai'r ddau ganiad arall, ac ystyriai fod mesur tôn 'Twrgwyn' (sydd yn seiliedig ar dôn baled) yn un anffodus i'r diben. Dyna'r unig dro erioed i'r wobr gael ei dyfarnu am ddarn o faled! Gan mai un darlun cyfan yw'r tri chaniad ynghyd, cyhoeddais hi'n gyfan yn y man (CLG). 'Y mae hi'n wych,' meddai Hafina Clwyd yn y *London Welshman*, 'ac yr oedd clywed Bryn Williams yn ei hadrodd yn codi dawns yn y gwaed'.

Daeth hanner cant namyn dau o 'Emynau Heddwch' i law, a rhoddwyd Robert Owen, Llanllyfni ('Shalôm A') a minnau yn gydradd gyntaf. Ebe Pennar Davies, y beirniad, am fy nghais:

> Bardd y gystadleuaeth yw 'Gareth', ond ni lwyddodd i'm hargyhoeddi'n llwyr mai emynydd ydyw. Dyma bennill a ddengys ei awen:
> 'Hwn ydyw'r byd lle trengaist gan ein gwendid;
> O doed dy heddwch yn wanwynol wynt,
> Yn gawod ir a ylch ein holl aflendid,
> Er mwyn y cerdded sanctaidd hwnnw gynt'.
> Fe garwn ei anrhydeddu am ymadael â'r rhigolau, ac ar yr un pryd rhoi inni gân sydd â mwy o angerdd addoliad ynddi nag yn ein holl ddiwinyddiaeth ffasiynol i gyd... Wedi tipyn o fyfyrio, penderfynais fod lle i'r math yma o ddarn mewn llyfr emynau cyfoethog ac amrywiol.

Erbyn hyn, ceir emyn hyfryd 'Shalôm A' yn *Yr Atodiad,* ond er ei osod ar dôn goeth y cerddor J. Caerwyn Evans – tôn Bethel (OdID) – ni chlywais i neb fentro emyn 'Gareth'! Y ffasiwn yng Nghymru yw cwyno na cheir emynau cyfoes ('modern'), ac yna, pan geir ias fach o fentro, eu hanwybyddu, a chanu dau neu dri o emynau diweddar hynod effeithiol dro ar ôl tro ar ôl tro!

Daeth y 'Rhaglen Noson Lawen' i'r fei hefyd, o blith y saith a anfonwyd, yr unig dro erioed imi gystadlu ar destun o'r fath, er imi fod wrthi'n paratoi deunydd ysgafn ar gyfer cymdeithasau capeli, yr Urdd a'r Aelwyd, o ddyddiau'r Coleg. Fe gynlluniais y rhaglen hon ar sail amrywiaeth trafferthion a swyddogion byd addysg yng Nghymru, a llwyddo i foddio un o swyddogion addysg Sir Bentro, W.R. Evans. Ychydig cyn hyn, cawodasai cwynion o bobman am ben rhai o wŷr y teledu oherwydd safon druenus y gyfres 'Gwendid ar y lleuad' (neu'r 'haul'?) O'r pumdegau ymlaen,

151

yng Ngwernymynydd ger yr Wyddgrug ac yn y Rhiw, Aberdaron, bûm yn arwain dosbarthiadau nos ar lenyddiaeth, i Gymdeithas Addysg y Gweithwyr a Choleg y Brifysgol. Ym Mrynaman, a minnau'n athro hen ddosbarth Henry Lewis, gofynnwyd imi ofalu hefyd am rai Hywel Teifi Edwards, oherwydd ei anhwylder ar y pryd, rhai yng Nghwmllynfell ac Ystalyfera. Gofynnodd dosbarth Brynaman imi, ar ein rhan oll, ymuno â chiw y protestwyr ynglŷn â'r gyfres deledu. Cefais ateb yn diolch imi am anfon un o'r ychydig lythyrau cwrtais a gafwyd, ac yn fy ngwahodd ar banel i'w thrafod, ac euthum. Gan imi gael ar ddeall mai un o sgriptwyr digrifwch cyson y cyfryngau oedd yn ail imi yn y Drenewydd, anfonais fy rhaglen i gynhyrchydd y gyfres wrthodedig, gan dybio'n siŵr y byddai'n dda iddo wrthi. Daeth ateb buan i'm sicrhau nad oedd yn addas i'w anghenion ef, ond gan fod gennyf, meddai, y fath ddawn amlwg i lunio caneuon, dymunodd arnaf addo llunio rhai ar gyfer rhaglenni oedd i ddod yn fuan. Addewais wneud, ond fel yn hanes 'Poni bach Siôn Cwsg' ym Mangor gynt, 'os cawsoch chi gais, mi gefais innau'!

Boed gam neu gymwys, anodd osgoi'r argraff o olyniaeth deuluol nepotistaidd a geir yn hanes maes adloniant yn Lloegr a Chymru. Y mae'n wybyddus hefyd mor brysur y cedwir awduron sy'n byw o fewn ychydig bellter i'r stiwdio, ym Mangor a Chaerdydd. Pan fu farw un sgriptiwr eithriadol ddawnus a ffraeth, tystiwyd iddo lunio mil o sgriptiau i'r cyfryngau. Byddai rhai ohonom wedi bod yn falch o wahoddiad i lunio deg!

Ond deuai digon o hwyl i'm cynnal! Llwyddais â *'brainteaser'* mathemategol un o'r papurau dyddiol, a chael yn wobr, wedi'u cyfeirio at y 'Reverend David Owen', bedair nofel fer, dwy â naws grefyddol iddynt, 'a dwy fel arall'! A thybiwn glywed llais y paciwr, wrth weld y 'Reverend', 'Let's give the old beggar the shock of his life!', ond nad 'beggar' oedd o'n ei ddweud chwaith yn hollol!

§

Oeddwn, yr oeddwn innau, 'Judas', yn ymlafnio cynaeafu yn Aberafan yn 1966! Mwynhaodd Thomas Parry f'ymdrech i gyfleu fel y mae'r sawl sydd yn bradychu'i wreiddiau yn gorfod medi'r canlyniadau, cyfoeth neu beidio. Meddai, 'Oni bai fod yn y gystadleuaeth un awdl gwbl eithriadol, gallai fod yn bur anodd dewis yr orau o fysg rhyw dair neu bedair', a gosodai 'Judas' yn eu plith. Aneglurder oedd y bai amlycaf a gafodd D.J. Davies a T.H. Parry-Williams yn f'ymgais. Ond 'waeth un gair na chant', blwyddyn lachar Dic Jones a Gwynfor oedd 1966.

Hudodd fy meddwl o Waldo fi i droi i fyd 'gwyddoniaeth' yn y Bala, y flwyddyn ddilynol. Cenais hanes croeshoelio gwaredwyr, ac iachawdwriaeth 'Mab y Brenin', ar ffurf drama fydryddol ac ar sail hanes Promethews, a rhannu'r sicrwydd a roddwyd i nifer ohonom ein bod yn well beirdd na gwyddonwyr!

Gan gofio mor anaml y daw i'r alltud gyfle i ddefnyddio ac i loywi'i iaith, ac i ddwyn i gof ymadroddion fel 'ceiniog gam aiff â dwy i'w chanlyn' neu 'chwaer i mam ydi modryb', symleiddiais yr eirfa a'r arddull yn fwriadol yn yr awdl a anfonais i Eisteddfod y Fflint yn 1969, gan mai canu yr oeddwn i'r 'Alwad' gyfrin honno yn y galon a ddwg alltud yn ôl i Gymru yn sydyn ond yn anorfod un haf, wedi blynyddoedd ymhell (ABAF). Canolbwyntiais ar sgwrs a darluniau:

> Daw i'r tawel gapeli,
> o ddwndwr oes, ddau neu dri:
> lle cerddai llu i'w cyrddau,
> daw'r drysi gwyllt i'r drws cau.

Ond gan nad eglurwyd fy mwriad, rhaid oedd derbyn y cerydd a gefais am y cynganeddu gor-rwydd.

Y mae un peth arall a gofiaf yn glir ynglŷn ag Eisteddfod y Fflint. Arhosodd fan enfawr o flaen y Mans ym Mrynaman un bore; daethai Gwyn Williams y B.B.C. yno i recordio nifer o faledi, rhai i gyfeiliant Doris, rhai yn ddigyfeiliant, ac fe'u darlledwyd yn ei raglenni. Gofynnodd imi ganu hefyd, fel cynrychiolydd y 'to hŷn', yn y cyngerdd a gynhelid gan Dafydd Iwan (yntau wedi'i fagu yn yr un Mans!) a rhai eraill ar faes Prifwyl Y Fflint. Lluniais faled o fawl i'r ieuenctid a ddioddefodd dros yr iaith (ac a osododd y sylfeini i'n gobaith am Ddeddf Iaith newydd), a chenais hi. Y noson honno, a ninnau fel teulu ar wyliau yn yr Wyddgrug, yn gwrando'r rhaglenni o'r ŵyl, hysbysodd y cyhoeddwr ei fod am ddarlledu'r ddwy eitem a hoffodd fwyaf o gyngerdd y pnawn, a dyna'r unig dro imi rannu 'llwyfan' gyda Heather Jones! Cefais dâp o nifer o'r baledi a genais i Gwyn yn ddiweddar, ac y mae'r sgwrs ddeugain munud a luniais o'u hamgylch, 'Diddanwch hen dyddynnod' yn cael croeso gwresog gan y gwahanol gymdeithasau.

§

Safem fel teulu y dydd cyntaf o Awst ar ganol Hewl yr Orsaf, yn disgwyl y bws oedd i'n cludo at y trên yng ngorsaf Tir y Dail (ni bu awydd gyrru modur erioed ar fy nghyfyl), ac i'r gogledd am y mis gwyliau. Yn sydyn, daeth Eic Davies allan o'i fodur gerllaw. Addawsai fod yn un o aelodau tîm y fro yng nghystadleuaeth 'Bob yn Dri' y cyfryngau, gwybodaeth gyffredinol am Gymru, ond ni theimlai'n ddigon da ei iechyd, a dymunodd arnaf gamu i'r bwlch. Cyn imi gael fy ngwynt ataf ymron, yr oedd wedi mynd, a'r bws wedi cymryd lle'r modur! Gan fod fy mrawd wedi bod yn dirprwyo iddo am gyfnod ym Mhontardawe, fel athro Cymraeg ar gais y prifathro, sef Stan Rees, ein hathro Saesneg gynt yn Ninbych, tybiais mai da o beth fyddai cwblhau'r gymwynas, er y golygai ddarllen, a chofio'n weddol fanwl, gynnwys ffeithiol holl gyfrolau *Crwydro'r Siroedd.* Darllenais saith ohonynt yn ystod y mis, cyn cael fy nghludo gyda chyn-brifathro Ysgol Uwchradd Llanfyllin, J. Llwyd Thomas o Frynaman, a'r athrawes Rhianydd Morgan, gan ei gŵr i Gaerdydd i'r prawf. O'r naill rownd i'r llall, daethom i'r un gyn-derfynol, yr unig dîm o'r De oedd ar ôl. Mor fawr ein syndod a'n balchder fel y byddem yn aros yng Nghaerdydd bob tro i ddathlu'r fuddugoliaeth â phryd da o fwyd!

§

Anfonodd Haydn Morris dair o gerddi'r Diwygiad ataf i'w cyfieithu ar gyfer y llyfr a luniai, *Gemau'r Diwygiad,* argraffedig gan Wasg John Penry. Wedi imi eu dychwelyd, gofynnodd imi gyfieithu deg ar hugain, caneuon fel 'The Old Rugged Cross', 'Stranger of Galilee', 'Blessed Assurance', 'God be with you till we meet again' a 'The day Thou gavest, Lord, is ended'. Cyfieithodd Brynallt Williams, Llanelli, nifer yn ogystal, a phleser oedd gweld ail argraffiad o'r llyfr ychydig flynyddoedd yn ôl. Tâl ychwanegol at gydnabyddiaeth anrhydeddus Haydn Morris (gan mai ef a gyhoeddai'r casgliad) oedd llythyr Sam onest o Abersoch: 'Cawsoch hwyl ar "Llanc Galilea draw" a llawer un arall, ond wyddoch chi beth? Cyfieithiad pennill olaf "Pwy all beidio â chanu" sydd wedi rhoi "cic" iawn i mi! "On with him to Salem, / Jesus, mighty, mild". Wel rydw i'n lecio y "mighty" 'na… Diolch yn fawr iawn ichi, ac i Dduw am eich defnyddio i helpu arall ar daith bywyd'.

Beth amser wedi hynny, anfonwyd tri emyn modern o Ganiedydd Modern Americanaidd *Faith, Folk and Clarity,* i nifer ohonom i'w cyfieithu, gan Gyngor yr Ysgolion Sul. (Yr oedd yr un brwdfrydedd ynglŷn â'r bwriad ag a welais wedyn ym mhwyllgorau llunio'r *Fford Newydd,* y fersiwn o'r Testament Newydd ar gyfer yr ifanc.) Ni chafwyd y nawdd angenrheidiol, fodd bynnag, ar gyfer cyhoeddi'r cyfieithiad a luniais, ar gais y Cyngor, o'i llyfr cyfan, a bu rhaid bodloni ar gyhoeddi pedair ar ddeg o'r caneuon yn unig, gan ychwanegu nifer o emynau Cymraeg atynt, yn y detholiad *Diolch i Ti.* Bu'r cyfan yn ymarfer da imi ar gyfer teledu Seiad yr Ifanc o

Gibea, pan luniodd R.J. Thomas, y cerddor oedd yn weinidog Hermon, gyfeiliant gitaraidd ar gyfer emynau modern a luniais, rhai fel 'Y Preseb Pren', 'Y tŷ ar ei hanner' ac 'Eisiau Meddwi' (OdID).

§

Gallai unrhyw un a ddarllenai ôl-rifynnau'r *South Wales Guardian* am y cyfnod hwnnw gredu fod Gibea yn gapel cwbl eithriadol, gan mor fanwl a chlodforus y croniclai'n haelod ni a'u gohebydd hwy, Gomer Davies, hanes y pentref, a Gibea yn enwedig! Bu ganddo golofn hyd yn oed am hen 'gymeriadau' ein stryd, Bryn Avenue, sef y cŵn a fu farw yn ystod rhyw ddeunaw mis un tro, a'n sbaniel fach eurliw ninnau, Candy, yn eu plith. Hi oedd yr un y daethom o hyd i gysgod ôl ei phawen ar lian, wythnosau wedi ei myned (CLG), a chenais iddi yn *Llyfr Siân a Gareth*. Ni chofiaf imi gael mwy o flas ar lunio llyfr erioed, oherwydd blynyddoedd plentyndod y ddau oedd rhai Brynaman inni. Gwir imi geisio dal naws canu A.A. Milne ynddo, ond yr oedd yn fwy na hynny hefyd, sef ein ffordd o ddiolch am y degawd difyr yn eu cwmni, ac ymdrech i gadw naws cyfnod hynod o ddifyr inni fel teulu.

Eisteddem wrth y tân gyda'r nos yn y gaeaf, y ddau, yn fach iawn, yn tynnu lluniau, a chael hwyl wrth imi ysgrifennu cwpled bach difyfyr a gwirion dan bob llun. Y rhai hyn oedd blynyddoedd llunio hetiau peirat i'r ddau o dudalennau papurau newydd, ac wedi dychwelyd i'r tŷ droeon eraill, codi breichiau, a chyda bloedd eu gostwng drachefn a chael dau far bach o siocled yn fy nwylo, wedi eu tynnu o'r awyr! Blynyddoedd creu dychmygion – mai mynd ar ei wyliau yr oedd y pry hwnnw a welsom yn prysuro ar draws Hewl yr Orsaf un bore yng Ngorffennaf, ac mai sigarét cawr diog ar wastad ei gefn yn haul Awst oedd y simne dal a welem yn mygu o drên Caer. Syrthiodd pob un ohonom mewn cariad ag Erw Fair ar unwaith – tŷ helaeth, lle i Doris arddio (ac i minnau balu peth yn llythrennol!), a cheffyl yn edrych dros y wal o'r cae yn y cefn ar y criw o blant a fyddai'r chwarae yno'n barhaus. Rhwng bws a'r 'trên dau', byddem yn mynd â'r ddau yma ac acw gryn dipyn. Gan fod ffrindiau o'r Gogledd yn aros gyda ni am ychydig ddyddiau, euthum fy hunan gyda'r ddau ar y bws un pnawn i ymyl Garnant – Gareth yn saith a Sian rhyw bump, i wylio'r sgramblo gan y beic foduron. Pnawn campus, hufen iâ a phopeth, a dod yn ôl y ffordd gefn, tuag Esgair Ynys. Gwelwn toc fod y coesau'n dechrau llusgo, a phan ddaeth bwth teliffon i'r golwg, cefais syniad godidog! 'Beth am ffônio Mam i ofyn iddi roi'r tegell ar y tân?' 'Fu erioed cymaint unfrydedd! Cafodd y ddau ddweud eu pwt, ac wedi clywed llais 'Mam', 'roedd y ddau'n martsio trwy Esgair Ynys fel sowldiwrs!

Y ddau blentyn sy'n siarad, trwy'r llyfr o un gerdd ar bymtheg, mewn print bras. Rhoi hanes eu dyddiau – eu cyd-ddisgyblion, y tŷ dol mawr yn y llofft, mul bach glan y môr, 'sinema' Antie Helena a Deda ffeind, gwyliau heb Candy, a Ffair y Gwter enwog:

> Dim ond heddiw tan yfory,
>   dim ond fory tan y ffair,
> ac mae gen i ddeugain ceiniog
>   (ar wahân i bisyn tair).
> Os ewch chi i'r ffair eich hunan,
>   a chael braw wrth weld rhyw dri
> yn carlamu ar geffylau,
>   dyna Colin, Meic a fi! ...

§

Gan fod eu mam wedi'i geni a'i magu yn yr Wyddgrug, minnau o Ddinbych, 'roedd hi'n ddigon naturiol inni fynd â Siân a Gareth i weld lleoedd oedd yn dwyn perthynas ag H.M. Stanley, Dic Aberdaron, Daniel Owen ac eraill. Byddem yn darllen i'r ddau cyn iddynt fynd i gysgu lyfrau Cymraeg a Saesneg yn eu tro. 'Roedd tŷ dol mawr yn y llofft, a golau ynddo, a bachgen bach selwloid yn edrych allan trwy ffenestr ei lofft yntau. Wedi rhoi'r llyfr heibio, byddai pwy bynnag oedd yn eu rhoi yn eu gwlâu y noson honno yn diffodd golau'r ystafell fel nad oedd dim golau ond un y tŷ dol. Yna gorwedd ar wely'r naill neu'r llall, weithiau'n sgwrsio am yr hyn a ddarllenwyd.

Darllen, un noson, am Twm Cyna yn *Straeon y Pentan*, yn leinio, yn iard y Crown yn Ninbych, y broliwr hwnnw oedd yn gyrru'r Goits Fawr, a chlo'r hanes yn cael ei golli'n llwyr yn y gymeradwyaeth fyddarol a gafodd Twm o'r gwlâu! Darllen wedyn am y darganfod gwyrthiol ymron ar y daleb bwysig honno, yna mynd i weld Maesydre, lle bu Twm yn byw, a chapel y daleb yng Ngwernhefin (Gwernymynydd). Dro arall, mynd ein pedwar i weld Nant Gwrtheyrn ar bnawn poeth o haf, ac eistedd ar fin y lôn fynydd gul honno a rhythu i'r gwaelodion rhamantus, a hynny am hydion. Wedi cyrraedd adref, dechrau ar nofel Elizabeth Watkin Jones, *Luned Bengoch*, sydd wedi'i lleoli'n rhannol yn y Nant.

Mabwysiadu trefn wahanol a wnaed ynglŷn â'r *Pentre Gwyn*, llyfr gorau Anthropos. Yn blentyn, bu rhaid imi ei ddarllen, a *David Copperfield* hefyd, ar gyfer y 'Sgolarship'. Ni chefais fawr o flas ar nofel Dickens rywsut, ond syrthiais dros fy mhen a'm clustiau mewn cariad â'r *Pentre Gwyn*. Hanes bywyd plant, dros gan mlynedd yn ôl, mewn pentref bach rhwng Gwyddelwern a Chorwen. Wedi inni ddarfod darllen *The Adventures of Tom Sawyer* hefo'r ddau, a meddwl be gaem ni nesaf, dyna gofio am lyfr Anthropos, a dechrau ar hwnnw. Darllen am Sadwrn pwysig y plant yn hel llus ar gyfer pob bwrdd yn y pentre, a'r plant, ar y Sadwrn arbennig o'r flwyddyn, yn gorymdeithio i'r mynydd i'w hel; darllen hefyd am yr ymweliad blynyddol â Phlas Marian, Eos Mawddwy yn peri i bawb ddal eu gwynt mewn boddhad wrth ganu 'Y bachgen a foddodd yn ymyl y lan', ar ei ffordd i Ffair Gorwen, a Dafydd, y baswr lleol, yn 'boddi' wrth geisio'i ddilyn i'r gwaelodion, a'r bachgen hwnnw yn ffenestr y llofft yn trio dal y llygedyn olaf o olau dydd iddo gael darfod y bennod gyffrous am y marchog yn achub y ferch, yn stori'r 'Bow Bells' a gafwyd yn gyfnewid gan Martin y Pedlar am y crwyn cwningod. Heb anghofio, wrth gwrs, am Tomos Olfyr a 'band y twenty-third' yn chwythu pob ffenestr yn ufflon ar eu taith i Waterlŵ! Yn wir, y noson y darllenem am farw Tomos Olfyr, criodd Siân ei hun i gysgu. 'Doedd byw na marw wedyn nad aem ni â nhw i weld y pentref ei hun ym mis Awst.

Anfonais at y nofelydd adnabyddus, Elena Puw Morgan, i ofyn a allai hi sbario hanner diwrnod rywbryd i fynd â ni o gylch y lle. Daeth atebiad oddi wrthi o ysbyty yng Nghroesoswallt. Tystiai fod y llythyr yn codi hiraeth arni am y dyddiau pan fyddai hithau'n darllen llyfrau i Catrin ei merch, llyfrau fel *Cartrefi Cymru* O.M. Edwards, ac yna'n mynd ar bnawniau Sadwrn i weld rhai o'r lleoedd hynny. Ar fy rhan, anfonodd air at Ifan Owen, hanesydd wrth reddf (a chysylltiadau rhyngddo, fel 'roedd hi'n digwydd, â Dinbych), oedd yn byw ar gwr y pentref.

Felly, cychwynasom ar bnawn braf o dŷ Nain yn yr Wyddgrug: 'roedd Nain yn byw yn y dref gyda merch arall a'i gŵr, ond yn dal i gadw'r tŷ yn Ffordd Harraby, a hwnnw oedd canolfan ein gwyliau bob Awst. Mynd dros y Bwlch i Ruthun, ac ymlaen trwy Bwll-glas i Wyddelwern, nes dod i dŷ Ifan Owen. Mynd wedyn hefo'i fab, Glyn, a'i blant yntau, i weld yr union ffordd y byddai'r plant hel llus yn ei cherdded ar y Sadyrnau blynyddol hynny, gweld lle'r oedd Ffynnon y Ddôl a'r man lle bu'r bechgyn â'u traed yn y dŵr er mwyn cael annwyd i allu canu bas i'r côr ym Mhlas Marian, gweld tŷ ffefryn arall plant y pentref (a'n plant ninnau), Mr Jones yr Ocsiwnïar, a thŷ Miss Green fonheddig yn rhes y Slendai – Miss Green dlos y bu ci chariad farw yn y rhyfel. Gweld hefyd yr union goeden honno y bu'r plant yn canu dani i Tomos Olfyr glaf am y 'Commander' dwyfol hwnnw oedd hefyd yn Feddyg a Cheidwad. (Am wn i na fuasai Siân wedi hoffi imi ddod â hi'n ôl hefo ni ar y bws!) Ac i goroni'r cyfan, cawsom sgwrs felys ar aelwyd Ifan Owen a'i briod, a gwledd arall oddi ar y bwrdd llawn.

Yn llyfr Mary Russell Mitford, *Our Village,* ceir hanes David Willis, y bowliwr pymtheg oed a gafodd yr anrhydedd o chwarae i dîm criced y dynion yn y gêm rhwng y pentref a phentref arall. Camgymeriad oedd ei anfon i 'agor y batio'. Gan mor swil oedd a nerfus, ildiodd ei wiced cyn sgorio rhediad. Meddai Tom Cooper bowld, 'He will come off that', ac meddai'r awdures, 'I'm afraid he will'. Ni ddylid ymlid diniweidrwydd plentyndod. Yn gymharol ddiweddar, anfonais fraslun o gyfres chwe rhan, seiliedig ar *Y Pentre Gwyn* i S4C; fe'i gwrthodwyd 'am nad oes i'r hanes uchafbwyntiau'. Digon gwir, a byddai gwthio'r rheini arno yn difetha'i gyfaredd tawel yn llwyr.

§

Ar derfyn y degawd, cafwyd darllediad arall ar fore Sul o Gibea. Seiliwyd y genadwri ('Dyfarnu'r Goron') ar I Iago 1, adnod 12, 'Gwyn ei fyd y gŵr sydd yn goddef profedigaeth (cymryd ei brofi), canys pan fyddo profedig, efe a dderbyn goron y bywyd, yr hon a addawodd yr Arglwydd i'r rhai a'i carant Ef':

> Nid canlyniad cystadleuaeth yw dyfarniad y Goron hon (sef ein derbyniad at Dduw hyd byth) ond canlyniad cariad, cariad at Dduw a'i genhadaeth.
> (a) Rhaid i'r ceisydd fod yn fardd, yn fardd ysbrydol, yn gweld yn glir a mynegi'n gelfydd, gweld, er enghraifft, pa bryd i gymell, pa fodd i geryddu. Oddi wrth Dduw y daw doniau celfyddyd: genir dyn yn fardd, ond fe'i hailenir yn fardd ysbrydol drwy'r Ysbryd Glân. Gwêl bawb a phopeth, wedyn, â llygaid Crist; yn arbennig, fe wêl ei gyfle i wasanaethu cymdeithas – i sefyll dros egwyddor, i symud ymlaen yn hyblyg

ac ystyrlon gyda'r oes newydd, ac i syrthio i addoli Duw bob amser.

(b) Rhaid i'r ceisydd ddwyn ei gynnyrch (brofiad) ei hun at y Barnwr, nid un ei rieni duwiol, er enghraifft. Nid yw deddf etifeddiaeth yn derfynol berthnasol ym myd gras. 'Hyfforddia blentyn ym mhen ei ffordd', ond ei daith ef neu hi yw hi wedyn. Gweddïa drostynt, ac ymgysura yn y ffaith na chilia'r hyfforddiant hwnnw byth yn llwyr oddi wrthynt. Ym Methlehem ei galon ei hun y genir Gwaredwr pob dyn. Rhaid i'r sawl a ddymuno dderbyn y Goron ysbrydol ddwyn cyfrif am ei oruchwyliaeth ei hun yn unig at y Barnwr.

(c) Rhaid bod â ffydd yn y Barnwr, oherwydd ei gyfiawnder (yr holl groniclwyr Ysgrythurol, beth bynnag yw eu pwyslais, yn cytuno ynglŷn â chyfiawnder Duw), oherwydd ei gydymdeimlad (ceisio ein gorau yn unig), ac oherwydd ei ganfyddiad (yn canfod yr addewid a'r bwriad er gwaetha'r blerwch).

§

Anfonais *operetta* i blant hŷn i Bontrhydfendigaid, 'Gwylanod Cei Newydd', traddodiad yn egluro paham y ceir cymaint dwyster yng nghri'r gwylanod yno, Rhannwyd y wobr rhwng dau o'r wyth ohonom, ac anfonais hi i geisio nawdd Cymdeithas y Celfyddydau yng Ngogledd Cymru. Galwodd Michael Lewis, ar ei rhan, i'm cymell i geisio cael gan Sydney Burkinshaw lunio'r gerddoriaeth ar ei chyfer. Gwnaed hynny, a gwobrwywyd y sgôr honno gan Gareth Glyn ym Mhrifwyl Bro Madog, 1987: 'Dyma waith ardderchog ar gyfer ei ddiben arbennig, sef, yn fy marn i, perfformiad gan unawdwyr sy'n agos at fod yn broffesiynol, a chôr dethol o bobol ifainc galluog'. Rhoddwyd perfformiad cyngerdd ohoni gyda cherddorfa gan rai o ddisgyblion yr hen sir Feirionnydd, a bu Cyfarwyddwr y Gymdeithas ei hunan yn ymdrechgar iawn o'i phlaid, ond wedi ugain mlynedd a mwy, yma y mae yn y drôr fyth. Nid yw amynedd Job yn eiddo imi, a dichon mai ei llosgi hithau, fel y ddwy nofel erstalwm, a wnaf cyn hir gan nad ymddengys fod ar neb ei heisiau.

1970-1980

*C*OLLEDION LAWER a nodweddai ddechrau'r saithdegau yng Nghymru; bu farw Ifan ab Owen Edwards, D.J. Williams, J.E. Jones, T.I. Ellis, J.R. Jones, H.T. Edwards a Chymry amlwg eraill.

Daeth i Frynaman londer, yn gymysg â'r ymdeimlad o golled, pan ddaeth dilyniant o lwyddiannau lleol o'r Eisteddfod Genedlaethol, o 1969 hyd 1972. Bu Dafydd Rowlands, enillydd y Goron yn y Fflint (1969) a Hwlffordd (1972) yn weinidog yng nghapel Ebeneser yn y pentref, un o blant y pentref a chapel Gibea oedd Bryan Martin Davies, a enillodd Goronau Prifwyliau Rhydaman (1970) a Bangor (1971), a phan enillais y Gadair yn Hwlffordd (1972), yr oeddwn innau'n weinidog yn Gibea.

Rhaid fy mod mewn hwyl dehongli y blynyddoedd hynny! Bûm yn dehongli ac asesu, mewn ysgrifau wythnosol i'r *Tyst*, bryddestau ac awdlau buddugol y Brifwyl o 1945 i 1970, a hynny a roes imi un o'r oriau melysaf a dreuliais ym Mrynaman. Ddechrau gaeaf 1972, nogiodd y modur gan Ifor Bowen Griffith pan oedd ar ei ffordd i agor Cymdeithas y Capeli. 'Doedd fawr o ddewis gennym, a dyna sut y cefais fy hun ym mhulpud Siloam ddwyawr wedi cael y neges, yn dehongli dilyniant buddugol Bryan Martin yn Rhydaman yn 1970. Yr oedd popeth o'm plaid! Cyflwynesid deunydd y dilyniant 'Darluniau ar Gynfas', sef hanes Brynaman a'i gymeriadau, yn odidog gan 'un o'ch poetau chwi eich hunain', a braint oedd ceisio profi hynny drachefn.

Yn gymysg â'm diolch o feddwl fel y bu i nifer, o bryd i'w gilydd, ddymuno cael trafod gyda mi ambell bryder personol cyfrinachol, daw hyder o gofio ymddiriedaeth plant ar dro.

Cofiaf Phillip, rhyw bump oed, pan fu farw'i ffrind mawr, Taid, yn dechrau pesychu, pesychu yn barhaus. Gwrandawai'n astud arnaf un noson yn y Gobeithlu yn dweud hanes y cawr caredig hwnnw yr ysgrifennai Oscar Wilde amdano, ac fel y bu iddo ddiflannu yn y diwedd i fyw at Iesu Grist. A thystiai ei fam i Phillip ddod ati y noson honno i ddweud ei fod o'n gwybod rwan lle'r oedd Taid wedi mynd, ac i'r pesychu hefyd ddarfod o'r noson honno.

§

Gan imi ysgrifennu nodiadau ar gerddi i Adran Ysgolion *Barn*, awgrymodd Iola Alban, athrawes Gymraeg Ysgol Uwchradd Llanrwst, fy mod yn llunio llyfr ar *Dail Pren* Waldo, yn cyflwyno ac egluro'r cerddi i'r plant a fyddai'n sefyll Arholiad Gris A ar y llyfr cyn bo hir. Hoffais her yr arbrawf o lunio llyfr ar lyfr gosod! Dyna sut y daeth *Dal Pridd y Dail Pren* o'r wasg yn 1972, un o'm tri llyfr y flwyddyn honno. Ynddo, ceisiais drafod y cerddi, a'r gredo a'r grefydd a symbylodd Waldo i ganu. Meddai Dyfnallt Morgan amdano (*Y Cymro*): 'Sonnir, ym myd y meddygon, am wasanaethau cynorthwyol ('ancillary services'). Un o'r rheini a gyflawnwyd yn dra effeithiol y tro hwn gan awdur ymroddedig *Dal Pridd y Dail Pren*'.

Wrth lunio'r llyfr, sylweddolais mor fawr oedd cariad Waldo at fro'r Preselau (testun awdl Hwlffordd y flwyddyn honno), a gwelais gyfle i dalu teyrnged iddo fel bardd a chyfaill drwy gyflwyno'r Preselau a adnabu ef, gan mai'r un oedd gobeithion y ddau ohonom amdani hi a Chymru. Unwaith erioed y bûm yno, gyda'r dosbarth nos o Frynaman. Anfonais am lyfrynnau ar hanes y fro o wahanol agweddau, gan ddod yn gyfarwydd â'i daearyddiaeth ac â chyfaredd llawer enw lleol. Dewisais batrwm y Cywyddwyr, sef 'ymddiddan rhwng y byw a'r marw', gan roddi cyfle drachefn i Waldo i fawrhau ei fro, a mynegi'i ffydd ynglŷn â'i hyfory. Yna anfonais hi bob yn rhyw hanner can llinell ar y tro at

E.T. Jones garedig a manwl, cyn-ysgolfeistr yr ardal, i sicrhau nad oedd wall ym manylion y gyfeiriadaeth leol.

Cefais aeaf wrth fy modd! Byddwn yn y stydi cyn deg bob bore gan aros yno hyd ginio, a byddwn yn fwy na bodlon os cawn ryw bedair llinell mewn bore. Er na ddylid deddfu ynglŷn â'r gynghanedd, ceisiais ddangos (Y) nad ystyriaf hi'n llawer o gamp llunio awdl sydd, er enghraifft, yn gynghanedd draws drwy'r trwch! Sut bynnag, gwyddwn fod yn rhaid wrth y saernïo manylaf ar fy rhan gan fod Alan Llwyd wedi llunio awdl i'r gystadleuaeth, a chlywswn sôn y byddai Donald hefyd yn cynnig.

Ystyriai Thomas Parry fod cystadleuydd arall yn fwy sionc ei ddawn, ond ni chwynai arnaf. 'Nid oes dim yn ddisgwyliedig yn ei gynganeddu' meddai; 'y mae ei gyfuniadau'n wreiddiol yn gyson. Y mae dyn yn cael yr argraff ei fod yn cynganeddu'n fwriadus, ystyrlawn, ac y mae'n gywrain yn fynych, fel yn y pedair llinell hyn:

> Duwiau echdoe a'i wychder,
> mae eu dawn? Mud yw eu her.
> O annedd craig ni ddaw cri, –
> cwr mynwent yw Car' Meini.'

'Oni bai am hon(no),' meddai, 'ni fyddai cadeirio.'

Bodlonwyd Geraint Bowen yntau: 'Fe dry y gerdd hon yn gerdd o fawl i Breselau, ac mae'r mawl yn ddiffuant ac yn orfoleddus, wedi'i fynegi'n rymus mewn ieithwedd a chynganeddion diystrydeb:

> Preselau'r sêr a erys,
> fy Nhŷ llawn, hafan a llys.
> F'annedd oedd, fy nawdd egr, –
> yn f'ing iasol, fy nghysegr.
> Tir gwaddol hud, tragywydd eiliadau
> yr angof eirias sydd rhwng ei furiau,
> ac er ysu gwêr oesau â'r fflam gêl,
> eu pŵer a'u sêl, erys Preselau.

Y trydydd beirniad oedd R. Bryn Williams: 'Trwythodd yr ymgeisydd ei hun yng ngherddi Waldo, daliodd ei gyfaredd ac aeth dan yr hud sydd yn Nyfed'.

Diolchaf imi gael profi gwefr y 'creu', os mai dyna'r gair cywir, droeon yng nghwrs y blynyddoedd. Ni waeth imi gyfaddef na pheidio, credaf y dylai pob beirniad celfyddyd gain feddu'r profiad o greu, fel ei fod (neu ei bod) yn rhannu gwefr llunio yn llawn, ac nid yn traethu'n ffeithiol, glinigol o bell.

Y mae gennyf ffydd yn fy marn am waith eraill, a'm gwaith fy hun, hyn oherwydd cynneddf gynhenid a'r chwaeth a feithrinwyd ar gyfrif darllen. Yr oeddwn yn obeithiol am dynged yr awdl yn Hwlffordd, er i'r llythyr fod yn hwyrach beth na'r arfer yn cyrraedd. Pan ddaeth ar fore Llun, yr oeddwn wrthi'n eillio, ac wedi'i ddarllen, i lawr â'r pedwar ohonom am baned arall, a sebon siafio, erbyn hyn, ar wyneb pob un ohonom! Ac fe gadwodd y plant, yn ddeg ac yn ddeuddeg oed, heb ollwng y gath o'r cwd am y deng niwrnod hir, chwarae teg iddynt.

Bodlona'r beirdd buddugol, bob blwyddyn, i fod yn rhan o ryw ddwsin o raglenni cyfweliad, Cymraeg a Saesneg, a chael tâl am ddwy, o bosibl – ddim hyd yn oed y 'Faint sy arnon ni?' digri hwnnw am y gweddill. Hynny pan fyddai'n well gan y beirdd fod gyda'u teulu a'u ffrindiau yn ystod yr awr a hanner. Nid yw beirdd fwy am arian na rhywun arall, ond cefais lythyrau oddi wrth ddau brifardd, y naill yn weinidog a'r llall yn athro, yn holi a gefais gydnabyddiaeth am y cyfweliadau hyn, gan na chawsant hwy. Mynegai Caradog Prichard y gwyn yn *Y Genhinen,* cyn dyddiau'r teledu: 'Ni wn pa beth yw'r trefniant blynyddol rhwng y BBC ac Awdurdodau'r Brifwyl. Ond gwn na chaiff dim o'r hufen ffeindio'i ffordd i ddysgl y beirdd ... Ar y beirdd y mae'r bai ... Buont yn rhy dawedog i hawlio'u cyfiawn a'u cyflawn ran...' O leiaf, o ran cwrteisi a thegwch, beth am eu rhybuddio â gair yn y Rhestr Testunau: 'Awdl, (testun peth a'r peth) ... a dwyawr neu lai o gyfweliadau', ac addasu'r tâl, neu

Ar alwad y Corn Gwlad, yn Hwlffordd!

adael ar y Cyfryngau! Pam y bodlona'r beirdd, a synnu yr un pryd? Rhag gwneud yr hyn a wnaf fi y funud hon, synnwn i ddim, sef rhoi camargraff i lawer. Pan oeddwn yn llawer iau, bûm yn llenwi bwlch mewn timau Ymryson Beirdd am dair noson gyntaf Prifwyl. Yr oedd aelod arall yn eisiau neu'n hwyr y bedwaredd noson, a gwahoddwyd fi gan yr arweinydd, na fu yno y tair noson gyntaf. Rhag i'r arfer a'r digwyddiad fynd yn destun sbort, gwrthodais, a derbyniodd Prifardd arall. Ac meddai'r arweinydd, i gymeradwyaeth y dyrfa, 'Wel diolch am Brifardd sydd yn fodlon llenwi bwlch!' 'Tawn i'n padi! Oes, mae eisiau cryn dipyn o ras i frathu tafod weithiau.

O'm blaen, bnawn y Cadeirio, eisteddai gŵr cydnerth, ac wrth inni eistedd cyn y seremoni, fe drawsom ein pennau. Ni ddywedodd air, ond edrychai'n filen. Pan alwyd arnaf i sefyll, ac yntau, wedi chwilio, yn fy nghanfod tu ôl iddo, meddai'n ddibetrus, 'Mae hi'n bleser cael trawo pen hefo chi!'

Bydd llawer yn holi, 'Sut brofiad, sut deimlad ydio cael eich coroni neu'ch cadeirio?' Rhagrithio y byddwn, wrth gwrs, 'tawn i'n gwadu ei fod o'n deimlad braf ofnatsien! Y tro hwnnw, o leiaf, wedi rhoi bryd ar gyflawni, a thri o rai a ddylai wybod yn haeru ichwi wneud hynny yn foddhaol, yn dweud hynny yn gyhoeddus a chynrychiolaeth o'r holl genedl yn gwrando. Ond mae yna ryw bethau tebyg i ofnau a thensiwn ynglŷn â'r cyfan hefyd. A dyna pam yr wyf am i T. Glynne Davies egluro'r cyfan yn ei ffordd ddihafal. Dyma'n hyn a ymddangosodd ganddo yn y *Western Mail* ddeunaw mlynedd yn ôl:

> Y mae'r profiad mawr yn dal i lenwi fy nghalon-i, fel y mae y funud yma wrth imi hasio'r gath goch unwaith eto allan o'r goron y mae hi'n gweld ei melfed yn gartref crwn cysurus bob tro y mae'r alwad yn dod iddi fynd i gysgu.
>
> ... y beirdd yn eistedd, yn wên i gyd yn eu lliwiau a'u crysau nos yn rheng tu ôl i reng ...
>
> Mae'r feirniadaeth yn cymryd blynyddoedd i'w thraddodi... Dyna chi'n sefyll, ac yn clywed taranau o'ch cwmpas ymhobman. Dyna oleuni fel goleuni'r Ffordd i Damascus yn chwilio fel sarff o gylch y pafiliwn nes iddo lanio'n deg arnoch chi. Rhagor o daranau...
>
> Dyna chi'n falch o fod yn y gadair er bod yr hen gleddyf mawr yna yn union uwch eich pen a dynion mawr yn gafael ynddo. Teimlo fel dweud, 'Y dant pella ar y chwith', a'r Arch yn dweud wrth bawb pwy ydach chi, a dyna hi'n daranu eto'.

Gan fy mod yn cyflwyno sgwrs radio o'r maes drannoeth, aeth Doris a'r plant adref nos Iau, minnau bnawn Gwener. Pan ddaeth y bws i Rydaman, disgwyliai chwe modur rubanog amdanaf, ac yn un orymdaith fodurol yr aethpwyd y saith milltir i fyny'r dyffryn. Erbyn cyrraedd 'Erw Fair', gwelwn dorf o flaen y tŷ i'm cyfarch, a baneri wedi'u gosod ar draws y ffordd a 'Croeso i Dafydd Brifardd' ac yn y blaen arnynt.

Ymhen ychydig wythnosau, trefnwyd swper i dyrfa yn festri Gibea (ar ddau eisteddiad), ac yn y cyfarfod ar ei ôl, cyflwynwyd rhoddion i Doris a'r plant, a llun peintiedig i minnau o'r Preselau o waith Sally Metcalfe, arlunydd o fro'r Preselau, hyn a rhodd ariannol, a'r aelod hynaf, Mr John Davies yn eu cyflwyno.

Yr un flwyddyn, cyhoeddwyd dau lyfr arall o'm gwaith. Un oedd *A'r bore a fu*. Meddai Gerallt Jones yn *Y Tyst*, 'Y mae hon yn gyfrol bardd pwysig o'n plith, a'r gerdd hir "Y Bont" yn "gerdd fawr" '. Cafwyd adolygiad W.R. Nicholas yn *Barn*: 'Cafodd llawer ohonom ddilyn ei ysgrifau o feirniadaeth lenyddol … gan edmygu rhychwant ei grebwyll a sicrwydd ei farn … Ni chawn ganddo yr uniongyrchedd sy'n caniatáu i'r meddwl ymddiogi wrth eu mwynhau. Y mae'n ddisgybl teilwng iawn i Waldo'. Yn y *Denbighshire Free Press*, tystiai Cynwil Williams:

> I mi, gogoniant y gyfrol yw'r mawl sy'n asio myfyrdodau'r bardd wrth ei gilydd. Ac mae pob gwir fyfyrdod yn troi'n foliant. Y baich o fyw yn y byd modern yw'r ysbrydiaeth i fyfyrio, ac fel y gellid disgwyl, mae'r bardd, sy'n fugail eneidiau, yn effro iawn i'r llawenydd a'r tristwch, y gobaith a'r anobaith sydd ym mywyd pobl.
>
> Wrth ddyfalu'r cyfnewidiadau cyfoes a'r ysbarduno byw sydd heddiw ym mhob llan a thref, mae crac ceryddol neu hiraethus yn ei lais. Weithiau, mae'n astudio byd, fel yn ei gerdd 'Llygoden Eglwys'. Mae'n llygoden fawr, ac yn fwy ffyrnig na llygoden John Betjeman!
>
> Yn fynych, mae'n ddigalon. Ond, o'r felan, daw o hyd i foli Creawdwr y byd sy'n cynnal y seiliau, ac ar ôl pob creu, mae gwaredigaeth a Salm, 'A'r bore a fu … da ydoedd'. Ac ym mlynyddoedd

canol oed, er bod Dafydd Owen yn ymdeimlo â dolur yr oes, daw iddo yntau ar ôl pob creu y gwir orfoledd: 'A'r Bore a fu...'

Cyn diwedd y flwyddyn ymddangosodd, dan glawr hynod ddeniadol, *Ffrinc a Ffronc a'u Ffrindiau,* cyfres o bump o storïau am y Tylwyth Teg, seiliedig ar y cerddi deialog o'm gwaith a ddarlledwyd yn gynnar yn y chwedegau, addas i blant o saith i naw oed. Ni bu prinder croeso iddynt hwythau.

§

Braint oedd cael darlledu o Gibea, Awst y flwyddyn honno, Oedfa Ddathlu Canmlwyddiant Undeb yr Annibynwyr. Seiliwyd y genadwri ar ryddid personol, ar yr ymadrodd o Epistol Iago (1:25), 'perffaith gyfraith rhyddid', y rhyddid a gydnebydd gydraddoldeb plant Duw a phenarglwyddiaeth Crist yn unig yn ei Eglwys, rhyddid y Cristion y mae i'w ryddid randir, i'w grefydd genhadaeth, ac i'w lafur led (Y).

Pan oedd Vernon Lewis yn weinidog yn Gibea, ni hoffai'r briodas rhwng creadigaeth orau Pedrog, yr emyn 'O, fendigaid Geidwad, / Clyw fy egwan gri' a 'Maes-gwyn' John Edwards. Gogleisiol ym marn fy nghyd-aelodau yn Gibea oedd y ffaith mai dyma fy hoff briodas emynyddol i! Yr oedd yn ffefryn gan R.H. Davies yn Lôn Swan pan oeddwn yn blentyn, a magwyd fi dan ei swyn. Rhybuddiai'r cerddorion fi i beidio byth â ledio'r emyn oni byddai cant o leiaf yn y gynulleidfa. Er pan ddeuthum yn ôl i'r Gogledd, y mae gennyf hiraeth amdano. Ond ar achlysur fel dathlu pen-blwydd Yr Undeb, pan ddeuai'r llu cantorion o'r holl gapeli i gynorthwyo'r dorf aelodau, profiad o ecstasi pur oedd gwrando'r mawl i'r 'Bendigaid Geidwad'.

§

Y mae'n sicr fy mod yn gywir wrth ddweud fod mwyafrif gwragedd gweinidogion mewn swydd daledig; oni bai am hyn byddai nifer y gweinidogion yn llai fyth o bosibl. Athrawes oedd Doris, wedi'i hyfforddi yng Ngholeg y Normal, Bangor. Pan ddaeth y plant, fodd bynnag, cytunodd i roddi'r swydd heibio i ofalu amdanynt, a llawenydd i'r ddau ohonom yw cofio na ddaeth Gareth na Siân erioed adref i dŷ gwag. Ond bellach, er holl garedigrwydd Gibea tuag atom, aethai amgylchiadau'n dynn, a phenderfynais geisio am swydd athro rhan amser, fel fy mrawd yn Llundain. Gan mor brin y swyddi hynny, derbyniais swydd yn athro Cymraeg amser llawn yn Ysgol Uwchradd Prestatyn. Lluniasom amod newydd ein dau, sef anfon pob siec a dderbyniwn am bregethu ar y Suliau at ryw 'achos da' neu'i gilydd, Bernardos, Oxfam, Cymorth Cristnogol, ac yn y blaen. Llwyddwyd i gadw at hynny am dros bymtheg mlynedd. Amwn-i mai'r rheswm paham y datgelaf hyn yw cofio'r unig lythyr (di-enw) a gefais yn gweld bai arnaf am newid dull fy ngweinidogaeth: 'Gan mai'r arian yn unig sy'n bwysig ichi, Mr Owen, gobeithio y cewch chi ddigon ohonyn nhw'. I'r gwrthwyneb; er i'r ddau ohonom gael ein magu i fod yn ddarbodus, ni fu galw am syllu i lygad y geiniog erioed, ac ni olygodd arian lai i unrhyw ddau. Syfrdenir ni gan y modd y derbyn ambell un godiad cyflog a ymddengys yn gwbl wrthun: y cam nesaf yw mynd i gredu eu bod yn werth y cyflog, neu, o leiaf, restru'r esgusodion ystrydebol i geisio taflu llwch i'n llygaid.

§

Pan oeddwn yn paratoi i droi am Brestatyn i letya gyda Cit, fy chwaer weddw, am ychydig amser nes caem dŷ, daeth gair wedi naw fore Sul i ddweud am farwolaeth Menna, yr ieuangaf ohonom, Menna hael a siriol, a fu'n gorwedd yng nghartref Meri a Bill trwy fisoedd ymosodiad y canser didrugaredd. Magodd Huw a David yn ofalus wedi marw cynnar eu tad, ac ystyriai Bill a Meri hi'n fraint ymgymryd â'r cyfrifoldeb hwnnw wedyn. Ceisiais fynegi ein hiraeth amdani a'n sicrwydd yn ei chylch yn y gerdd 'I Men' (CC). Anodd esbonio'r peth, ond yr oedd hyn oll yn dwysáu'r alwad yn ôl i'r gogledd.

§

Bûm yn hapus iawn fel athro am ddau gyfnod byr; yn athro Cymraeg ail iaith ym Mhrestatyn i ddechrau. Bûm innau, yn fy nhro, yn dafotrydd iawn ynglŷn â bywyd braf athrawon, a'r gwyliau helaeth, ond buan y sylweddolais mor drom oedd y dreth emosiynol wrth ddelio â phlant. Cefais gyfuniad o blant gweithgar a medrus, o blant eithriadol eu gallu, a rhai eraill oedd fel pe baent yn gwneud ati i fod yn annymunol, rhai a fyddai wedi cael 'Cymer honne!' gan rai o athrawon fy mhlentyndod. Adlewyrchwyd hyn oll yng nghanlyniadau arholiad yr haf, deunaw yn llwyddo a thri yn methu. Bore cyhoeddi'r canlyniadau, estynnai Dan Owen, y prifathro, ei law imi. 'Ardderchog!' meddai, 'Pedwar "distinction"!' Disgwyliaswn dri, a holais pwy oedd y pedwerydd, a chael fy moddhau'n fawr pan ddeallais mai wyres oedd i chwaer y bardd T. Gwynn Jones! Yr oedd y clod pennaf yn ddyledus i'r nofelydd John Owen, y cyn-athro. A bu Miss Eluned Griffiths, yr is-bennaeth, yn gymorth mawr i'm hyrwyddo i ddod i arfer â'r 'newid byd'.

Yr athro Saesneg ym Mhrestatyn oedd y bardd John Davies, a gyd-olygai *The Anglo-Welsh Review*. Mentrais ddangos casgliad o gyfieithiadau o'm cerddi iddo, fel y darlun o'r llanciau a welais yn eistedd ar y wal ym Mhontardawe un pnawn (CC):

In Pontardawe

Such a day as this will not dawn again.

The street awakens to anxiety,
but they,
gifted with the gold of their gaiety,
perched on their wall of wit,

ruling and relevant
above the folklore of faded feats,
have the town a toy at their toes,

The long-haired crew all gathered,
a day to spend
sailing the bell-bottomed hours,
the gems of their jests surpassing wisdom
as they beatitude the beauty of belles,
parish in pocket.

A street lies merry and emeshed
in the ribbons of their revelry
as bus after bus lurches along
laden with the trailing loads of their laughter.

Tempus fugit.

There will come the precise
politeness of paunches,
a disciplined dying
as they rule, time-beckoned,
        their reckoned
             realms,
(and occasionally a sad yet sustaining echo
of bouncing buses
between the walls of a long lost day).

Winds will widen their sails
in the knowledgeable noons
of seminars and eccentricities.

But come what may,
such a day as this will not dawn again.

Antonodd John ei adwaith, mewn llythyr, i'r casgliad cyfan: 'I thoroughly enjoyed them. I think them well worth publishing. their rich texture, their rhetorical rhythms (which remind me somewhat of Gerard Manley Hopkins's work) and wide range of reference all help to make them distinctive. But apart from their real quality, there is so little interchange between Welsh and Anglo-Welsh poetry, that readers who don't speak Welsh would be as interested as I was to be able to read the work of a contemporary Welsh poet'.

Ni chynigiais hwy i gyhoeddwyr, ac yma y maent ar gael a chadw, fel y detholiad o gerddi plant yn Saesneg, a'r pentwr o ddramodigau a chaneuon actol. Dichon y bydd yn dda imi wrthynt rywdro!

Symud yn fuan yn athro Cymraeg iaith gyntaf i Ysgol Uwchradd Glan Clwyd, ger Llanelwy, ac yn athro ar Siân bellach. Sylweddoli drachefn gymaint y newid a ddaeth i fywyd ysgol. Caniateid rhyddid braf, a hynny heb i unrhyw blentyn gael codi'i gloch na mynd dros ben llestri o gwbl, er bod ambell blentyn, wrth gwrs, mor anesmwyth â phetai cynrhon yn ei gerdded! Ym Mhrestatyn, cefais gwmni'r bardd a'r nofelydd T. Wilson Evans, brawd fy nghyfaill y Prifardd Einion. Yn Glan Clwyd yr oedd beirdd fel James Arnold Jones, y Prifardd Tom Huws, Desmond Healy y prifathro, a'r englynwr Aled Jones o Ruddlan. Gwerthfawrogwn gael eu cyfarchiadau barddonol ar dudalennau blaen y *Geiriadur Termau* pan ymadewais. Byddem wrthi, a Mairlyn Lewis, wrthi gyda ni, yn llunio emynau diolchgarwch a cherddi ar gais ac ar gyfer cerddor y melodïau melys, Gilmour Griffiths. A byddai direidi Tom Charles yn gwarchod pawb rhag cyhuddiad llinell Ioan Madog, 'Mae'n dordyn mewn awdurdod'. Cyfnod difyr, yn llunio ambell ddarn i'r parti cydadrodd ar gyfer yr Urdd, yn annerch llond yr eglwys gadeiriol gerllaw o blant ar ddydd Diolchgarwch, yn cynorthwyo'r cwmni drama, ac yn canu ambell faled yn y cyngherddau a gynhaliai'r parti athrawon dan arweiniad y dirprwy-brifathro Norman Williams. Canlyniadau boddhaol iawn wedyn i arholiadau'r haf, a llythyr oddi wrth Basil Davies, f'olynydd, yn diolch imi am adael 'deunydd mor dda' ar ôl iddo.

Un diwrnod, daeth swyddog o Adran Addysg y Cyngor Sir i'r ysgol, a chynnig imi swydd Cyfieithydd Clwyd. Yr oedd llawer rheswm dros dderbyn: nid oeddwn yn mynd dim iau, a'r gwaith yn dal yn gymharol newydd imi; cawswn hefyd lawer o brofiad yn cyfieithu pob math o ddeunydd. At hynny drachefn, byddwn, yn y Neuadd Sirol, drws nesaf i Lyfrgell y Sir, lle gallwn browla faint a fynnwn, yn f'amser rhydd, ar drywydd hanes y faled yng Nghymru. Derbyniais y cynnig ar yr amod fy mod yn cael parhau ar delerau ac amodau athro ym mhob ystyr, gan yr ystyriwn y gellid diflasu ymhen amser ar gyfieithu i holl adrannau'r Cyngor. Ac felly y treuliais yr un mlynedd ar ddeg nesaf a rhagor, gan gael pennaeth f'adran, y Cyfarwyddwr Addysg John Howard Davies, yn gyfaill ac yn gymorth mawr bob amser, a dod ymlaen â phawb.

Rhaid adrodd am un digwyddiad arall! Wedi imi dderbyn y swydd, a charedigrwydd y plant a'r athrawon, gwelwn ar yr hysbysfwrdd un bore ddarn wedi'i dorri allan o bapur newydd, a darn arall wedi'i deipio odditanodd:

> WELSH BARD CHAIR, 1953, Denbigh (carved oak).
> Offers, Box 5629 Rhyl: – 3M551.
>
> CANSLER!
> Wedi cael gwell swydd – D.O.

Amheuwn Aled ddawnus, awdur y llinell, 'Duw faddeuo i Dafydd Owen'!

Cyfieithwn adroddiadau, a'r rhai ystadegol a strwythurol maith yn felltigedig o sych yn aml, llythyrau (ailadroddllyd lawer tro) athrawon yn ceisio am swydd, ddeunaw ar y tro, trywyddau trefi, cannoedd ar gannoedd o lythyrau, rhestrau bwydydd (*menus*) rhyfeddaf hefyd. Bob yn ail â chyfieithu i'r gwahanol adrannau, cawn siawns i fathu ambell gymal, megis 'bras ddarllen a brys ddarllen' am 'scanning and skimming', 'byrgraffiad' am yr ail ystyr i 'profile', a 'Cymryson' am y gystadleuaeth honno, 'Cymrusports'.

Ambell awr ginio, galwai rhai fel John Hughes, Llangernyw a William Hughes, Gwespyr heibio am sgwrs rhwng pwyllgorau. Pan na fyddai unrhyw un o'r cyfieithwyr swyddogol yn y llys gyferbyn ar gael, benthycid fi i gyfieithu yno. Y tro cyntaf erioed oedd mewn achos o lofruddiaeth, a chefais ddeuddydd solet o gyfieithu wrth ochr y cyhuddedig. Un tro, a thri ohonom y tu allan i ystafell yr erlyn, achosais oediad byr drwy drosglwyddo'r dasg o gyfieithu'r llw i un a'i cyfieithai'n fanylach, gan iddi ei gyfieithu droeon cyn hynny. Unwaith erioed y gwrthodais gyfieithu, un min nos mewn achos o gyhuddo dau aelod o Gymdeithas yr Iaith, gan egluro fy mod yn cytuno'n llwyr â diben eu gweithredu.

Er nad oedd fawr o ddyfnder i'r cydymdeimlad â'r Gymraeg yn Neuadd y Sir yng Nghlwyd, dan ysbrydiaeth Cyril Golding, gymaint â neb, cynhelid dosbarthiadau Cymraeg, o'r dechreuwyr drwy dair neu bedair gris hyd at fy nosbarth innau o Gymry da a ddymunai fod yn fwy rhugl fyth yn ei thrin. Mwy na digon o dâl am bob paratoi llên a gramadeg ar eu cyfer oedd eu brwdfrydedd.

Dosbarth arall y cawn fendith ohono oedd y 'cyfarfod crefyddol' am oddeutu deugain munud bob awr ginio dydd Gwener. Deuai tua phymtheg yno, Saeson ar wahân i'n llywydd ysbrydoledig, Eric Morris a dau arall ohonom. Daliai mwyafrif yr aelodau swyddi cyfrifol iawn, un gŵr a gwraig ifanc, er enghraifft, yn Adran y Gyfraith, a mynychent encilfeydd penwythnos yn ddigymell. Ni bûm erioed yn sicrach o ddidwylledd ysbryd cyd-addolwyr. Nid oedd gormod swildod yn atal pob un i arwain mewn gweddi daer a thawel, a byddai pob un yng ngofal y paratoi a'r seiadau o bryd i'w gilydd. Atom hefyd, bob hyn a hyn, deuai'r gweinidogion dysgedig a defosiynol o'r dref gerllaw a'r cylch. Bu hiraeth mawr arnaf am y seiadau hynny, a thrysoraf ymhlith fy rhoddion y gyfrol hardd ar yr Effesiaid gan Martin Lloyd Jones a roddwyd imi gan y grŵp. Ceisiem genhadu, ac argraffwyd gwahoddiad i'r seiad ac eglurhad o'r bwriad, a'u rhannu i'n cydweithwyr, gannoedd lawer ohonynt, a daeth ambell un atom o'r newydd.

§

Rhaid i rieni teilwng ofalu peidio â ffafrio'u plant eu hunain, a chwarae teg i'm sir a'r trefi y bûm yn gysylltiol â hwy, fe wnaed felly â minnau yn yr Eisteddfodau Cenedlaethol yn y Fflint, Wrecsam, Llanrwst, yr Wyddgrug, ac un Glyndŵr. Gofynnodd cyfaill o Wrecsam imi yn 1977 pa beth a feirniadwn yno, ac wedi deall na wahoddwyd fi, aeth yn ôl gan hysbysu'r Ysgrifennydd, a daeth gwahoddiad i feirniadu 'casgliad o ddramâu'! Anfonais i ddweud na wyddwn ddigon am y maes, a gofyn sut 'roedd hi'n edrych am gael bod yn un o'r beirniaid cerdd y flwyddyn ddilynol!

Yn Rhuthun yn 1973, enwyd fi, fel arfer, i feirniadu'r faled, ond mynnodd Bryn Williams fy nghael yn un o dri beirniad y bryddest. Ymgeisiodd deuddeg ar hunain, ond dewisodd Bryan Martin Davies a minnau, ar y darlleniad cyntaf ac yn annibynnol ar ein gilydd, bryddest gyhyrog Alan Llwyd, i dynged bosibl y Gymru gyfoes, yn deilwng o'r goron, er i'r trydydd beirniad, Alun Llywelyn Williams, ddymuno ei hatal. Ddydd Iau, cefais gyfle i'w gyfarch, ar ran yr Orsedd:

> Drugaredd! Echdoe'r goron,
> A heddiw'n ôl i ddwyn hon!
> Iesgob! 'Rôl cael prif wobor,
> Am un cŵl, – Mynnu encôr!

§

Er cymaint croeso'r De, difyr oedd cael dychwelyd i'r Gogledd, a chael cynifer o brofiadau diddorol ag erioed. Dod i Brestatyn, dan weinidogaeth fy nghyfaill Coleg, Ted Lewis Evans fywus. Cydsyniodd ag awgrym a wnes, wedi darllen cymhelliad Trebor Lloyd Evans yn *Y Tyst,* i ddathlu penblwydd eglwys Seion, Victoria Avenue. Yn 1977, dan ei lywyddiaeth, ac yng nghwmni'r cyn-weinidog Brython

Davies, cafwyd noson i hybu'r galon. Wrth imi adrodd hanes yr Achos yn y lle, rhyfeddai pawb at y gweithgarwch dyfeisgar a ddangosid ddechrau'r ganrif.

Cynorthwywyd y gweinidog galluog, Ben Williams, oedd hefyd yn weinidog ar eglwys yr Annibynwyr Seisnig yn Nyserth, i gael mynd yn weinidog i America am chwe mis un haf. Ceir hanes *bazaar* hynod lwyddiannus hefyd a gynhaliwyd gan eglwys Seion, pan dalwyd i gwmni o Lerpwl, 'Messrs H.S. Kelly and Co., Bazaar Artistes', am addurno 'after the scenery depicted in the famous opera, "San Foy" '. Y mae Seion yn agored o hyd, a'r nifer fach o ffyddloniaid yn selog tu hwnt.

Daeth gwahoddiad oddi wrth Gerallt Lloyd Owen, y 'Meuryn' rhagorol, i ffurfio tîm 'Talwrn y Beirdd', ond gwrthodais. Gall fy mod yn gul ym marn llawer, ond er fy mod yn cael cymaint blas ar lyfrau'r 'Talyrnau' a'u gemau, a'r rhaglenni, ac yn gwybod nad ceiliogod strytgar mo'r beirdd ffraeth, y mae fy chwaeth i, o leiaf, yn gwrthwynebu creu chwerthin aflywodraethus cynulleidfa gymysg â llinellau sydd â'u doniolwch yn dibynnu ar eu comonrwydd. Ofer, wrth gwrs, sôn am y 'din' honno sydd, fel y tlodion ysgrythurol, gyda ni bob amser! Gwrthodais Feuryna droeon, ond bodlonais i wneud hynny yng Ngŵyl Fawr Aberteifi yn yr wythdegau. Petai rhywun yn gofyn, 'Be' gest ti i ufuddhau y tro hwnnw?', dichon yr atebwn imi deimlo'n ddiogelach am fod llawer o weinidogion yn y ddau dîm (gwell fyth, nifer ohonynt yn Annibynwyr!) a'r beirdd yn rhai y gwyddwn y gallwn ddibynnu ar eu chwaeth.

Cefais fy moddhau'n llwyr gan raglenni fel honno am y ddau frawd di-briod a di-sgwrsio ar y tyddyn hwnnw yn Llŷn gynt (Gari a Stewart yn eu cyflwyno), cyfres 'Fo a Fe', rhaglen T.H. Parry-Williams yn crwydro gwlad Nantlle, cyfres 'Traed mewn Cyffion', a llu o rai tebyg. Ond at ei gilydd, er bod talent yn byrlymu yn llawer o'n hactorion comedi, ystyriaf mai plentynnaidd ac enbyd o ddi-chwaeth yw llawer iawn o'r comedïo Cymraeg, a'r 'myn uffarn' ystrydebol bob yn ail frawddeg yn cuddio dim ar debygrwydd y cynllun i gyfresi gwell yn Saesneg.

Nid 'gwrthod symud gyda'r oes' yw fy hanes: fel dwedodd rhywun, mae'n dibynnu i ble mae'r oes yn mynd! Y mae chwaeth yn hanfod artistri. Disgrifiadau synhwyrus o'r weithred rywiol rhwng gŵr a gwraig yw peth o'r farddoniaeth orau a luniwyd yn y Gymru gyfoes.

Yn 'blant y wlad', byddai gan fy rhieni ambell stori a fyddai'n goglais cylch yr aelwyd, ond nad ystyriai neb ohonom yn addas i'w chyflwyno o lwyfan, i gynulleidfa gymysg. Er enghraifft, hanes y dyn hwnnw yn mynd i'r sioe, ac yn paratoi i dalu am i'w bymtheg plentyn gael gweld y tarw gorau. 'Chi bia'r holl blant 'ma?' gofynnodd dyn y giât mewn rhyfeddod mawr. 'Ia, ia,' meddai yntau. Ac meddai'r porthor, 'Wel y nefoedd fawr, peidiwch â symud: mi nolia i'r tarw i'ch gweld chi!'

Un gyda'r nos, galwodd fy nghymydog ym Mhrestatyn, y Prifardd Tilsli, i ofyn am gael rhoi f'enw gerbron i fod yn Archdderwydd. Gwrthodais gan egluro imi gerdded gyda'r Orsedd yn ifanc o ryw deimlad o ddyletswydd, a cherdded dro neu ddau pan oeddwn wedi f'ethol ar Fwrdd yr Orsedd. Gofynnais, bryd hynny, a oedd hi'n bosibl imi fod yn aelod o'r Bwrdd heb orymdeithio. Bryn Williams a fynnai'r goddefiad imi y tro hwnnw drachefn, ond cerddais dro neu ddau, cyn sylweddoli mor atgas oedd y cyfan imi, er cymaint a fwynheais ar y daith honno gydag Euros Bowen i Gernyw yn gynrychiolydd yr Orsedd. Darllenais bopeth y cawn afael arno am yr Orsedd, o'r llawer ysgrif yn *Cymru* gynt, heibio i felltith O.M. Edwards arni, a dadl Thomas Parry a Brinley Richards ynglŷn â dilysrwydd Iolo Morganwg. Er mor hardd yr olygfa pan ddaw'r goleuni ar liwiau'r gwisgoedd lu, er cystal amddiffyniad Geraint a Zonia Bowen (cydfyfyrwyr imi ym Mangor), ac er sylweddoli ei chyfraniad i wahanol agweddau ar ddiwylliant y genedl, aeth yr Orsedd i mi yn ormod o basiant, a chollais ffydd yn y rhesymau a roddir dros anrhydeddu llu newydd bob blwyddyn ag aelodaeth. Gwelwn i Caradog Prichard, Prosser Rhys a 'John Eilian' ymuno am gyfnod byr â'r Orsedd, gan obeithio ei diwygio, ond methu, ac ymadael. Mae gwisgoedd eurliw a goraddurnol y prif swyddogion, a adnabyddir bob dydd arall o'r flwyddyn fel Bob a Dei a Sianw, yn ddigri i lawer ohonom. Nid yw hyn yn golygu fy mod yn ail i neb yn fy mharch i allu eithriadol llawer aelod o'r Orsedd a'u dynoliaeth hynaws a bonheddig. Gwn i lawer ohonynt, fel minnau, fwynhau ffraethineb Brinley Richards pan awgrymodd enwau ar feddyg a llawfeddyg a dderbynnid i'r Orsedd – Ap Pendics ar y naill ac Owain Lawgoch ar y llall! Sôn yn unig yr wyf am y seremonïaeth.

Yr oedd Saunders Lewis yn gywir ei farn, mi dybiaf, yn ei ysgrif yn *Y Ddraig Goch* yn 1926:

> Cydnabyddaf fod i'r Orsedd ei lle sicr ym mywyd yr Eisteddfod Gymreig, a bod iddi felly gyfle eithriadol i lochesu a hybu ein hiaith a'n llên ... Er mwyn diwygio'r Orsedd, y mae'n rhaid dechrau'n llwyr o'r newydd. Dylid ceisio troi'r Orsedd yn gymdeithas anrhydeddus o brif-lenorion ac artistiaid Cymru ... yr unig Orsedd y dymunwn i gael bod yn aelod ohoni a fyddai Gorsedd y byddai'n gamp imi fod ynddi, a byddai bod ynddi yn gydnabyddiaeth imi gyfrannu rhywbeth gwerthfawr i lên neu gelfyddyd Cymru.

Clywaf fil o leisiau yn taranu, ''Ddôi uffach o neb i'w gweld hi wedyn!' Tybed?

§

Cyn canol y degawd, anfonais at y sawl oedd yng ngofal darlledu i ysgolion i ddweud yr hoffwn gael cyfle i lunio rhaglenni. Ni ddaeth ateb. Wedi blwyddyn, anfonais drachefn, a chael gair iddo ddweud wrth bedwar cynhyrchydd, ac y deuai atebion oddi wrthynt. Daeth ymateb oddi wrth ddau. Lluniais ddwy raglen ysgol i un o'r ddau, ac ymhen amser ailddarlledwyd un o'r ddwy. Mae'n ddigon posibl imi roddi camargraff ar y llall, gan imi nodi yn y llythyr cyntaf hwnnw, flwyddyn cyn hynny, imi fod wrthi ers blynyddoedd lawer yn llunio deunydd i'r capeli a'r ysgolion, ac ar gyfer ei ddarlledu yn Awr y Plant. Neu hwyrach imi dramgwyddo, pan ofynnodd am bennill i gloi rhaglen o'i heiddo'i hun, wrth anfon dewis o benillion iddi. Beth bynnag oedd yr achos, y llythyr cyntaf a dderbyniais oddi wrthi oedd un yn fy rhybuddio ei bod yn feirniad llym iawn! Gwir y gair! 'Doedd dim dichon ei bodloni! Lluniais nifer o raglenni iddi, ond ni allwn ei bodloni dros fy nghrogi! Cawn air i ddweud nad oedd digon o awgrymu yn fy rhaglen i beri i'r plant ystyried ymhellach. Pan geisiwn ufuddhau i'w hawgrym, cwynid ar y gormodedd o awgrymu a olygai nad oedd dim ar ôl i'r plant eu hunain ei wneud! Wedi iddi ddod yn berffaith amlwg na phlesiwn byth mohoni, cynigiwyd tair punt ar ddeg imi am fy nhrafferth! Gwrthodais ddechrau derbyn gwobr gysur yn yr oed hwnnw! Ymhen blwyddyn, mwy neu lai, daeth llythyr i ddweud na hawliais yr arian, a chan fwriadu eu hanfon at ryw elusen, dywedais y derbyniwn hwy. Ond yr oeddwn yn rhy hwyr, ac ni chlywais air am y peth byth wedyn. Yn y man, anfonais y rhaglenni a wrthodwyd i gylchgrawn *Yr Athro*, a chael diolch llaes a chydnabyddiaeth am bob un.

Ni wn a gefais flas ar gweryla, ond gwn imi daflu'r drol drachefn ym Mangor. Ar gais, byddwn, fel myrdd o rai eraill, yn darlledu sgyrsiau ar 'Wedi'r Oedfa' a 'Rhwng Gŵyl a Gwaith'. Cwynais pan gefais le i gredu fod dau neu dri o'r cyfranwyr yn darlledu'n aml iawn, ar draul cwtogi rhif cyfraniadau eraill, a cherddais allan o un darllediad pan gwtogwyd y rhif eto fyth! Yna, fe ddigwyddodd cyfres o bethau rhyfedd.

Darlledasai'r Gorfforaeth ddwy ddarlith gennyf (yn Rhuthun ac yng Nghyffordd Llandudno) ar 'Y Faled yng Nghymru' a'r 'Symbol yn yr Emyn', gan ddweud wrthyf am ofalu eu hysbysu pan ddarlithiwn yn rhywle drachefn.

Hysbysais hwy fy mod ar fin traddodi darlith ar 'Cynan a'i Waith' yn Hen Golwyn, ac anfonais eilwaith, ond ni ddaeth ateb. Bûm droeon yn darlledu sgyrsiau crefyddol yn y boreau, ac anfonais rai i Fangor. Rhoddyd ar ddeall imi iddynt gael eu hanfon i Gaerdydd, ond ni ddaeth gair oddi yno. Hysbyswyd cantorion yr hen raglenni baledi y dylent wrando ar gyfresi ailddarlleiad ohonynt. Gwrandewais yn ffyddlon, ond heb glywed yr un o'r llu a recordiais ac a ddarlledwyd gynt. Pan holais beth a ddigwyddodd, mynegwyd iddynt ddod o hyd i'm tâp i wrtho'i hun, wedi cwblhau'r gyfres!

Bu Meri, fy chwaer, yn ddirprwy-Fetron a Metron ysbytai, a lluniodd dair rhaglen fer ar nyrsio, a charedigrwydd Cymry Lerpwl, fel dinasoedd eraill, i'r Cymry ifainc oddi cartref, adeg y rhyfel er enghraifft. Gwahoddwyd hi i'r stiwdio ym Mangor, ac wedi iddi ddarllen ychydig frawddegau yn y llais clir hwnnw a oedd wedi ennill llawer cystadleuaeth adrodd, ac wedi darlithio am flynyddoedd i weinyddesau ifainc, hysbyswyd hi nad oedd ei llais yn addas! Meri addfwyn o bawb; yr wyf yn dal i rannu'r loes a gafodd, a'r annifyrrwch o orfod cynnig rheswm o'r fath i'r cymdogion a ddaethai ar y siwrnai gyda'r ddau.

Gall mai cyd-ddigwyddiadau oedd y pethau hyn oll. Os felly, dylai f'enw fod yn y *Guinness Book of Records* am y gyfres ryfeddaf erioed o gyd-ddigwyddiadau o'r fath!

§

Ymarfer da imi fel cyfieithydd oedd llunio adolygiadau yn yr iaith fain, ar ambell lyfr fel *The Living Sleep,* cyfieithiad Wynn Griffiths o nofel Kate Roberts, a'r *Oxford Book of Welsh Verse in English,* detholiad Gwyn Jones, i'r *Anglo-Welsh Review.*

Safwn ar orsaf y rheilffordd yn y Fflint un mis nos, a gwelais iddynt osod hysbysfwrdd Cymraeg anferth ar ei draed, a'r llythrennau arno yn rhai bras ac effeithiol. Anfonais air at yr awdurdodau rheilffyrdd i'w llongyfarch, ond gan dynnu sylw yn dringar bach at ambell wall ynddo y gellid, o bosibl, ei gywiro. Fe'i tynnwyd i lawr, ac ni welais ef byth!

§

Ni fynnwn byth roddi heibio cyhoeddi Efengyl Crist, ond gwn imi genfigennu droeon wrth y rhai a gafodd y cyfle i roddi eu holl amser, oherwydd eu swydd, i durio i ddaear llenyddiaeth. Droeon eraill, bûm yn cenfigennu wrth gyfreithwyr llys yn cael adeiladu amddiffyniadau manwl, a cheisio darbwyllo eraill o'u dilysrwydd. Ar ddiwedd y degawd, cefais gyfle i weithredu'r freuddwyd gerbron tribiwnlys a lywyddid gan gyfreithwraig. Pan ddaeth gwyliau haf olaf Siân yn Ysgol Glan Clwyd, ceisiodd, o fod heb swydd, am y cymorth ariannol arferol yn swyddfa'r Weinyddiaeth Iechyd a Gofal Cymdeithasol yn y Rhyl. Oherwydd i'r clerc yn y swyddfa weithredu ar ragdybiaeth wrth ei holi, cedwid rhagddi dâl wythnosau, ymron i ganpunt i gyd. Bûm mewn gohebiaeth â'r swyddfa am wythnosau, a rhywun gwahanol yn f'ateb ymron bob cynnig. Cedwais ffeil fanwl, yn cynnwys yr holl fanylion a'r holl lythyrau, rhai nad oeddynt oll yn unfarn. Cedwais hefyd lythyr papur newydd oddi wrth gyfaill coleg imi y bu ei fab yn yr un sefyllfa, ond a enillodd ei ddadl gerbron tribiwnlys. Hawliais innau'r un siawns, a'i gael. Treuliais ugain munud yn trin y ffeil orlawn a thwrneio i'r manylyn eithaf, hyd at gyfeirio at weithred y Weinyddiaeth ei hunan, erbyn hynny, yn newid geiriad y rheol i'w rhyddhau o bob elfen amwys. Eisteddai cynrychiolydd y Weinyddiaeth lathen neu ddwy oddi wrthyf, ond pan wahoddwyd ef i osod ei amddiffyniad gerbron, gwrthododd y cyfle. Bore bendigedig, buddugoliaeth i mi, ac ymron i ganpunt i Siân! Gresyn imi orfod gwneud heb y glog ddu gyfreithiol, imi gael cerdded i'r dde a'r aswy, a mynd trwy'r perfformans yn iawn!

§

Yn ail hanner y degawd, ymddangosodd tri llyfr arall a luniais. Casgliad oedd y cyntaf, *Ys-gwni,* yn 1976, o ddwy ys-tori, ysgrif, ys-gwrs, ys-tyriaeth, ac ys-grythur (dwy bregeth). Gosodasai John Gwilym Jones yr ail stori 'Wedi'r Haul' yn orau yn yr Eisteddfod Ryng-golegol, ac meddai Kate Roberts am y stori gyntaf, 'Catrin', wrth ei gosod ymhlith goreuon Eisteddfod Llandudno yn 1963: 'Ymdriniaeth anghyffredin iawn o atgofion hen wraig. Camp fawr y stori yw gwau holl siarad y nain, y fam a'r wyres, yr hwylio bwyd a'r bwyta i mewn i'w gilydd yn hollol naturiol ... Y mae'r Gymraeg mor hyfryd, y cymhlethdod cynllun yn cael ei drin mor naturiol, a thrwy'r cwbl, y tair cenhedlaeth yn hollol glir'. Wedi i'r llyfr ymddangos, cefais lythyr oddi wrthi.

Y Cilgwyn,
Dinbych.
21.9.76

Annwyl Dafydd Owen,

Darllenais *Ys-gwni* ar ddau eisteddiad, a chael mwynhad mawr wrth wneud hynny. Mae'r storïau a'r ysgrifau yn hollol naturiol, a'r Gymraeg yn gyhyrog. Un peth a welais yn groes i'r graen, '*mydylau*' ŷd yn ymyl Corwen. *Styciau* ŷd a ddywedwn i.

Mwynheais yn arbennig y sgwrs ar Laura Evans-Williams a'r ddwy stori.

Cofion cynnes,
Kate Roberts.

Meddai Glyn Tudwal Jones yn ei adolygiad ar y gyfrol yn *Porfeydd:* 'Dylem ddarllen y gyfrol hon pe bai dim ond er mwyn adfer ein gafael a'n ffydd mewn Cymraeg lafar dda ... Cyfrol sy'n haeddu ei phrynu yw hon, a'i darllen lawer gwaith'. Meddai adolygydd y *Rhyl Journal:* 'Llyfr yw hwn y gellir ei ail ddarllen dro ar ôl tro a chanfod rhywbeth newydd ynddo ... Y safon uchel yn parhau o'r dechrau i'r diwedd ... 'Wyddoch chi lle y mae o erbyn hyn gennyf i? Ar silff flaen y car! Gallaf ymlacio ynddo tra'n disgwyl i'm gwraig ddod i'm cwrdd ar ôl siopa'. 'Cwmpas eang ei ddiddordebau, a'r ddawn i ysgrifennu fel pe bai yn sgwrsio' a foddiodd 'J.P.W.' yn *Y Cymro*. I Huw Ethall yn *Y Tyst* yr oedd yn 'gyfrol i'w hanwesu a'i thrysori ... Mae'n anodd cael dim i'w ddweud yn erbyn y gyfrol hon!' Cafwyd barn Gwladys Williams, y llenor o Lŷn, yn *Y Faner*: '... rhaid dal ymlaen i ddarllen a rhyfeddu ar yr arddull, yr iaith syml ond coeth, y sylwadaeth dreiddgar ... Dyma dri bardd, Dafydd Owen, T. Glynne Davies a Caradog Prichard ys ysgrifennu clasuron o ryddiaith ... Gem o lyfr yw *Ys-gwn i*'.

Ymddangosodd dau lyfr arall y flwyddyn ddilynol. Yn *Llais Llyfrau*, cyflwynwyd *Sôn am Sbri!*, sef 'casgliad o ddarnau hwyliog i blant ... yn llawn dychymyg byw a direidi iach ... Dylai unigolion a phartïon gael cryn foddhad ar gyflwyno nifer o'r cerddi hyn ar lwyfan yn ogystal ag yn yr ysgol'.

Yr ail lyfr oedd *Crist Croes,* ac yn hwnnw y cefais gyfle i fynegi fynychaf oll hanfodion fy nghenhadaeth. Cyfle hefyd, gan y tybiai llawer eu bod yn dywyll, i daflu goleuni ychwanegol arnynt yn ystod y gaeaf dilynol, yn y 'Golofn Farddol' y bûm yn gofalu amdani yn *Y Tyst* ers blynyddoedd lawer. Bu'r adolygiadau yn galondid mawr, yr adolygiadau mwyaf cyson foddhaol y gaeaf hwnnw ar unrhyw lyfr Cymraeg, yn ôl a welwn. Anfonodd W.R. Nicholas ataf: 'Yn fy marn bersonol, dylai Cyngor y Celfyddydau gydnabod ansawdd y cerddi'. Yn sicr, byddai ystyried nifer helaeth o adolygiadau yn gymorth i'r darllenydd a ddewisir gan y Cyngor, ac yn ei warchod rhag y posibilrwydd, hyd yn oed, o gael ei hudo i gydnabod enwau cyfarwydd yn hytrach nag ansawdd cynnyrch.

> Mae'r bardd yn sefydlu ei safbwynt mewn bywyd yn y gerdd gyntaf, newydd ei dull, lle mae'n cymhwyso dysg geometri am drionglau yn nyddiau ysgol, ac ymgydnabod yn nes ymlaen yn y capel â 'thriongl hanfod byw ... yn nosbarth Athro a ddyry im ... ei IIun'. ... Mae'r grymuster yn gafael ag angerdd yn 'Mae arnaf ofn tawelwch cil cae'. (Euros Bowen yn *Y Faner*).

[Mae arnaf ofn tawelwch cil cae,
    pwyso ar lidiart a'r awr yn drom, –
bwriadau ofer a'm deil yn brae
    dan ddrain maddeuant sawl calon siom.

Yno, lle na cheir ond porfa'r gwynt,
    tŵr eglwys draw yn bugeilio'r cwm,
daw diadell rith fy ffaeleddau gynt,
    ysgydwir yn farn a fu'n cysgu'n drwm.

Yno am dri, bro'r danadl blêr,
    bnawn haf, lle chwytho'r gacynen chwil,
deffroir yr hyn sydd yn hŷn na'r sêr
    i edliw i'm clai ogoniannau'r hil.

Lle bo melys drist dragwyddoldeb plwy
    rhwng digonol diogel awyr a thir,
daw beichiog gymylau y siawns na cheir mwy
    a rhagrith fy anwybodaethau hir.

Ni wn a yw'n rhan o'r gwead braf,
    ymgyrch rhyw Allu, ond felly y mae, –
Mae arnaf ofn, bnawn trwm o haf,
    dawelwch pwyso ar lidiart cae.]

Y mae gemau ym mhob cân, ond gemau cuddiedig ydynt ... Y mae ei bendantrwydd Cristnogol yn haeddu clust pob un o'r tri chwarter miliwn o Gymry Cymraeg. (Trefor Parry yn y *Chester Chronicle*)

Ni all ei gasgliad newydd *Crist Croes* lai na chyffroi enaid y darllenydd meddylgar. (Pennar Davies yn *Y Tyst*)

Dyma ganu Cristnogol yn idiomau chwarter olaf yr ugeinfed ganrif ... Ni fu canu erioed ar emyn fel eiddo'r bardd hwn. (J.P. Williams yn *Y Cymro*)

Gwledd o lyfr yw hwn i'r sawl sy'n fodlon cnoi. (Valerie P. Jones yn *Y Gadlas*)

> Un o'n beirdd Cristnogol mwyaf pendant ei athroniaeth bywyd yn ail hanner y ganrif hon ... realydd pendant sy'n ymgodymu â'r profiad o fyw ym myd cymhleth yr oes atomig, ac y mae ei ieithwedd a'i ddelweddau yn codi o brofiad y byd hwnnw. (Tilsli yn *Y Gwyliedydd*)

> Un o'r beirdd sydd yn cymryd ei swydd a'i grefft o ddifri ... y mae yn ddigwyddiad o bwys pan ymddengys llyfr fel hwn ... Y mae rhywbeth iasol yn y mynegiant yn ei emynau. Y mae enw y llyfr yn em. (Emrys Roberts yn *Yr Eurgrawn*)

> Disgynnodd mantell Waldo ar 'sgwyddau Dafydd ac mae hi'n ffitio'n berffaith ... daeth mantell Waldo arno yn dynn ac yn glos nid yn unig yn y dyfnder meddwl, ond yn y mynegiant hefyd. (Emrys Edwards yn *Barddas*)

Ymhen blwyddyn, cyhoeddwyd *Cynan* yn y gyfres 'Writers of Wales' gan Wasg Prifysgol Cymru. Meddai D. Hughes Jones yn y *Rhyl Chronicle:* '... the author has contributed another excellent book to those already in print in this series ... a first-rate volume. The satire and sentiments of Cynan's poetry is remarkably preserved in the English translations ... The best known of Cynan'n poems are not only turned into English but brought to us in their original beauty without loss of atmosphere or depth ... a remarkable piece of research.'

Bu trafod mawr ynglŷn â'r cyfieithu hwn. Yn yr *Anglo-Welsh Review,* cafwyd barn Gareth A. Beevan:

> Mr Owen has generally chosen to translate Cynan's poetry into English verse, keeping the rhyme and the rhythm of the original where possible. In the columns of *Y Faner,* his translations have been criticized by Dr Derec Llwyd Morgan, defended by Mr Owen himself in a spirited risposte ... and praised by Mr Derwyn Jones. But the basic criticism is not of the standard

of the verse translations, which are in general very good, but whether the interests of the reader would not be better served by plain prose translations, as in some of the earlier volumes in this series.

Os dymuna rhywun ddilyn yr hanes yn fanylach, fe'i ceir yn rhifynnau 20 Ebrill, 18 Mai a 10 a 17 Awst 1979.

§

Nododd ambell newyddiadur gyd-ddigwyddiad pleserus yn hanes Wil a minnau. O fewn ychydig ddyddiau i'n gilydd, anerchai ef Gymdeithas y Cymmrodorion yn Llundain ar agwedd o hanes Annibynia, a minnau Gymdeithas y Gwyneddigion yno ar 'Cynan a'i waith'. Yr oeddwn yn ymwybodol o graith newydd sbon oedd gennyf ar fy ngwefus uchaf! Cafodd hen gyfaill a minnau ddamwain yn ei fodur ar nos Sul yn y Rhyl, y ddau ohonom ar daith i bregethu. Dygwyd ni i'r ysbyty, a chafodd ef a minnau nifer fawr o bwythau, yn f'achos i am fod y wefus uchaf wedi hollti. Dymunai'r ysbyty gael rhif teliffon y ddau ohonom, i hysbysu rhywun i ddod i'n dwyn adref, ond yr oedd aelodau'r ddau deulu yn y Gwasanaeth Carolau Unedig yn Eglwys Prestatyn. Ar ganol y gwasanaeth, gofynnwyd ar goedd i rywun neu rywrai o deulu'r ddau ohonom fynd allan, ac aethant. Nid oedd Doris wedi deall y cyhoeddiad, a thybiodd yn unig eu bod yn ymddiheuro am ein habsenoldeb. Arhosodd i ddiwedd y gwasanaeth, er yn anghyffordus o weld cynifer yn syllu arni. Daeth adref dow-dow, a dyna pryd y deallodd y rheswm am y syllu eithafol daer! Deuthum ataf fy hun yn hynod o fuan, ond erys y graith ar y wefus uchaf!

Ychydig wythnosau cyn hynny, bu'n brawd hynaf, John Morris, farw yn Llanelwy, wedi oes o weithio cydwybodol a chrefftus fel saer coed ac asiedydd. Cenais soned i'w ddireidi a'i ddidwylledd (CLG), a chan gymaint fy meddwl o John, yr oeddwn cyn falched â'r byd pan glywais i weinidog ei hadrodd mewn cystadleuaeth yn un o gapeli ei ofalaeth. John deyrngar i deulu, gallaf ei glywed y funud yma, 'Lle wyt ti'n deud c'lwydde'r Sul yma?'! Rai blynyddoedd wedi'i ymadawiad, pregethwn yng nghapel y Wesleaid yn Ffynnon-groyw ar nos Sul, yn y festri. O'm blaen, gwelwn gadair dderw hardd, ac adnabûm ei chynllun. Hysbysais y swyddog ei bod o waith fy nhad neu fy mrawd. Byddent yn ysgrifennu eu henwau bob amser, â phensil saer, o dan y sedd. Wedi imi ei throi, gwelwn yn llawysgrifen fy mrawd, 'John Morris Owen, 3, Grove Road, Dinbych' – cadair a enillwyd gan arweinydd y côr cymysg lleol yn eisteddfod Tan-y-fron, Bro Hiraethog, rywle tua chanol y ganrif.

Cyn diwedd y degawd, aeth un o ddau hen elyn y teulu, yr *angina*, â Janet Mary radlon oddi wrthym, Meri oedd â'i chalon i gyd yn ei charedigrwydd, a'r haul yn ddiddiffodd ar aelwyd Bill a hithau ym Mhrestatyn.

Ac felly y daeth degawd arall i ben.

1980-1992

*C*YFNOD rhyfel costus y Gwlff, gobaith 'Cytun' a'r ymgyrch efengylaidd. A dyma'r cyfnod a ddygodd oddi arnom ninnau fel teulu yn ddisymwth Cit a Hannah.

Dichon mai gan Cit yr oedd y bersonoliaeth fwyaf o'r wyth ohonom. Meddai ar ddeall clir a chyflym, a byddai graen ar bob cyfraniad cyhoeddus o'i heiddo; cydnabuwyd hyn yng nghapel Rehoboth â'r gwahoddiad i fod yn flaenor, fel Goronwy ei gŵr o'i blaen. Trosglwyddodd y ddau eu hegni a'u hawch am wybodaeth i'w plant. Y mae gennyf lyfr yn fy meddiant, ac ynddo mae cannoedd lawer o ddyfyniadau o lyfrau a ddarllenodd a phregethau a wrandawodd, a'r manylion bob tro.

Canu a'r teulu oedd deubeth pwysicaf Hannah. Canai unawdau o'r *Meseia* a gweithiau o'r un natur mewn oedfaon yng Nghaerdydd a Llundain, ac adroddai'n hynod effeithiol, er nad oedd iddi'r cof gorau. Mynychai ddosbarth llenyddiaeth Gwilym R. Tilsley ym Mhrestatyn bob wythnos, ac ni fethai ginio misol Cymry Llundain gynt yn Llandudno. Ac nid oedd achlysur teuluol yn digwydd na ddeuai yno, ni waeth pa faint y rhwystr. Credaf fy mod yn gywir wrth ddweud fod enwau'r pedwar ohonom ar restr y llywyddion blynyddol ym Meibl Cyngor yr Eglwysi Rhyddion ym Mhrestatyn. Cenais sonedau ein hiraeth am Meri a hwythau yn y gyfrol a luniodd Einion o ganu papur bro *Y Glannau*.

§

Profiad dymunol iawn, ar ddechrau'r wythdegau, oedd cael gwahoddiad i ymuno â chwmni annibynnol Ffilmiau Scan yng Nghaerdydd, y cwmni a gyflwynodd y gyfres 'Mwynhau'r Pethe' ar y teledu. Gwahoddwyd fi i fod yn wrthrych un o'u rhaglenni cyntaf oll, a daeth cyfarwyddwyr y cwmni, Jeffrey a Frances, gŵr a gwraig ifanc o Gaerdydd, na honnent fod yn rhugl eu Cymraeg, i ffilmio am ddeuddydd yn Sychdyn, a'r tîm ffilmio o Fryste, chwech neu saith aelod, i'w canlyn. Yn ogystal â ffilmio popeth perthnasol yn y tŷ ac oddi amgylch, cafwyd caniatâd teulu Plas Gwysaney gerllaw i Doris a minnau gael cerdded gyda'r ci (y 'Shep' y bu'r plant yn adrodd amdano ym Mhrifwyl yr Urdd) gan i Doris chwarae yn y coed hynny yn blentyn. Fel y deuem o draw, yr oedd y camera a logwyd am y dydd ac a ddyrchafwyd i gangen coeden uchel, yn ein dilyn bob cam. Ffilmiwyd rhan o oedfa yn Gibea, a'm beirniadaeth ym Mhabell Lên Dyffryn Lliw drannoeth. Gwahoddwyd fi wedyn i'r tîm, i gynorthwyo â'r ochr Gymraeg i'r gweithrediadau, a chafwyd rhaglenni seiliedig ar hanes rhai fel Gwyndaf Evans, Norah Isaac, Ifor Owen a Huw Davies, yn ogystal â rhaglenni ar y Diwygiad, yng Nghasllwchwr, Plas Newydd yn Llangollen, a'r wledd a roes y miliwnydd Randolph Hurst i'r Orsedd yn ei gastell yn y De, yn gynnar yn y ganrif. Byddwn yn mwynhau aros yn y gwesty yng Nghaerdydd am ddwy noson neu dair, gan fynd i'r stiwdio yn ystod y dydd i lunio sylwadau ar y ffilm, bob yn ddarn. Profiad amheuthun i dipyn o leygwr yn y pethau hyn! A chael fy nghludo o Sychdyn i'r Bala wedi oedfa nos Sul, i aros gyda'r criw cyfan mewn gwesty, ar gyfer y rhaglen ar aelwyd Ifor Owen a'i briod drannoeth, hynny yn fy nwyn yn ôl flynyddoedd i'r daith nos Sul honno o'r Wyddgrug i Borthaethwy ar gyfer Eisteddfod Môn drannoeth, a'r swper hwnnw yng nghwmni Dan Jones a Haydn Morris.

Symudasem bellach yn ôl i Sychdyn (a chroeso cynnes capel Bryn Seion) i fod yn nes at fy ngorchwyl yn Neuadd y Sir. Cyn symud, bu gennyf ddosbarth nos yn yr ysgol gynradd, Hen Golwyn, yn trafod a dehongli 'cerddi anodd'. Er mor ffyddlon a deallus y nifer a ddeuai ynghyd, golygai fy mod yn gadael Prestatyn cyn wyth y bore, yn dychwelyd wedi pump, dal bws am chwech, ac aros drachefn am fws ugain munud i ddeg, a'r tywydd weithiau'n arw. Er cymaint y croeso, yr oedd yn ormod o helcyd, a rhoddais y gorau iddi wedi un gaeaf.

Dau adolygiad a'm symbylodd i lunio'r gyfrol *Cerddi Lôn Goch* yn 1983, yn cynnwys dewis o blith cerddi deugain mlynedd, ar amrywiaeth o ffurfiau barddonol. Tystiai Gwynn ap Gwilym, wrth drafod *Cerddi Prifeirdd, Cyfrol 2* yn *Barddas,* iddo gael 'blas neilltuol ar gerddi pedwar o'r prifeirdd hyn: Moses Glyn Jones, T. Llew Jones, Alan Llwyd a Dafydd Owen. Dyma brifeirdd y prifeirdd i mi y tro hwn, beirdd hynod o gaboledig, a rhywbeth o bwys ganddynt i'w ddweud, a'r dweud hwnnw'n grefftus, gynhyrfus. Y mae rhyw debygrwydd rhyfedd rhwng cerdd Alan, "Yr Hynafiaid", a cherdd Dafydd Owen, "Maen nhw'n tyrru i lawr o'r mynyddoedd" ... Mi gefais i flas arbennig ar holl gerddi Dafydd Owen yn y flodeugerdd hon, tynerwch siriol "Cofio Brawd" (t. 54), hiraeth atgofus "Ar hyd ffordd arall" (t. 55), yr awgrym o gyfriniaeth yn y soned "Gorwel" (t. 56), a gwedduster defosiynol y cywydd "Llŷn" (t. 57), y cyfan oll yn wefr o farddoniaeth drwyddynt draw'. Ac yn *Poetry Wales,* wrth adolygu'r un gyfrol, haf 1980, meddai Pennar Davies: 'Gwilym R. Jones, Alan Llwyd and Dafydd Owen all maintain their reputations for versatility ... Brinley Richards's "Faith" and Dafydd Owen's "Horizon" are among the pieces to which I shall return'.

Cafwyd adolygiad gan Tilsli yn *Llais Llyfrau* ar *Cerddi Lôn Goch:* 'Bardd crefyddol yn yr ystyr ehangaf sydd yma ... yn cysylltu profiadau bywyd a'u dehongli mewn termau ysbrydol'. Gan 'Dylan Owen' hefyd ym mhapur Dinbych: 'Llyfr hardd a solet, ac ar ei glawr ceir darlun lliw o ran o'r Lôn Goch, Dinbych, gan gynnwys llun cartref y bardd ac Ysgol Gynradd y Fron-goch.' (Cytunodd nifer o gyhoeddwyr fy llyfrau i lunio'r cloriau yn ôl f'awgrymiadau fy hunan.) '... cerddi a ddengys mor amlddoniog yw Dafydd Owen fel bardd. Hoffais amryw byd o'r caneuon am fod ôl saernïo dyfal arnynt, ac am eu bod yn mynegi profiadau difyr a dwys o fywyd, ac yn enwedig "Ugain oed", "Pnawn Llun yn Ninbych", "Llyn y Seilam", "Ar hyd ffordd arall", "Blynyddoedd" a'r awdl "Gwared y Gwirion" ... llyfr i'w drysori yn wir'.

Cytunai *Barn:* 'Er ei ddiwydrwydd ar hyd y blynyddoedd, mae'n dda gweld fel y ceidw Dafydd Owen ei safon ... Dyma gyfrol y mae'r mwynhad ynddi yn ddiddiwedd. Dim ond rhywun heb unrhyw ddeall o farddoniaeth na gronyn o awen a fethai weld cyfoeth y gyfrol hon'.

§

Ymddeol yn 1984! Gwahoddasai cyhoeddwyr llyfrau ysgolion sydd â'u pencadlys yn Llundain, ond yn gwasanaethu'r pum cyfandir, fi i dderbyn cytundeb fel cyfieithydd iddynt, ond wedi hanner canrif o waith, nid oeddwn yn barod i fynd dan orfodaeth y cloc na'r dyddiau ddim hwy, er fy mod ymhell iawn o'r bwriad i gau pen mwdwl yn yr ystyr o gyfansoddi na gwasanaethu.

Beth a gefais i'w wneud, felly? Pregethu, wrth gwrs, bob Sul ymron; cyfieithu, wrth fy mhwysau, i ffrindiau a chydnabod, cerddi, ambell faniffesto, a phamffledi cyhoeddusrwydd, a llyfrynnau ambell waith. Daeth gair o Awstria i gydnabod teyrnged a luniais i'r bardd a'r arolygydd ysgolion, y diweddar W.J. Bowyer, a chais o Awstralia gan y diweddar Horatio Rees, y Cymro pybyr o'r Tymbl gynt, am gyfieithiad o 'Myfanwy' i'w gôr Ffijïaidd!

> O, why do stormy clouds of anger,
> Myfanwy, fill thy wondrous eyes?
> Thy cheeks blush not with love's faint langour
> When thou dost hear thy lover's sighs.
> Where lies the smile which, on our meeting,
> Beguiled me with love's sweet decree?
> Where, now, the softly-spoken greeting
> Which bound my heart for e'er to thee?
>
> Name but the crime, mine own Myfanwy,
> That pressed a frown on cheeks so fair,
> Or is it nought to thee, Myfanwy, –
> Thy poet's deep and dark despair?

Say not that sacred vow is broken,
That thou canst never more be mine;
Come, take my hand, 'tis my true token, –
My heart eternally is thine.

Byddaf yn cyfrannu cerddi, ysgrifau ac adolygiadau i'r cylchgronau a'r detholiadau, ar gais neu yn ôl yr awydd. Parhau hefyd i olygu 'Colofn y beirdd' yn *Y Tyst*. Daw gwahoddiadau i annerch cymdeithasau a chlybiau cinio, ac i feirniadu mewn eisteddfodau. Daliaf yn un cartrefol. Caf wahoddiadau o ysgolion i lunio ambell gân actol neu sgets, a darlledaf ambell sgwrs. Credaf imi ddweud eisoes y bwriadaf, os byw ac iach, roddi trefn ar y doreth fawr o ddefnyddiau (ar gyfer plant yn arbennig) sydd gennyf, a'i gynnig i rai o'r cwmnïau annibynnol. Pleser yw cael darllen trwy ambell sgript ar ran y Cyngor Llyfrau. I ddod nesaf (gobeithio) y mae hanes capel Lôn Swan ar gyfer dathliad y dau cant a hanner yn yr hydref. Ac ar y gweill hefyd y mae cyfrol o ryw hanner dwsin o bregethau ac emynau'r gwyliau eglwysig, 'Blwyddyn y Teulu', ar lun *Amal gymal ac emyn* a luniais ddiwedd 1987 i gyfres llyfrynnau'r darlleniadau Beiblaidd 'O ddydd i ddydd'. Nodaf hyn oll i ddangos na olygodd ymddeol ymorffwys ac undonedd i minnau, mwy na llawer eraill, diolch byth! A bonws ar y cyfan yw difyrrwch sgwrsio bob hyn a hyn ar y ffôn â beirdd fel Derwyn ym Mochdre, John Edward Williams yn Aberhonddu a Llanowain yn Rhuthun.

§

Cafodd Donald Evans a minnau gwmni T. Llew Jones i feirniadu'r awdlau yn Eisteddfod Genedlaethol 1984, a chwmni Gwyn Thomas i feirniadu pryddestau'r Goron yn y Rhyl y flwyddyn ddilynol. Er i'r tri beirniad gytuno, ac i feirniad cyhoeddi gwaith yr un bardd yn deilwng o'r Gadair ddwy flynedd wedi hynny, yr oedd dwy farn ynglŷn â theilyngdod yr awdl fuddugol; yr unig ofid oedd i ambell un a ddylai wybod yn well fynegi'i farn mor eithafol a ffôl. Nid oedd neb yn

Y teulu heddiw: Gareth, Ruth a Daniel Rhys, minnau a Doris a Siân.

anghytuno ynglŷn â 'Glannau' J. Roderick Rees yn y Rhyl, ac yr oedd y darlun o gyflyrau meddwl yr hen wraig yn hudolus.

§

Ganol y degawd, symudasom i Hen Golwyn, i fanteisio, gan nad wyf yn yrrwr modur, ar wasanaeth agosach bws a thrên. Bellach daeth gwelliannau i'r ffordd A55 a 'thwnnel Conwy' â chwaneg o hwylustod teithio. Y mae Gareth a Ruth, y ferch yng nghyfraith o Awstralia sydd yn un o ddisgyblion ffyddlonaf y dosbarth Cymraeg ym Mae Colwyn, a Daniel Rhys, yr ŵyr dwyflwydd, yn byw ym Mae Colwyn gerllaw. Mewn sgwrs ar y radio un pnawn, holai Hywel Gwynfryn ynglŷn â Gareth a Siân, a hysbysais ef mai'r 'Eclipse', salon trin gwallt Gareth yma yn Hen Golwyn, yw'r unig un ar wyneb daear sydd ag englyn

Cymraeg ar y wal!

> Yn frwd, rhydd merched y fro – air eu clod
> I'r 'Eclipse': 'Diguro!'
> Taer iawn yw'r croeso bob tro
> Ichwi atom. Dowch eto!

Y mae Siân hithau yn rhan o dîm paratoi'r llyfrau yn yr Adran Adnoddau yn Aberystwyth, ac yn ei hamdden, yn llunio patrymau gwreiddiol a'u gwau ar amrywiaeth o ddilladau.

Yma yn Hen Golwyn aeth Doris yn ôl at ei gwreiddiau eglwysig. Cefais innau fy nerbyn i aelwyd gynnes Ebeneser, a cheisiaf lenwi bwlch dwy eglwys ddi-weinidog yno ac yn Bethel, Penmaen-rhos. Cefais gwmni John Wyn Williams ddifyr, fy nghyfaill dyddiau coleg, wedi iddo ymddeol fel gweinidog Hebron, a hiraethaf yn fawr ar ei ôl, ac am Glyn Hughes addfwyn, yntau wedi ymddeol yma o ofalaeth Cerrigydrudion. Tystiaf, yr un pryd, na chefais erioed well cymdogion yn y weinidogaeth na'm cyd-ymddeolwr hynaws John Rodrig Williams, a J. Haynes Davies a Trefor Lewis, er mai man a man imi gyffesu, mae dyn yn gorfod 'morol ati yng nghysgod y ddau ddeinamo hyn! Rhyfeddais o gael cymaint Cymraeg yn y fro, a cheir ffyddloniaid Cymdeithas y Chwech (capel) yn uno fwyfwy mewn oedfaon a chyrddau gweddi. Noddir cymdeithas lewyrchus Bro Colwyn gan Gyngor y Celfyddydau, a cheidw Broderfa Bro Colwyn ninnau'r gweinidogion o hyd yn fyfyrwyr.

Mwynhad ychwanegol yw bod yn aelod o'r 'Efail' honno a sefydlwyd gan D.R. Hughes a'i gyfeillion wedi'r rhyfel. Rhydd pob aelod ei anerchiad ar bwnc yn ei dro, ac mae'r mwyafrif o'r anerchiadau hynny ar gadw yn y llyfrgell yn y dref. Ar derfyn y cinio blynyddol ddiwedd Mawrth, cynhelir eisteddfod, cymysg ddifri a doniol ei chynnyrch. Dyma ganu digon nodweddiadol ohoni:

Beddargraff Arwerthwr

Mewn atebiad i'w daer erfyn
daeth ei odiaf sêl i'w therfyn:
y lle fel bedd, fo'n fud gan bangau,
a neb yn bidio'n erbyn angau.

Limrig i'r 'Cofi'

Aeth cofi, a wisgai ddau ddêlia
'mhob siaced, i ffwrdd i Ostrêlia.
   'Roedd o'n rhy ffond o'r drinc
   (a'r eliffants pinc),
a 'rwan mae'r crinc yn y jêl, ia!

§

Yr oedd dau lyfr arall eto i ddod.

Enillasai fy chwaer Meri ddwywaith yn eisteddfodau capeli unedig Prestatyn am lunio emynau, a 'W.T.' droeon â'i emynau yn eisteddfodau capeli unedig Llundain. Cesglais dros drigain o emynau'r tri ohonom at ei gilydd yn 1985, a'u priodi â thonau rhai o gerddorion Cymraeg mwyaf adnabyddus ein cyfnod ni, ynghyd ag ambell dôn o *Ganiedydd yr Annibynwyr*. Ceir ynddo garolau, emynau modern gitaraidd i'r ifanc, a deledwyd o Gibea, emynau plant a chyfieithiadau o emynau poblogaidd, hen a newydd, hyn gyda nifer o weddiau. Ar y clawr, ceir llun o'r tŷ lle ganwyd y tri ohonom, a'r capel a fynychwyd gennym yn Ninbych, sef Lôn Swan. Galwyd y Caniedydd hwn *O dŷ i Dŷ*, o'n tŷ ni i Dŷ Dduw, gan mai ar gyfer cynulleidfaoedd y'i lluniwyd. Bu'r adolygwyr yn garedig, er na chafwyd fawr iawn o groeso arall iddo (ar wahân i ambell gyfieithiad), hyd yn oed gan bwyllgorau'r Cymanfaoedd Canu enwadol.

> Mae'r prif bwyslais ar y newydd a'r cyfoes ... Llwyddwyd i sicrhau cydbwysedd hytryd rhwng y newydd a'r traddodiadol ... gwaith rhai sy'n hen gyfarwydd â pharatoi deunyddiau ar gyfer caniadaeth y Cysegr. (Huw Williams yn *Y Goleuad*)

Ceir yn y llyfr nifer o donau gwreiddiol a ddylai apelio at ein cenhedlaeth ni ... Bydd *O dŷ i Dŷ* yn ychwanegiad defnyddiol iawn i ganiadaeth y Cysegr yng Nghymru, ac 'rwy'n siŵr y bydd yr emynau hyn yn haeddu lle ymhlith emynau mwyaf ein hiaith a'n traddodiad. (Richard Jones yn *Y Tyst*)

Fe garwn argymell y llyfr i sylw unigolion ac eglwysi ar gyfrif cyfoeth am amrywiaeth mawr ei gynnwys ... Gofynnir i ni weinidogion yn aml am weddïau addas ar gyfer gwahanol wyliau'r Eglwys. Ni allaf wneud yn well na chymell i bobl o'r fath y gweddïau hyn ... Y mae'r llyfr hwn yn ychwanegiad pellach at yr Atodiad. (Gwilym R. Tilsley yn *Y Gwyliedydd*)

Bodlonwyd Glyn Evans (yn *Y Cymro*) â'r gyfrol *Dimbech a Cherddi Eraill* a ymddangosodd yn haf 1989: 'Wedi ei gymharu ag Alexander Pope fel dychanwr ... Y mae'r cyfan o'r cerddi yn arddangos golwg graff a threiddgar o'r natur ddynol ac ymwybyddiaeth gref o werthoedd moesol a chrefyddol, fel yn y gerdd hir am Ann Griffiths, er enghraifft. Y mae bob amser yn ymwybodol o ymlyniad dyn i'w orffennol a'i gynhysgaeth'.

§

Oherwydd cysylltiad teuluol hoffus â'r fro, balch oeddwn o'r gwahoddiad i annerch gweinidogion yr Henaduriaeth yn Nhowyn, Abergele, ac yna, yn 1990, annerch Cymdeithas Emrys ap Iwan yn Abergele ar 'Y Faled a'r Fro', ac erbyn hynny, digwyddasai y môr-gyflafan yn Nhowyn. Wrth baratoi, gwelais yn llyfr Ellis Wynne Williams (1968) hanes yr un math o drychineb yn 1879 – afon Gele yn llifo i'r stryd fawr ac i lawr Ffordd Nelson i gyfeiriad Pensarn, ac afon Dulas yn ysgubo ei phontydd ymaith. Dychryn o lifogydd, a phobl, y dyddiau dilynol, yn tyrru yno o bell ac agos.

§

Gan mor fawr fy niddordeb yn y faled, ac wedi oes o ddarllen ei hanes yn fanwl yn llyfrau'r ddwy iaith, perswadiwyd fi i gyflwyno traethawd arni am radd Doethuriaeth. Wedi'i gyflwyno, ni chefais hyd yn oed y cyfweliad arferol i gynnig fy rhesymau a thrafod safbwyntiau. Er hyn oll, tybiai'r Cyfarwyddwr fod teilyngdod.

Cefais ymddiheuriad o Gaerdydd, pan gwynais ynglŷn â'r diffyg cyfweliad, ac eglurhad iddynt bellach newid, yn y prospectws, y geiriad amwys ynglŷn â'r rheol. Nid oedd un rhwystr, felly, i ail gynnig. Y testun y tro hwn oedd 'Y Faled yng Nghymru', gan gynnwys baledi'r ganrif hon. Ymddangosasai talfyriad o'r traethawd, *I Fyd y Faled,* yn 1986, a synnai darllenydd Cyngor y Celfyddydau nad oedd wedi bod dan ystyriaeth Bwrdd y Gwybodau Celtaidd. Gwelais ddau adolygiad ar y gyfrol, a'r ddau yn cyfeirio at yr astudiaeth gyntaf o faes enfawr, llenwi bwlch yn ein llenyddiaeth, 'ein rhoi ni oll yn ei ddyled', ac yn y blaen.

Soniais i Stephen J. Williams anghydweld peth â mi mewn perthynas ag emynau Elfed, ond gan bwysleisio, yr un pryd, nad oedd a wnelo gwahaniaeth barn neu ddamcaniaeth ddim oll â gwerth y traethawd ei hun. Nid felly y tro hwn! Pwyswyd yn drwm ar wahaniaethau tybiedig. Er bod gennyf y prawf 'pennod ac adnod' bob tro, gwrthodid awgrym Thomas Parry ac R.T. Jenkins ynglŷn â rhan y porthmyn yn hanes dwyn y faled i Gymru, awgrym a gymhwysodd yr hanesydd Gomer M. Roberts i'r De yn ogystal â'r Gogledd; gwadwyd damcaniaeth Ben Bowen Thomas, John Morris, y casglwr alawon a Huw Williams ynglŷn â chyfraniad y cantorion ffair i gadwraeth alawon, rhai 'gwerin' yn eu plith; gwadwyd honiad R.T. Jenkins fod bywyd meddyliol a chymdeithasol Cymru mewn undeb â bywyd y Cyfandir i fwy graddau yn y canol oesoedd na byth wedi hynny – 'un llywodraeth, un eglwys, ac un gyfundrefn ffiwdalaidd', a gwrthodwyd tystiolaeth Ceiriog, Isaac Foulkes (Llyfrbryf) ac E.G. Millward am fodolaeth y 'faled barlwr' yn ail hanner y

199

bedwaredd ganrif ar bymtheg.

At hyn oll, fe wnaed melin ac eglwys o'r gwallau brys yn y teipio munud-ola, y meddwl yn gweithio'n gyflymach na'r bysedd ac yn peri colli ambell air, a gwall dyfyniad pan ddigwyddai, pethau fel hyn, 'fel' yn lle 'fal', 'au' yn lle 'a'u', 'pan' yn lle 'pam'. Rhai hollol ddiarwyddocâd amlaf – ac i'r diawl â'r honiad athronyddol a hawlia fod yr uned neu'r cyfangorff yn fwy na swm y rhannau!

Bûm yn darllen eto, yn ddiweddar, gyfrol fawr John Williams (Glanmor), yr athro a droes yn glerigwr, *Ancient and Modern Denbigh* (1856). Cofiaf yr ystyriai Frank Price Jones hi yn glasur, a gwelais gyfeiriad haneswyr ati droeon. Y mae maint yr ymchwil yn syfrdanol, wrth drafod hanes tref a'i thrigolion am dros fil o flynyddoedd. Meddai John Williams yn ei ragair: '... the errata, however, are mostly of that kind which the intelligent and educated reader will easily detect as such'. Nodir rhai o'r llu – pethau fel 'Edward Mortimer for Edmund Mortimer, twice, p. 69'; 'Cilicia for Cecilia, pages 148 and 149'; 'this Lordship for his Lordship, p. 170'; '1461 for 1561, p. 204' ...

Ond am fod i hanes enaid, ac i rywrai synhwyro ei ramant yn hytrach na barnu drwy rifo gwallau, deil y llyfr mewn gwerth. Nid oes gennyf finnau, felly, ond gadael i bawb ddarllen y talfyriad o'r traethawd, *I Fyd y Faled,* a bwrw barn bersonol arno. Mynegi diolch hefyd i'r rhai a'i darllenodd eisoes, ac a anfonodd i ddweud eu bod o'r un farn â'r Doethor o Goleg y Brifysgol, Bangor, y cefais lythyr oddi wrtho: "Rwy'n methu deall y peth. Fe'm hargyhoeddwyd i yn gyfangwbl gan lwyredd yr ymchwil, gan drefnusrwydd y cyflwyniad a chan resymed y dadleuon fod eich traethawd yn cyrraedd safon unrhyw draethawd Doethuriaeth a ddarllenais erioed, a hynny yn rhwydd. Y mae damcaniaethau gwahanol yn anorfod ym myd ysgolheictod dilys, ac ni ddylai gwahaniaeth barn fod yn unrhyw sail i ddibrisio'r traethawd'. Ond 'M.Phil' a gafwyd, gan adael i minnau oeri tipyn ym mreichiau'r 'Awen':

Llym y nam, lle mae a wna
rimyn o banorama!
Ni ellir trin cyfrinach
gorfoledd â'r bysedd bach,
ac ni chawn, er dygngno chwant,
farcio na rhwymo rhamant.

§

Yn ôl felly, i 'ddechrau'r daith', a'r gerdd i 'Ddimbech':

Dichon mai gweithred ddigri
   yw dal i fynd yn ôl,
nid digri gwirion felly,
   digri rhwng ffel a ffôl.

Yn wir, pam mynd o gwbwl?
   Pa dynfa sydd i'r dre,
a minnau'n gweld y newid,
   bob blwyddyn, yn y lle?

Diflannodd y trên olaf
   i'w daith, a gwelwyd cau
y siopau mân lle prynem,
   am geiniog, wynfyd brau.

Mae Trefor wedi torri
   A Brenda'n colli'i brath:
(ai dim ond haul a chawod
   sy'n para yr un fath?)

Gweld gwerthu'r cartre, dyna
   y newid mwya i gyd,
ond er y gwaniad hwnnw
   mae'r dynfa'n dal o hyd.

Yn ôl, 'rwyf fel pe'n chwilio,
   er na wn, chwaith, am beth,
ond gwn y bydd y disgwyl
   yn fethiant yn ddi-feth.

Rhyw ddisgwyl clywed, hwyrach,
    atsain criw 'slawer dydd,
a hynny'n llai tebygol
    na fory Siôn y crydd!

Ie, gweithred ddigon digri;
    er hynny, druan gwan,
mi af yn ôl bryd mynnoch
    i browla o gylch y fan.

A pha raid wrth esboniad?
    Enfyn y dref ei chri
am nad perthynas ydwyf
    ond darn ohoni hi.

Atodiad

Yn Eisteddfod Dyffryn Ogwen yn 1987 cynigiwyd y Fedal Ryddiaith am 'Ragarweiniad i astudiaeth greadigol o waith unrhyw fardd Cymraeg'. Cafwyd astudiaethau o gynnyrch T.E. Nicholas, Bobi Jones, Gerallt Lloyd Owen a minnau. Dyfarnodd Owain Owain y Fedal i'r gweinidog a'r bardd o Groesoswallt, Kenneth M. Lintern, am y rhagarweiniad hwn, a diolchaf iddo am ganiatâd i'w gynnwys yma.

*G*ANWYD Dafydd Owen yn 1919 yn Y Rhiw, Bylchau, yn yr hen sir Ddinbych. Ymddeolodd dair blynedd yn ôl, yn 1984. Cafodd yrfa amryfal: yn weinidog gyda'r Annibynwyr am dair blynedd ar hugain, yn athro yn y Gymraeg yn Ysgolion Uwchradd Prestatyn a Glan Clwyd, yn athro allanol i Golegau'r Brifysgol ym Mangor ac Abertawe, ac yn Gyfieithydd Cyngor Sir Clwyd.

Mae agweddau gwahanol ei yrfa a'r pynciau a'r diddordebau a amlygir yn ei waith yn plethu i'w gilydd yn drawiadol iawn. Yn ei ragair i'w lyfr *Cerddi Lôn Goch*, dywed mai'r un syniadaeth Gristnogol am fywyd a gynhyrchodd ei farddoniaeth o'r dechrau. Dyma fardd Cristnogol – yn ei farddoniaeth, yn ei bulpud, yn ei fywyd. Nid bardd yn unig, wrth gwrs: meistrolodd grefft y stori fer yn ifanc iawn ac ennill yn bedair ar bymtheg oed dan feirniadaeth neb llai na Kate Roberts. Ond fel bardd y trafodir ef yma. Trwy ei holl gerddi difri, rhed yr un llinyn aur o feddylfryd athronyddol Gristnogol, a rhydd hyn ddyfnder a sylwedd i gynnwys y cyfan.

Oherwydd nid Cristion yn unig yw Dafydd Owen, ond meddyliwr treiddgar ac athro dawnus. Mae ganddo weledigaeth, ac y mae am ei chyfleu i eraill. Yn y rhan gyntaf o'i lyfr *Adrodd ac*

Adroddiadau (1966), mae ei sylwadau ar y gelfyddyd o adrodd yn dadlennu yn effeithiol ei syniadau am farddoniaeth, ac yn troi'n ymdriniaeth feistrolgar o wahanol fathau o farddoniaeth, gan gynnwys y *vers libre*, ac o bwysigrwydd y dychymyg mewn adroddwr i ddehongli dychymyg y bardd. Pwynt eithriadol o bwysig yw hwn wrth geisio gwneud astudiaeth 'greadigol' o unrhyw fardd, h.y. astudiaeth a fydd nid yn unig yn dadansoddi ei themâu a'i bynciau, ei fesurau a'i ddelweddau, ond yn gwneud hynny yn y fath fodd ag i estyn dychymyg y darllenydd a rhoi iddo ddirnadaeth gyffrous a dyfnach o wefr y creu lle mae gwead llwyddiannus o'r gweld a'r dweud.

Mae diddordeb Dafydd Owen mewn adrodd a llunio cerddi i'w hadrodd yn dangos ei werthfawrogiad o farddoniaeth fel rhywbeth i'w lefaru, i'w ynganu'n gain. Nid rhyfedd ei fod yn mawrygu camp rhethreg, sef yr huodledd sydd, ar ei orau, yn diddanu meddwl a theimlad yr un pryd. Y bardd sydd yn creu'r gerdd, ond trwy ei hail-greu ar lafar, daw'r adroddwr yn bartner iddo. A dyna fraint y sawl a astudio'r gerdd yn ogystal. Mae'r dehongli, derbyn y profiad, treiddio i fêr y profiad, y sylwi a'r gweld yn esgyrn ffrâm y gerdd, yn weithred greadigol.

Yn yr un modd, gweithred greadigol yw pob beirniadu llenyddol o werth. Nid pob bardd sy'n feirniad da, gan nad yw pob bardd yn meddu ar y ddawn i ddadansoddi techneg bardd arall: nid yw mor ddeheuig yn yr 'ail-greu' ag y mae yn y creu gwreiddiol. Ond y mae Dafydd Owen wedi ysgrifennu ar weithiau amryw o feirdd a dangos dawn yr athro deallus a'r dadansoddwr techneg medrus. Nid hap a damwain yw mai'r tri bardd yr ysgrifennodd lyfrau ar eu gwaith yw Elfed (y bu brawd Dafydd yn olynydd teilwng iddo yn y Tabernacl, King's Cross, Llundain): *Elfed a'i Waith* (1965), Waldo Williams: *Dal Pridd y Dail Pren* (1972), a Chynan: *Cynan* yn Saesneg yn y gyfres 'Writers of Wales' (1979). Beirdd Cristnogol oedd y tri, a chariad at Gymru a Chymraeg a chasineb at ryfel yn rhan gynhenid o'u tystiolaeth a'u canu. Gwnaeth Dafydd Owen y gymwynas o'n hatgofio fod Elfed yn fardd ar wahân i'w emynau; dylem ninnau gofio fod Dafydd Owen yntau'n emynydd. Mae'n arbennig o hoff o gyfieithu emynau Saesneg i'r Gymraeg, yn enwedig caneuon Negroaidd ac emynau o naws efengylaidd gyda chytgan. Tybed ai'r baledwr ynddo sy'n gyfrifol am hyn? Mae ei werthfawrogiad o lenyddiaeth Saesneg – yn ogystal â'r Clasuron – yn amlwg yn ei ysgrifau. Yr oedd Waldo yntau yn edmygydd o Dafydd Owen: y ddau yn gwerthfawrogi dyfnder canu ei gilydd. Bu Cynan yn ddramodydd hefyd, ac ysgrifennodd Dafydd Owen, flynyddoedd lawer yn ôl, erthygl nodedig yn *Porfeydd* ar 'Y Ddrama a'r Pulpud yng Nghymru'. Ac yn ei lyfr ar Cynan, gwelwn ei ddawn mewn cyfieithu o'r Gymraeg i'r Saesneg, o bosibl yn well nag fel arall.

Er bod bron ugain mlynedd rhwng *Cerddi Dafydd Owen* (1947) a'r gwaith ymchwil (traethawd M.A., Lerpwl) ar Elfed, cyhoeddodd Dafydd Owen yn doreithiog. Ym mlynyddoedd y 'distawrwydd' bu'n brysur yn cynhyrchu toreth o ddeunydd i'r eglwysi. Bu hefyd am flynyddoedd yn olygydd y golofn farddoniaeth yn *Y Tyst*. Nodwyd eisoes ei lyfrau ar feirdd eraill, a'r llynedd cyhoeddodd lyfr campus ar y faled, ond ei gynnyrch barddonol ei hun yw ein prif ddiddordeb. Ar wahân i'r bryddest 'Y Bont' y mynnai Waldo ddyfarnu'r Goron iddi yn Llandudno (1963), enillodd y Goron ym Mangor yn 1943 am ei bryddest 'Rhosydd Moab', coron arian Eisteddfod Caerwys yn 1968, am 'Y Daith', mewn cystadleuaeth i brifeirdd yn unig, a'r Gadair yn Hwlffordd (1972) am ei awdl 'Preselau'. Mae ei gyhoeddiadau barddonol, ar wahân i lu o gerddi mewn cylchgronau a chasgliadau, a'i gerddi i blant, yn cynnwys *Cerddi Dafydd Owen* (1947), *Baledi Dafydd Owen* (1965), *Adrodd ac Adroddiadau* (1966), *A'r Bore a Fu* (1972), *Crist Croes* (1977), a *Cerddi Lôn Goch* (1983).

Fel bardd Cristnogol a fu'n weinidog, dengys Dafydd Owen ymdeimlad dwfn o wewyr y weinidogaeth heddiw, a chyflwr ysbrydol Cymru. Dengys ei ddau englyn ar 'Gŵyl y Geni' ei fod yn deall i'r dim y gwrthdaro rhwng ffydd ac anghrediniaeth:

    (i) 'Cred':   O, ddiddiwedd ryfeddod – Nadolig!
                       Ymgnawdoliad Duwdod
                      am i ochain fy mhechod,
                    elyn ddyn, i'w galon ddod.

(ii) 'Anghred': Rhyw Dduw gwyn yn rhodd i gyd, –
angylion
yn danfon (gred ynfyd!)
nefol addfwyn i fleiddfyd,
a chwb bach i achub byd!

Beth am y siom yn y gerdd 'Pysgodyn'?

O'm bodd, fe'u gwahoddaf
i fwrdd priodas dy Fab,
â gwaedd gyhoeddus,
nid cysgod pysgodyn
yn llef o'r llwch...

Hwythau ni ddaethant, –
y dall o'i dywyllwch
na'r cloff a hoffodd
ei fyd er llawned dy fwrdd.

A'r gwewyr cyfatebol ynglŷn â chyflwr ysbrydol ein gwlad, gan nad rhywbeth hunanol yw rhwystredigaeth y gweinidog, fel ym mhennill olaf 'Maen nhw'n cloi yr hen gapel' (gyda'r nodyn herfeiddiol 'lluniwyd i'w chanu'):

Bellach, er disgwyl, dim ond eiddew ir
fydd yn esgyn y grisiau i bulpud y Gwir.
Bydd glaswellt yn tyfu ar hyd y sêt fawr
ac ni ddaw, nos Seiad, sŵn troed neb yn awr.
Mae 'na ryddid i bawb fyw'n hollol ddi-lun,
maen nhw'n cloi yr hen gapel ben bore dydd Llun.

Ynghanol y siom a'r tristwch hwn, saif cadernid y ffydd yng ngallu Duw a gwerth yr efengyl Gristnogol, er enghraifft, yn 'Goleuni'r Ddinas':

Daw'r bore y cenfydd y plant
â'u câr, hwnt i'r dryswch a'r druth,
a'u hymffrost, pan ddyrchaif pob pant,
y Ddinas yn olau hyd byth.

Neu yn 'Gwybod':

> amgenach na chlodydd torf
> d'adnabod drachefn,
> uwch nag anadlu
> addewid dy ymgyrch newydd.

Neu yn niweddglo 'Doethineb' a sioc fwriadol ei gair olaf:

> O'th ddoethineb, fe ddaeth inni
> 'y nerth yn ôl y dydd'.
> Â grym mis,
> gyrrem oll
> y byd a'i warth
> yn jibidêrs.

Ceir yr un tristwch a phryder ynglŷn â Chymru, mewn perthynas â'i sefyllfa wleidyddol, ei diwylliant a'i hiaith, ond heb y nodyn gobeithiol i'r un graddau, gan fod y bardd yn ddigon call i weld y tebygrwydd a'r gwahaniaeth rhwng y ddwy sefyllfa. Yr un dallineb ysbrydol sy'n gyfrifol am agwedd y Gymru gyfoes at yr efengyl ag at yr iaith Gymraeg, ond gall y canlyniadau fod yn wahanol. Gall Cymru golli'r Ffydd a cholli'i hiaith, a'r ddwy golled yn golled ysbrydol. Ond lle gall y bardd fod yn ffyddiog ynglŷn â llwyddiant terfynol yr efengyl, beth bynnag fydd hanes Cymru'r ugeinfed ganrif, gŵyr y gellid colli'r Gymraeg am byth, er ei fod yn cael ei galonogi gan ymdrechion y rhai a ŵyr pa le mae'r gwir werthoedd, e.e. yn 'Ewyrth Jos':

> Ewyrth Jos sy'n gyfrifol
> am y cleisiau Dulas
> sydd ar gnawd Cymru,
> ... gan gicio arbenigrwydd ardal
> fel pel o'i blaen bob cam i'r fynwent...
>
> 'Rydym ninnau, eu plant,
> yn ei fflamio fo a'i debyg
> am y taeogrwydd
> oedd rhwng digri a dagrau,

> a'n plant ninnau wrthi,
> diolch i'r mawredd,
> yn codi busnes sy'n well
> ac yn fwy, nes adre.

Ymdeimlir â thrueni Cymru yn y llinellau hyn o 'Ni fynnaf o'r Wlad ond y Pridd':

> Ni fynnaf y cybydd-dod a ledodd
> o domen gorthrwm canrifoedd,
> na'r clyfrwch cefn gwlad
> a fo'n chwys gan ymdrech...
>
> Ni fynnaf o'r wlad y bodlonrwydd di-dwf
> a gilia'n ddagrau i'r bedd
>   (o'r fferm a foderneiddiwyd)
> yn sŵn hen ganeuon sâl
> bwthyn gwyngalch eu chwaeth.

Mae'r bardd hwn yn teimlo'r trychineb i'r byw, ac mewn dychan a llinellau deifiol gall grafu i'r byw i'n cywilyddio. Cymerer llinellau olaf y soned 'Cymru':

> Galwyd i'r gwacter – (Dewi Sant, gwna dracs!) –
> Y gwyliau tramor a'r diwylliant byd.
> (Yn tydi 'Sound of Music' yn sioe bert!)
> Â'i hiaith yn annibyndod llon ei rhacs,
> daeth Cymru i'w hoed cyfrifol, plentyn crud
> diragrith oes ddisgwrsio a di-sgert.

Y mae yr un mor ddeifiol ynglŷn â chrefydd ffug a rhagrith o bob math. Trowch at y gerdd 'Oedfa'. Mae'r agoriad yn ddigon i fynd â'ch anadl yn ei ffresni arswydus:

> Cyrchu tua'r bwrdd ar fy nghythlwng
> yn awchus am ffîd cig ffwrn,
> a chael y giamstar
> yn trefnu'r troli.

>Gwthiodd atom fyns ei eglurebau
>ac ambell gyren y gair diarffordd
>yn tatshio o'r toes…

Yr un fath gyda geiriau clo 'Hwylustod':

>Fe ddown ni atat ti dros gamfeydd y dogmâu,
>(ambell un yn o serth).
>Cawn flas ar y daith
>yn hel ffrwythau'r trafod a herio'n gilydd.
>Down, fe ddown ni atat ti
>y Pasg, y Sulgwyn, y Nadolig a'r Diolch,
>ac ambell nos Sul hefyd, fel y cofi, mi wn.

Mae ergyd y pum gair syml olaf yn feiddgar y tu hwnt: yno y gorwedd eu heffeithiolrwydd.

Prydera'r bardd hefyd am amherthnasedd cymaint o'n crefydda. Ceir enghraifft nodedig yn 'Llygoden Eglwys':

>Noson boeth a pheth trefn ar bethau.
>Ninnau'n bwyllgorwyr gwaraidd,
>a'n hysbryd diwair yn dawel…
>Llygoden fawr,
>yn llusgo dy fol llaes
>trwy'r llwch,
>yn dod dow dow
>heibio'r traed trwm
>i'r canol cynnes,
>a'n fferu o'th ffordd…
>
>Distawodd dy stŵr yn stond,
>a chludwyd di'n llanastr llwyd
>a'th daflu, yn esgymun dieflig,
>i'r domen.
>
>Ond er hyn, yr oedd yn rhy hwyr.
>… yr oedd yn ein byd eto
>
>y Tŷ Mawr a'r tŷ bach,
>pigo trwyn a Chambodia a chansar.

Gall ddychanu, wrth gwrs, yn ysgafnach, heb bylu min y brathiad sy'n gynhenid mewn gwir ddychangerdd. Gwych yw pennill cyntaf 'Y Seiat Holi':

> O do, fe glywais innau
> glodfori cyfrin ddawn
> rhyw fanwl nef-felinau
> sy'n malu'n araf iawn.
> Na laesed Cymru'i baner, –
> mae'r Seiad wrthi'n gynt
> yn malu mwy o'r hanner,
> heb brinder gwynt.

Ac yn nes ymlaen:

> Pwynt arall, eu gwroldeb!
> Er gwybod dim am bwnc,
> ânt ato'n llawn sirioldeb,
> ar ôl llwyr glirio'r llwnc...
> a phan ddaw galw am brocio
> y meddwl, heb ymdroi
> cânt hwythau gyfle i jocio,
> (a'r niwl i ffoi).

Y cydbwysedd rhwng y dwyster a'r ysgafn sy'n gwneud dychanwr campus, ac un o'r pethau a wna Dafydd Owen yn fardd mor ddiddorol yw'r cyd-fyw rhwng y difrifol ddwys a'r ysgafn chwareus yn ei gymeriad a'i farddoniaeth. Yn y dychangerddi mae'r ddwy nodwedd yn bresennol yr un pryd; ond hefyd ceir gan y bardd hwn gerddi dwfn a sylweddol *a* cherddi ysgafn, llawn hiwmor, gan gynnwys cerddi dwli fel 'Y Bwng dan y Mwng o Wyrdd Môr' (ar ddull Edward Lear):

> Y bwng oedd â'i draed megis chwarter i dri
> a'i fri yn bwnc trafod pob tre':
> ei wisg oedd o sidan, – ie, bwng pedigri, –
> pob blewyn o hyd yn ei le.

Baled yw hon. Dim rhyfedd fod Dafydd Owen yn faledwr o fri – pa gyfrwng gwell i storïwr o fardd i fod mewn un gerdd yn drist ac yn hiraethus, mewn un arall yn ddigri ac yn ysgafn?

I blant ysgol y cyfansoddwyd y llyfr *Baledi Dafydd Owen,* ac nid oes angen darllen llawer i sylweddoli fod Dafydd Owen yn gallu mynd yn syth i fyd plant. Cyflwynir *Baledi* i blant hen ac ifanc, ac mae gan Dafydd Owen y gallu i weld a theimlo popeth mor angerddol â phlant – yr union beth a edmygai yn Waldo Williams. Ysgrifennodd i'r gyfres 'Gorwelion' i'r ysgolion uwchradd, ac yn y cyswllt hwn ceir allwedd i ddealltwriaeth y bardd o natur iaith, a'i awydd i'w pherffeithio fel cyfrwng mynegiant o gymharu'r ddwy fersiwn o'r gerdd (baled) 'Llongau Bach Cymru'. Ond ysgrifennodd hefyd ar gyfer plant iau, ac y mae ffresni a symlrwydd y canu yn swynol iawn. Dywedodd am Waldo fod naws yn ei gerddi plant ac nad rhigymau mohonynt. Ac felly yntau. A ellid cân symlach na 'Distawrwydd'? Cymerer y pennill canol o'r pump:

> Dyma gyrraedd o'r diwedd
> wedi'r chwerthin a'r ras,
> ac eistedd yn dawel
> lle mae'r clychau yn las.

Ond clychau'r gog ydynt, wrth gwrs, a chân y gog a glywyd yn y pennill blaenorol, ac yn y pennill nesaf ceir 'y glesni diderfyn' a'r 'clychau di-gân!' A lle mae 'Beni a minnau' yn y pennill cyntaf yn cadw stŵr, ar ddiwedd y gerdd maent yn mwynhau hyfrydwch 'gwrando/ar y clychau mud!'

Deil plant o bob oed a phob oes i hoffi stori. Cam naturiol, felly, yw'r cam o ysgrifennu cerddi i blant i ysgrifennu baledi, neu fel arall, er na allai pob bardd, o bell ffordd, gymryd y cam, na chamu, hyd yn oed, i'r un o'r ddau fyd. Fel baledwr, cymharwyd Dafydd Owen ag I.D. Hooson, a'i alw'n olynydd naturiol iddo. I wybod pam nid oes angen mwy nag ymdeimlo â swyn a rhamant y llinellau hyn:

> Bu Eglwys Gadeiriol, yr harddaf erioed,
> ger dinas Toledo, yng nghanol y coed.
> O agos a phell, deuai torf, derfyn dydd,
> i wrando lleddf siantio offeiriad Y Ffydd.

(o 'Eglwys Toledo'), a:

> Hen dai yn cysgu'n dawel
> yn nhes yr hir brynhawn,
> a Rhiwall yn yr awel
> yn gwau breuddwydion gwawn.

(o 'Morwyn Llyn y Fan').

Mae Dafydd Owen yn feistr ar y tri math o faled a ddisgrifia yn ei ddadansoddiad o'r ffurf: y faled delynegol, fel 'Arglwyddes yr Wyddfa' (gyda rhai dramatig iawn, fel 'Ar Ffordd y Blaidd', a rhai braidd yn sentimental-foesegol, fel 'Y Nodwydd Fach Arian'), y faled ddychanol, fel 'Joni Dw-Lal' (hyfryd yw'r llinell olaf: 'a symol yw casg ei rieni'), a'r faled ddwli, fel 'Siw a'r Gwas'. Dywed ei fod yn ei faledi yn canu am bobl a'u bywyd (er nad am gymeriadau cyffredin yn aml), ac yn defnyddio ymadroddion cyfarwydd, lliwgar ond di-addurn. Ceir enghraifft dda yn 'Eric Liddell':

> 'Butler!' a 'Fitch!' ebe'r dyrfa'n wyllt,
> Ond na, fe ddaeth rhywun o'r cefn, ac fe hyllt
> rhwng campwr a champwr fel trydan byw.
> Fe ddarfu'r bloeddio. Medd pawb, 'Pwy yw?'

Dyna awyrgylch, rhythm a miwsig dilys y wir faled: stori ar gân.

Os dyna ddisgrifiad y bardd o faledi – canu am bobl a'u bywydau, ond nid rhai cyffredin, mewn ymadroddion cyfarwydd – bydd astudiaeth fanwl o'i waith yn dangos mai fel arall y mae hi yn hanes eu gerddi difri. Ceir hanes am bobl a phethau cyffredin yn aml, ond y thema yn sylweddol a'r iaith yn addurnol goeth ac yn gyfeiriadol gyfoethog.

Yr hyn sy'n gyffredin i'r cerddi oll yw'r ymhyfrydu amlwg mewn rhythm a miwsig geiriau, mewn amrywiaeth mydr ac mewn cynghanedd. Cred fod rhaid wrth ffrâm mesur ac odl i delyneg a baled, ond bod barddoniaeth lle mae'r bardd yn myfyrio'n ddwys uwchben mater yn galw am gyfrwng gwahanol. Noder sut y mae hud a llesmair a hiraeth 'Gweddi Lle Bu Gwedd' yn cael eu cyfleu gan rythm y llinellau hir degsill a meddalwch y cytseiniaid yn y pennill cyntaf:

> Er moli'r achau, wreiddiau a rhuddin,
>   ein hil a oeda mewn estron wledydd:
> Ein gwae yw'r awel o'r gorwel gerwin
>   yn or-dawedog ar awr diwedydd.

Ychwanega'r ffaith fod y gerdd mewn cynghanedd gain at berseinedd atseiniol a hiraethus y darn. Mor wahanol, ac yn gyfatebol i lawenydd hyderus y testun, yw rhythm mesurau rhydd y llinellau wythsill a nawsill yn y delyneg 'Coeden wedi Cawod':

> daeth rhywiog sibrydion i'r pant,
> ac mae'r dawnsio wrthi o hyd,
> hithau'n wirionach na'r plant
> a'i thresi'n chwyrlïo i gyd.

Dengys yr ail linell sut y mae'r mydr yn ufudd i'r rhythm yn hytrach nag fel arall. Ac mae'r bardd yn ffyddlon i un o'i egwyddorion sylfaenol, sef peidio ag aberthu harddwch i ystyr nac ystyr i harddwch. Mor aml yn ei waith y mae priodas berffaith rhwng y ddau, er enghraifft ym mhennill olaf 'Gwanwyn':

> Gwae'r truan na ŵyr gyrchu o'i gell
>   i'r ddawns hyfrytaf gaed:
> mae'r neuadd hyd i'r gorwel pell
>   a'r alwad lond y gwaed.

Dyna symlrwydd, harddwch ac eglurder cynnil yn gytûn!

Eglurder! Mae defnyddio'r gair hwnnw yn dod â ni wyneb yn wyneb â'r ffaith y cyfrifir Dafydd Owen gan lawer yn fardd 'tywyll'. Cywirach fyddai dweud 'bardd anodd' mewn llawer cerdd. Cyfyd yr anhawster yn aml o uniongyrchedd cynnil y bardd wedi ei gyplysu yn amlach na pheidio â chyfeiriadaeth Feiblaidd neu glasurol. Dyma ddwy enghraifft allan o lu:

(i) 'Ar hyd ffordd arall' (yn disgrifio diniweidrwydd plentyndod) –

> cyn dyrchu euogrwydd ar ganiad gwawr,
> cyn i afal y cwymp fagu clais...

('Simon Pedr')

> ... yn y blynyddoedd cyn i'r madarch ffrwst [1]
> wawdio'r cicaion. [2]

[1: cyflymdra tyfiant *a* bygythiad y cwmwl madarch. 2: stori Jona.]

(ii) Pennill agoriadol 'Rhyddid', lle yr ystyrir undonedd a gwacter ystyr bywyd, a'i gaethiwed heb Grist, yn nhermau pysgotwr (cyfeiriad eto at Simon Pedr a'r disgyblion eraill):

> O'm breugwch hunan (cwch brau)
> gwelwn y troi gwymonaidd wyneb dŵr
> o ddydd i ddydd,
> undonedd y croeso a'r casnod cweryl,
> a chodai drewdod hen bysgota gwael
> o'r conglau eiddilaf.

Cyfeiria Dafydd Owen ei hun at yr elfen hon yng ngwaith Waldo: y gyfeiriadaeth a darddai o'i ffydd Gristnogol ac o'i allu i weld pethau fel symbolau o arwyddocâd y byd a bywyd. Mae Dafydd Owen yntau ar yr un donfedd. A geilw hyn am ymdrech ar ran y darllenydd. Bydd yn gas gan y darllenydd diog waith Dafydd Owen. Gellir darllen cerdd a theimlo fel pe mewn ystafell dywyll, ond fel y dywed am Waldo, ceir digon o 'switches' i'r darllenydd gofalus, deallus a diwylliedig i'w alluogi i droi'r ymbalfalu yn weld a'r tywyllwch yn oleuni. Mae ei gerddi yn gofyn am ymdrech i'w deall yn aml, ac i lawer mae hyn yn anathema. Credant hwy y dylai cerdd fod fel y grisial ar y darlleniad cyntaf. Ofer, wrth reswm, yw barddoniaeth lle mae'r delweddau mor ddiarffordd a'r gyfeiriadaeth mor astrus fel nad oes modd cael goleuni, ond nid peth syml mo barddoniaeth, mwy na'r efengyl, er bod craidd o symlrwydd uniongyrchol o deimlad a neges a naws yn hanfodol. A cheir gwobr o ymdrechu gyda'r cerddi anodd o eiddo'r bardd hwn. Ac, fel Cynan, gŵyr Dafydd Owen y gall pob profiad fod yn ddeunydd barddoniaeth. Sylwer, er enghraifft, ar 'Pnawn Llun yn Ninbych' (wedi sylwi ar ffermwr a ymddeolodd i'r dref):

> Pawb yma'n glos i'w buarth,
> a chefnder y dydd a gwrddwn yn wlyb diferyd
> ar gaeau Hafod y Gog
> yn llusgo'n llygatgwsg i'r sgwâr bob canol bore
> mor sychlyd â chnu Gideon.

Noder y berthynas gyfeiriadol rhwng yr ail a'r bumed linell. Ac y mae cyflwr y ffermwr wedi'i ddadwreiddio yn cyflyru pob math ar feddyliau am wacter ystyr a bywyd di-bwrpas a di-gyfeiriad.

Felly, ceir pob math o bynciau yn y canu, ond yr un yw'r prif themâu: y Ffydd, cyflwr Cymru, gwacter ystyr y bywyd cyfoes, creulondeb a phechod dyn, a phrydferthwch gwaith Duw.

Dyna destunau y cerddi mawr, y pryddestau a'r awdlau. Mae'r unigrwydd a fynegir yn 'Y Bont' yn ddirdynnol:

> Bu'r glaw yn trefnu'i sioe cwpanau cymun
> ar wal yr ardd, ond ni ddaeth chwthwm gwynt
> i ddeffro'r tân, na gwthio unrhyw gyfaill
> i mewn ar sgruth o'i flaen i'r croeso sydyn.
>   Ni alwodd neb.

Gwych yw delwedd y diferynnau glaw fel cwpanau cymun, a'r cymun yn wrthwyneb i'r unigrwydd a fynegir mor blaen yn y llinell olaf. Yn 'Y Daith', a ddisgrifir fel Salm (gyda'r nodyn, 'Gan gofio "Salmau'r pererinion" a'u delweddau'), ceir myfyrdod ar fyrder bywyd ('leithiwr un diwrnod ydwyf...') a moliant am nod y bererindod:

Golud a geulodd. Ciliodd y cybydd haf
o'i ofer gymod taflu llwch i'r llygaid.

Gorchuddir henaint haul â mwrnin siom:
ysig yw cnawd fy nydd gan ddolur hiraeth.

... O Dad, yr Hwn yn hen a welaist enwi
Osiris, ni heneiddiodd dy drugaredd.
Ymostwng at yr un a lusg i lawr
gysgodion llaes i fwrllwch dyffryn angof.

Yn ei awdl 'Preselau' (er cof am Waldo) ceir ymdeimlad gwefreiddiol ag awyrgylch ac arwyddocâd hanesyddol yr ardal a'i chysylltiadau, a thrwyddi â hunaniaeth Cymru:

Dros orwel y Preselau
i Dŷ Dduw, a hi'n dyddhau,
y cyrchodd, rhag gwae erchoes,
wŷr difalch gred, Fwlchygroes...

O'i ffenestr, – fy hoff annedd,
ail eglwys seml, – gwelais wedd
y plas draw, llys alawon,
gymar haul, y Gymru hon.

Ac yn yr awdl 'Gwared y Gwirion', ceir y dyn modern yn ddall ac yn fyddar i wers hen fyth Prometheus a heriodd y duwiau:

Y cawr a'i ryfyg ni ddug ddiwygiad, –
marw yw ei haeddiant er ei ymroddiad!
Wedi gwefr hedd, dug ei frad nos yn nes,
a'r nos yn ernes o wae annirnad.

Nid gwiw imi beidio â chyfeirio at yr emynydd, y sonedwr a'r englynwr.

Mae ei emynau yn gyfoethog eu delweddau; efallai y gellid honni fod ambell un yn rhy gyfoethog, os yw hynny'n fai mewn oes fel hon! Sylwer ar gyfoeth y pennill hwn o 'Emyn Heddwch':

>Pinacl ein camp fu dryllio cân pob telyn
> a hau ein pechod i newynu'r byd;
>anfon drugaredd a hedd maddau i elyn,
> doed hedd ein hedifeirwch yr un pryd.

Mae'r emyn 'O'i fodd, bu'r Iesu mawr' mewn cynghanedd gyflawn, ond nid yw'r gynghanedd yn tynnu dim oddi ar uniongyrchedd syml y neges, er enghraifft:

>Ti geisiaist lawer pryd
>Droi berw mawr y byd
>A'i loes i gyd yn felys gân;
> Ond gwybydd, f'enaid gwyw,
> I'th godi i fyny'n fyw
>Nid oes a glyw ond Iesu glân.

Ac y mae datblygiad cynnil a chywir o linell olaf y pennill cyntaf:

>O! gwêl y groes a myn gael grym

i linell olaf y pennill terfynol:

>O! gwêl y grym a myn gael gras.

Efallai mai yn ei sonedau y cawn Dafydd Owen ar ei fwyaf anodd, er ei fod yn feistr ar y cyfrwng. Gellid nodi, serch hynny, fod y darnau rhwng cromfachau yn y soned 'Cymru', a ddyfynnwyd eisoes, yn torri ar rediad a rhythm y llinellau. Ond, wrth gwrs, rhaid cofio mai soned ddychan yw hi! *Mae* Dafydd Owen yn hoff o gymalau neu linellau rhwng cromfachau. Weithiau, maent yn esboniadol, fel ambell nodyn gyda'r teitl neu ar waelod y tudalen. Bydd rhai yn gwgu ar yr angen am y fath esboniadau, er bod llu o englynion yn cael eu derbyn fel rhai rhagorol er mai'r teitl sy'n eu gwneud yn ddealladwy! Ond weithiau, ac yn amlach, mae'r geiriau rhwng cromfachau yn fath o *obiter dicta* sydd yn ychwanegu sbeis at y gerdd, fel at ambell bregeth! Noder y rhain yn y gerdd 'Yn Y Cartref':

> rhywrai'n rhythu o hyd ar henaint
> fel 'taen ni'n llestri gorau oes nain
> ar sioe yng nghwpwrdd-dangos y parc,
> (ond y byddai llawer mwy o gownt o'r rheini).

Mae'r dyfnder meddwl y tu ôl i'r sonedau i'w weld yn y llinellau hyn o 'anniddigrwydd':

> Rhy gul y tir a wêl fy ffenestr gnawd,
>   rhy fer y daith a gyrch y ffwrn a'r bedd,
> canys, ar dro, ymwybu f'enaid tlawd
>   â phurdeb bywyd y tragwyddol hedd;
> a'm diogelwch i'r dieithriaf taith
> fydd sicrwydd cyffro f'anniddigrwydd maith.

Geill drin yn grefftus y soned a fedd linellau hwy na'r rhai degsill rheolaidd, drwy gofio mai'r brif reol yw'r pum acen ym mhob llinell. Dyma enghraifft nodedig, ynghyd â delweddu a chyfeiriadaeth gyfoethog iawn, o ddiweddglo 'Cyfaill' (am ddyn yn ildio o'r diwedd i alwad a hawliau Duw):

> Mwyach, ni chredai mai undydd oedd ymdaith glendid,
>   yr edliwiai sigliad y crud y twmpathau glas,
> mai tymp pob cyhyrog her a'i geinder oedd gwendid
>   ac na chwelid canser y cur gan radiwm dy ras.
> Ond pam y parhaodd, Dydi, na fynni geryddu,
> flas gwinoedd hen haf flynyddoedd i'w aflonyddu?

Fel y gwelir, ceir llawer o gynghanedd yn ogystal yn y soned hon.

Cyfeiriwyd yn gynharach at ddau o englynion Dafydd Owen. Dyma nodi tri arall a ddengys y crefftwr wrth ei waith, lle mae aceniad a symudiad yr englyn yn berffaith lyfn, lle mae'r gynghanedd yn gyfrwng esmwyth, anymwthgar, a lle mae'r cynnwys yn gynnil, yn wreiddiol, ac yn uniongyrchol:

> (i) 'Mis bach': Oer ei wyntoedd a chrintach, – un di-lun
>   a di-liw yw'r corrach.
>   I'r hynaf ac i'r afiach
>   mae ias bedd yn y mis bach.

(ii) 'Y Llusern': Darn o wawr mewn dwrn yw hi,
– a hwnnw'n
arweinydd a chwmni.
O unrhyw nos arwain ni
ond o wyllnos ein dellni.

(Dim un 'sain' na 'llusg'.)

(iii) 'Y Cam': Er ei faddau'n wirfoddol, – a rhoi'i fad
dan oer fae'r gorffennol,
daw rhyw styllod, danodol,
â thon wyllt, i'r traeth yn ôl.

Cyn gorffen, rhaid cyfeirio at y *vers libre,* ac yn enwedig y *vers libre* cynganeddol. Eto y mae Dafydd Owen wedi mynegi'r hyn a ystyria yw prif egwyddor y canu 'penrhydd', sef rhythmau'r iaith lafar yn lle 'rhigolau artiffisial gwahanol fesurau', sigl naturiol rhythm yn lle aceniad rheolaidd mydr. Camp arbennig, felly, yw llwyddo i briodi hyn â chynghanedd heb arlliw o straen artiffisial. Y broblem fwyaf, fel y cydnebydd y bardd ei hun, yw cael yr aceniad cynganeddol i gydredeg â naturioldeb rhediad y llinell a'r frawddeg. Lle bo gwrthdrawiad, rhaid i'r aceniad cynganeddol ildio i'r rhythm, a'r unig reswm dros y gynghanedd wedyn yw perseinedd nodau'r miwsig a all fod yn annibynnol ar y rhythm, er bod cytundeb rhwng y dda yn beth i anelu ato.

Ceir enghraifft dda o'r *vers libre* di-gynghanedd (er bod cyseinedd) yn 'Dihareb':

Daeth angau'n herllyd i Dan Rhiw
a llusgo deuddyn blwng o'u blinder.
Heddiw, mae Leisa'r gofal hir
â'i serch yn ofer ac amddifad,
ond gwn fod ambell grafu traed cymdogol
wrth ddrws y cefn
o bryd i'w gilydd.

A dyma ddwy enghraifft o *vers libre* cynganeddol lle mae'r cydgerdded yn berffaith rhwng y ddwy elfen:

(i) 'Ôl pawen ar liain':
> Braw oedd gweld ôl dy bawen,
> braw tawel,
>> y marw yn ymyrryd,
>> dolydd hen angerdd
>> yn edliw heddiw ein hangof,
>> llais dros wal ystalwm
>> yn holi'n wylaidd,
>>> 'Wedi'r hwyl oll,
>>> oedd neb yn fy ngholli?'

(ii) 'Siarad':
> I ddyn, mwy cysur ni ddaw
> na thrin yn ffasin ei ffawd
> ddeunydd yr hen ddiddanwch,
> a'i gario yn nram y geiriau
> yn rasau gwresog
> i'w hewl a'i aelwyd.

Yma gwelir cynganeddwr o fri wrth ei waith, yn asio cynnwys a ffurf yn gain i'w gilydd. I Dafydd Owen y mae'r gynghanedd yn fwy nag addurn, ac fe'i defnyddiodd mewn soned a thelyneg a hyd yn oed yn y faled 'Morwyn Llyn y Fan', fel y gwelwyd wrth ddyfynnu ohoni.

Gwelwn, felly, mor amryddawn yw'r bardd hwn; yn y rhagarweiniad hwn, a ddylai godi awydd i ddarllen ei waith yn ehangach a'i ddadansoddi'n fanylach, yr agorawd megis sy'n cynnwys y prif themâu a'r pwyntiau yr ymhelaethir arnynt yn yr astudiaeth ei hun, cafwyd cipolwg ar ddigon i'n hysbysu ein bod yn wir yn delio â phrifardd, un o feirdd mawr, treiddgar a Christnogol y Gymru gyfoes.